HERMES

在古希腊神话中,赫耳墨斯是宙斯和迈亚的儿子,奥林波斯神们的信使,道路与边界之神,睡眠与梦想之神,亡灵的引导者,演说者、商人、小偷、旅者和牧人的保护神……

西方传统 经典与解释　**HERMES**
Classici et Commentarii

古今丛编

刘小枫 ● 主编

克尔凯郭尔
—— 丹麦黄金时代的苏格拉底

Søren Kierkegaard:
Subjectivity, Irony & The Crisis of Modernity

[美] 江思图 Jon Stewart ｜ 著

田王晋健 ｜ 译

安蒨 ｜ 校

华夏出版社

古典教育基金·"资龙"资助项目

"古今丛编"出版说明

自严复译泰西政法诸书至20世纪40年代，因应与西方政制相遇这一史无前例的重大事件，我国学界诸多有识之士孜孜以求西学堂奥，凭着个人禀赋和志趣奋力迻译西学典籍，翻译大家辈出。其时学界对西方思想统绪的认识刚刚起步，选择西学典籍难免带有相当的随意性和偶然性。1950年代后期，新中国政府规范西学典籍译业，整编40年代遗稿，统一制订选题计划，几十年来寸累铢积，至1980年代中期形成振裘挈领的"汉译世界学术名著"体系。尽管这套汉译名著的选题设计受到当时学界的教条主义限制，然开牖后学之功万不容没。80年代中期，新一代学人迫切感到必须重新通盘考虑"西学名著"翻译清单，首创"现代西方学术文库"系列。这一学术战略虽然是从再认识西学现代典籍入手，但实际上有其长远考虑，即梳理西学传统流变，逐步重建西方思想汉译典籍系统，若非因历史偶然而中断，势必向古典西学方向推进。正如科学不等于技术，思想也不等于科学。无论学界迻译了多少新兴学科，仍与清末以来汉语思想致力认识西方思想大传统这一未竟前业不大相干。

"五四"新文化运动以来，学界侈谈所谓西方文化，实际谈的仅是西方现代文化——自文艺复兴以来形成的现代学术传统，尤其是近代西方民族国家兴起后出现的若干强势国家所代表的"技术文明"，并未涉及西方古学。对西方学术传统中所隐含的古今分裂或古今之争，我国学界迄今未予重视。中国学术传统不绝若线，"国学"与包含古今分裂的"西学"实不可对举，但"国学"与"西学"对举，已经成为我们的习惯——即"五四"新文化运动培育起来的现代学术习性：凭据西方现代学术讨伐中国学术传统，无异于挥舞西学断剑切割自家血脉。透过中西之争看到古今之争，进而把古今之争视为现代文教问题的关键，于庚续清末以来我国学界理解西方传统的未竟之业，无疑具有重大的现实意义和历史意义。

本丛编以标举西学古今之别为纲，为学界拓展西学研究视域尽绵薄之力。

古典文明研究工作坊
西方经典编译部甲组
2010年7月

献 给 卡 塔 琳（Katalin）

目　　录

中译本序：小渔村吉勒莱厄的宝藏 / 1
中译者前言 / 4

序 / 1
致谢 / 5
书中插图序号及标题 / 7
导论 / 9

一　作为"苏格拉底使命"的克尔凯郭尔生平与著作 / 14
二　黑格尔眼中的苏格拉底 / 33
三　克尔凯郭尔眼中的苏格拉底 / 60
四　克尔凯郭尔、海伯格与历史 / 84
五　克尔凯郭尔与浪漫派的主观主义 / 107
六　克尔凯郭尔的苏格拉底使命与著作的开始：1843年 / 135
七　克尔凯郭尔的苏格拉底使命：1844—1846 / 159
八　克尔凯郭尔的苏格拉底使命与著作的第二阶段：
　　1846—1855 / 199

参考文献 / 232
索引 / 241

附录 / 247

中译本序：小渔村吉勒莱厄的宝藏

田王晋健在其译著《索伦·克尔凯郭尔：丹麦黄金时代的苏格拉底》即将付梓之际，请我为其译著作序，我欣然应允。2016年8月我以高级访问学者身份前往哥本哈根大学，期间与江思图（Jon Stewart）教授有过交流。当时他应聘哈佛大学刚获通过，正在准备离开哥本哈根前往美国。[①] 江思图教授、田王（我们习惯这样叫他）和我在哥本哈根著名的走街（Strøget）圆塔旁的一家中餐馆吃饭聊天，席间我赠送了自己翻译的、2007年由华夏出版社出版的《或此或彼》给江思图教授。江思图教授对田王的才能和努力赞赏有加，谈话的主题多与克尔凯郭尔研究有关。就在那时，我得知田王正在迻译江思图教授的这本著作，眼下这本译著将要问世，书不算太长，一共八章13万余字，但我深知田王为此付出了太多。

江思图教授生长于美国本土，在加州大学获得学士学位、硕士学位和博士学位，后长期受聘于哥本哈根大学克尔凯郭尔研究中心，那是田王受中国教育部国家留学基金委（CSC）资助前往丹麦留学的机构，也是我希望他前往的留学目的地。江思图教授是田王在留学一年多里接触最多、从中得益最多的教授之一，用田王的话来

---

① ［译者注］本书付梓之时，江思图教授已离开哈佛大学，他目前在斯洛伐克科学院就职（个人网站是http://www.jonstewart.dk/）。

说,是"与他最亲的教授"。

　　江思图教授的这本著作,虽然他自己说是克尔凯郭尔"生平与著作的基本介绍",但只要认真读一读本书就会发现,它绝非一般的普及性介绍,而是凝聚着江思图教授数十年来研究克尔凯郭尔思想之心血的力作。正如书名所昭示的,克尔凯郭尔乃19世纪"丹麦黄金时代的苏格拉底"。江思图教授这么说并非溢美之辞,他在书中第一章里说道:

> 克尔凯郭尔在他的整个分析中不断坚持的观点是,与其说苏格拉底拥有任何哲学学说或理论,不如说他纯粹驳斥别人所说的,却不呈现任何建设性的选项。在此意义上,苏格拉底代表着一种否定的、破坏性的力量。

　　可见,以其思想名垂后世的哲人,并非只有建构理论体系的著书立说者,同样也有苏格拉底、尼采、克尔凯郭尔这些釜底抽薪式的破坏者和否定者。克尔凯郭尔思想的魅力和影响力正在于此!

　　田王在"译者前言"里特别提到小渔村吉勒莱厄。我曾和田王一道乘火车从那里经过,由于行程匆忙,我只是远远望了一下那个令田王着迷的小渔村,自然也无法望到那块让他心情激荡的"真理石"。但是,我们多次路过克尔凯郭尔在其著作中提及的法院,以及紧挨着法院的克尔凯郭尔故居遗址(江思图教授在本书中交代,克尔凯郭尔的故居曾被烧毁,因此,我们如今见到的那幢在废墟上建起的新房子并非克尔凯郭尔真正的故居,走近的话,可以看到房子的墙上有一个铭牌,上面写着克尔凯郭尔的名字,供人缅怀),还有法院外面广场上曾经的断头台遗址,等等。我们基于文本的想象,决然不同于亲临现场的体验,更不用说身临其境再加以触物感怀的想象,那是单薄的文本万万替代不了的。正因为如此,我才深知田王要到西兰岛最北端的小渔村吉勒莱厄去寻找的"宝藏"是什么：这一段旅程能够遇见的，不仅有克尔凯郭尔立志寻求真理的"真理石"，还有湛蓝的埃斯鲁姆湖，寂静的马车故道和格里布森林，北欧灿烂耀眼的落日，广袤无垠的海洋，更有克尔凯郭尔内心深处的奥秘和创造性灵感之最幽深的源泉。

我对所有这一切感同身受——如今虽然时过境迁，但哥本哈根惺惺相惜的两条地铁线，城中串联在一块的、有天鹅安然游弋的几个矩形湖泊，年代悠久的蒂沃利公园，欧登塞的安徒生故居及博物馆，与瑞典隔海相望的哈姆雷特堡，罗斯基勒旧皇宫和罗斯基勒大教堂里的王室墓地，圣路易斯安纳的现代艺术博物馆及馆中超现实主义大师胡安·米罗的雕塑，哥本哈根19世纪的证券交易所，克尔凯郭尔家族的墓地，新港的安徒生旧居，阿美琳堡王宫，吻桥，管风琴教堂，大理石教堂，小美人鱼雕塑，国家美术馆，罗森堡宫，哥本哈根大学克尔凯郭尔研究中心一年一度的国际会议……至今依然历历在目。

然而，所有这些都是因着克尔凯郭尔，这位"丹麦黄金时代的苏格拉底"。我还是要强调田王在"中译者前言"里写下的那句饱含深意的话：

> 格里布森林里有一个奇异的点，站在那里的人，他有八种选项。

是为序。

阎 嘉

写于2018年5月的风狂雨骤之夜

中译者前言

吉勒莱厄

直到如今,我还是常常想起在丹麦度过的一年多时光。2016年5月5日,哥本哈根。我带上一束花,到城中的阿西斯滕斯公墓(Assistens Cemetery)给克尔凯郭尔献上诚挚的敬意。北欧的阳光刺眼,却不灼人。我坐在墓边的长椅上,时而品读他的《爱的作为》(Works of Love),时而仰看嫩绿枝杈后的光影变幻。

几天之后,我在Gomore网站预约了一辆小汽车,前往丹麦西兰岛(Zealand)的最北端——吉勒莱厄(Gilleleje)。1835年,克尔凯郭尔在那座小渔村的海崖边立下誓言,要为那种可以为之生,亦可以为之死的真理而活。吉勒莱厄,这是一个什么样的地方,可以吸引这位伟大的思想家作出那义无反顾的决定的呢?

在预约好的日子,我提前赶到哥本哈根的某个火车站门口。小汽车准时赶到,两个丹麦小伙和一个丹麦姑娘计划驾车前往瑞典,交流运营农场的经验。这辆车其貌不扬积满灰尘,已经服役多年,但是速度不赖。将我送往吉勒莱厄,意味着他们要绕一段很远的路,再驶向通往瑞典的渡口。他们却很乐意,也许他们猜到我要去吉勒莱厄寻找宝藏。

在两列联排别墅前,小汽车停下,然后远去。我往前走了一小段,就找到了拉斯先生(Mr. Lars)的家。我事先在民宿网站预定了他展示的房间;尤其重要的是,他答应借给我一辆自行车。他的儿子在外求学,二楼带阳台的房间空了出来。我的行李放下不久,拉斯先生就驱车带我去看海崖上的"真理石"(Truth Stone),让我惊讶的是,我们出发时拉斯先生居然没有锁上他的家门(晚上门也是虚掩着,这就是传说中的"夜不闭户"吧)。

拉斯先生生于斯、长于斯,熟悉吉勒莱厄的每一寸土地,也见证了几十年来海风对海崖的侵蚀,说不定某一天"真理石"就会掉到悬崖下面。从孩童时代开始,他就每天去"真理石"边的那条小径散步,风雨无阻。车在一个碎石小广场里停下,离"真理石"有一公里左右,中间隔着起伏平缓的草地。远远地,可以看见有一些滑翔伞在我们的目的地周边飘荡着。拉斯先生解释说,这里可是全丹麦最适合滑翔的地方,那些人坐在滑翔伞下的座位里,几个小时都不愿落地。临近"真理石"的时候,这些滑翔伞给我带来了深刻的印象。三三两两在空中飘荡的闲人(Idleman)像是在提醒我:在吉勒莱厄这个小渔村,时间是完全凝滞、舒缓的,甚至比成都的慢生活还要慢上数倍。拉斯先生接过我手中的相机,我终于倚在"真理石"上与其合影。其实我主要想看的,并不是这块石头,而是想看看,当年克尔凯郭尔站在这里,他看到了什么。

在这西兰岛的最北端,清新的海风和海天一色的天然背景,可以让人将南边的哥本哈根彻底遗忘。在"真理石"西边几十米,有几块堆叠起来的大石头,最顶端的巨石有一处凹陷,恰好使它像个石头宝座。拉斯先生说,以前有一位丹麦国王来这里巡视,命令人在这里设一个宝座,他就可以坐在这里眺望北方的天空与海洋。这传言无论是真是假,都给我的这趟旅行带来了别样的色彩。在哥本哈根市政厅(Københavns Rådhus)与蒂沃利公园(Tivoli Gargen)之间,有一条街叫"安徒生大街"(H. C. Andersons Boulevard),宽阔、喧嚷、柏油路面上车水马龙;在名不见经传的吉勒莱厄,则有一条街叫"克尔凯郭尔街"(Søren Kierkegaardsvej),狭窄、僻静、砾石路面上人迹罕至。

  吉勒莱厄的时间太慢,以至于短短的两三天,我像是在这里待了两三个月。拉斯先生借给我一辆Trek 3700山地车,让我又一惊的是——这辆车没安车锁,平时就放在家门口。在手机导航的指引下,我骑着车在西兰岛北部纵横驰骋,将我的车辙印在了克尔凯郭尔曾经走过的路上。壮丽的峡湾,废弃的长有金色苔藓的古堡,夕阳西下的海滩,枯树横卧的荒凉野湖,空无一人的教堂与墓地……最为欣慰的是,我自北向南穿越了一条笔直的、保存完好的马车道,路上空无一人;在克尔凯郭尔所处的时代,他就是坐着马车,经过这条马车道向北驶往吉勒莱厄。左边是闪烁着宝石蓝光芒的埃斯鲁姆湖(Esrum Sø),它的面积是全丹麦第二,储水量却是全丹麦第一;右边是绿得馋人的戈里布森林(Gribskøv),它伸出臂膀用绿叶遮掩马车道,值得一提的是,这座森林有一处八条道路的交汇点,就像预示着人生中的各种可能性。在克尔凯郭尔眼中,这个交汇点虽然四通八达,但是在此地看不见一个人,除了从哥本哈根向北逃亡的自己——

  在戈里布森林里有一个地方,叫做八路角;只有在一个人以正当的方式去搜寻的时候,他才会找到这里,因为没有任何地图标示出了这个地方。

  那里确实有着八条路,但又非常孤独;偏僻、隐蔽而秘密,你在那里的话,就与一道名为"不幸之围"的围栏靠得很近。

  ……

  八条路并且没有旅行者!这无疑就好像是世界已死绝,如果有人幸存下来的话,他就被推进一种"不会有人来埋葬自己"的尴尬处境;或者,仿佛整个民族的人全都沿着这八条路迁徙出去并且就只遗留下了一个人!①

天气渐凉,黑夜吞噬白昼,丹麦人用室内的烛火,顶替了真实的太阳。2016年11月11日,哥本哈根。我带上一束花,到城中的阿西斯滕斯公墓给克尔凯郭尔献上诚挚的敬意。直到如今,我还是常常想起在丹麦度过的一年多时光。

致 谢

感谢国家留学基金委,"2015年国家建设高水平大学公派项目"资助我到丹麦哥本哈根大学克尔凯郭尔研究中心访学13个月(2015年11月1日至2016年11月30日)。

感谢我的导师阎嘉教授,他无微不至地关心我的学习与生活;他翻译的《或此或彼》让我对克尔凯郭尔有了更深的认识,并且激励我不懈地考取他的博士,以求得到指教;从博士入学不久,他就鼓励我申请公派出国项目,没有他的鼓励和帮助,我不可能去到万里之外的丹麦,更深入地研究克尔凯郭尔并体悟丹麦文化。

感谢我的外方导师江思图(Jon Bartley Stewart)教授,几年前我参加了他的网络公开课——"索伦·克尔凯郭尔:主体性、反讽与现代性的危机"(Søren Kierkegaard: Subjectivity, Irony, the Crisis of Modernity),并且尝试制作了汉语字幕;他将公开课的讲义整理成书后,让我在之前汉语字幕的基础上,完成这本书的翻译,感谢他对我

---

① 克尔凯郭尔,《人生道路诸阶段》(*Stages on Life's Way*),京不特译,北京:商务印书馆,2017,页16—17。

的信任。

感谢丹麦哥本哈根大学克尔凯郭尔研究中心的诸位教授对我的帮助,如凯普仑(Niels Jørgen Cappelørn)教授、约金姆(Joakim Garff)教授、索迪奎斯特(Brian Soderquist)教授、热内(René Rosfort)教授等等,当然也包括我的外方导师江思图教授。同时需要感谢中心秘书比亚尼(Bjarne Still Laurberg)先生,从我第一天抵达中心,到最后一天离开中心,他事无巨细地为我答疑解难,并随时提供帮助。

感谢丹麦学生学者联合会与中国驻丹麦大使馆,它们组织的活动(如元旦节聚餐、春节华人文艺汇演等)让身在异国他乡的我感觉并不孤单。

感谢华夏出版社的编辑陈希米与马涛红在筹划出版期间的付出,尤其是校对者安蒨的工作,保障了成稿的质量。

感谢我的父母——田广华和王玉琴,三十多年来他们含辛茹苦地养育我。在我留学期间,母亲突发脑血栓,住了几天院,为了不影响我的学习,她让所有亲戚隐瞒了这件事情。我的父亲一直希望我考公务员,他为此深深忧愁——但是我深知自己不是一个能在官场游刃有余的人。我更知道:丹麦的戈里布森林里有一个奇异的点,站在那里的人,他有八种选项。

序

[vii]关于丹麦思想家索伦·克尔凯郭尔,有许多不同的介绍类书籍,从不同侧面向初学者呈现他的思想。这些书各有优劣。我相信,这本书的研究进路虽然具有其独特的优势,但它当然只是诸多进路之一种。我在这里的目标,并不是就克尔凯郭尔的复杂思想或著作,给读者以穷尽式的,特别是再现式的概述。相反,本书的策略是仅仅探讨其思想中源于古希腊哲人苏格拉底的那条线索。我们将看到,这是一条非常关键的线索,为我们理解克尔凯郭尔的写作动机、写作方法和写作风格,提供了深刻而有力的解释。

这里采取的策略显然也对教学有利。书中把克尔凯郭尔刻画成这样一种形象:他试图模仿苏格拉底生平与思想的某些特定方面。本书借以接近克尔凯郭尔的途径,至少在某种程度上对学生和初读者而言已经很熟悉(也就是借助柏拉图对话与苏格拉底的形象)。此外,本书对克尔凯郭尔思想中许多特别古怪或者有悖常理的元素,提供了有益的洞察,它们本来是难以解释清楚的。从苏格拉底的维度看克尔凯郭尔,使后者错综复杂的著作具有了一定程度的延续性,因为这一维度从始至终都呈现在他的著作里。

本书与更为传统的介绍类文本大不相同。那些书在切入克尔凯郭尔时,大多用所谓的"生存阶段"这一术语来介绍他的思想:审美阶段、伦理阶段和宗教阶段。这个框架已经成为近百年来介绍克尔凯郭尔的读物的主流,使用得如此频繁,几乎已成陈词滥调。由此带来的问题是过于笼统,未能充分呈现克尔凯郭尔丰富的思想。而且尚不清楚的是,克尔凯郭尔本人曾在何种程度上以这种方式构想他的著作。这个著名的人生成长路线图之所以看似重要,某种意义上,只是因为各种研究文献简单地如此一传再传。

[viii] 再有,传统的介绍类研究往往将克尔凯郭尔的生平与思想割裂,充其量只是在前面章节展现一下他的经历,紧接着就浓墨重彩地剖析他的思想,似乎他的思想与他的生平毫不相干。相反,本书会结合克尔凯郭尔的传略来评价他的思想及著作,使读者更充分地领会他的著作,结合他所处的特定的时空语境来阅读它们。当你看到,克尔凯郭尔有的思想其实是在回应同时代某个人的特定著作或观点时,他著作里的一些谜团也就烟消云散。

最后,介绍类书籍有为克尔凯郭尔辩护的悠久传统。学者们自然而且正当地感到有必要为克尔凯郭尔辩护,以防止别人对他思想的误解,但他们经常走得过远,以至于不必要地将其推上了神坛。本书试图冷静地看待克尔凯郭尔,将他视为与别人有着同样的缺点和软弱的人。我尝试作出公允的评价,既强调他独一无二的天才,同时又不忽略他的其他方面。本书试图凸显克尔凯郭尔的思想如何违反直觉以及如何激进,这一点在为他辩护的书里常常被掩饰。

毫无疑问,克尔凯郭尔是一位高深莫测的作家,没有哪一种介绍能面面俱到地涵盖他的思想。任何试图作出综述的尝试,都会顾此失彼。一些学者可能提出反对,认为本书使用的方法舍弃了克尔凯郭尔思想的某些重要元素,或太少触及他的某些主要著作。他们会批评书中把所有笔墨耗费在克尔凯郭尔的早期著作《论反讽概念》上,而忽略了他的成熟著作。但这样的质疑完全不成立,因为它预先设定了克尔凯郭尔思想的关键方面,并认为《论反讽概念》(*The Concept of Irony*)仅仅是一本可以快速读完的少时习作。任何概述性地介绍克尔凯郭尔的书所面对的真正考验是,如何用所选择的方法整全地阐明他的思想。本书强烈主张苏格拉底的重要性,以此向初次接触克尔凯郭尔的学生揭示其思想的一些基本前提。他们将对克尔凯郭尔思想有基本的把握,这会促进他们以后的独立研究。我的目标是向读者提供[ix]基本的范畴和工具,使他们能在独自阅读克尔凯郭尔时满有收获,继而自己去发现他思想中的新方面与新维度,本书不过是抛砖引玉罢了。

我毫不隐瞒地承认,本书仰赖一些关于克尔凯郭尔与苏格拉底关系的杰出的研究著作,比如希摩尔斯特鲁普(Himmelstrup)、郝岚(Howland)、克罗登(Kloeden)、穆恩池(Muench)和斯克培迪(Scopetea)的研究。① 与其说本书对这个课题有所促进,不如说是借助前人的

---

① Jens Himmelstrup,《克尔凯郭尔的苏格拉底意图——丹麦哲学史中的一个研究》(*Søren Kierkegaards Opfattelse af Sokrates. En Studie i dansk Filosofis Historie*), Copenhagen: Arnold Busck, 1924。

Jacob Howland,《探究哲学与信仰:克尔凯郭尔与苏格拉底》(*Kierkegaard and Socrates: A Study in Philosophy and Faith*), New York: Cambridge University Press, 2006。[译者注]郝岚,《探究哲学与信仰:基尔克果与苏格拉底》,北京:华夏出版社,2014。

Wolfdietrich von Kloeden,《克尔凯郭尔与苏格拉底:苏格拉底对克尔凯郭尔的影响》(*Kierkegaard und Sokrates. Søren Kierkegaards Sokratesrezeption*), Rheinland-Westfalen-Lippe: Evangelische Fachhochschule, 1991 (*Schriftenreihe der Evangelischen Fachhochschule Rheinland-Westafalen-Lippe*, vol. 16)。

Paul Muench,《克尔凯郭尔的假名约翰尼斯·克利马科斯的苏格拉底方法:间接沟通与"带走"的艺术》("The Socratic Method of Kierkegaard's Pseudonym Johannes Climacus: Indirect Communication and the Art of 'Taking Away'"), 收于 *Kierkegaard and the Word(s): Essays on Hermeneutics and Communication*, Poul

研究,用新的方法来介绍克尔凯郭尔。同样,我并未声明,我对《论反讽概念》的解读开垦了一片处女地,我很高兴地认识到自己受惠于学者们的研究,比如索迪奎斯特。[①] 如果本书确实提供了一些新东西的话,那也只在于笔者是在概说的语境中应用他的材料。我的目标不是去呈现新的研究,而是为新读者打开一扇门,让他们开始去理解并欣赏索伦·克尔凯郭尔的天才。

Houe and Gordon D. Marino 编, Copenhagen: C. A. Reitzel, 2003, 页 139-50。

  Paul Muench,《克尔凯郭尔的苏格拉底式假名:约翰尼斯·克利马科斯简况》("Kierkegaard's Socratic Pseudonym: A Profile of Johannes Climacus"),收于 *Kierkegaard's Concluding Unscientific Postscript: A Critical Guide*, Rick Anthony Furtak 编, Cambridge: Cambridge University Press, 2010, 页 25-44。

  Sophia Scopetea,《克尔凯郭尔与恩典——一场与反讽的战斗》(*Kierkegaard og græciteten. En kamp med ironi*), Copenhagen: C. A. Reitzel, 1995。亦参 Jon Stewart、Katalin Nun 编,《克尔凯郭尔与希腊世界(第一册):苏格拉底与柏拉图》(*Kierkegaard and the Greek World*, Tome I, *Socrates and Plato*), Aldershot: Ashgate, 2010(*Kierkegaard Research: Sources, Reception, and Resources*, 卷 2)。亦参本书后面的参考书目。

  ① K. Brian Söderquist,《孤独的自我:克尔凯郭尔〈论反讽概念〉中作为真与非真的反讽》(*The Isolated Self: Irony as Truth and Untruth in Søren Kierkegaard's On The Concept of Irony*), Copenhagen: C. A. Reitzel, 2007(*Danish Golden Age Studies*, 卷 1)。

致　　谢

[xi]我大体上将本书构想为对克尔凯郭尔生平与著作的基本介绍。许多内容是依据我在慕课网(MOOC)的同名课程发展而来；2013年10月7日到12月2日，在哥本哈根大学的支持下，这门课出现在Coursera平台上［译注：网址为www.coursera.org/learn/kierkegaard］。拥有2.4万名学生在线听课，[①] 并给出非常多积极的响应，这也促使我将课程中的理念变成适合课堂使用的介绍类文本。这本书大体上是对线上课程字幕如实的重复，然而我也有所补充，文体上亦有调整。

我曾与这门课程的主要行政负责人霍尔(Timothy Hall)博士密切合作，制定出课程的方法和大致的构想。他的建议和批评反馈使我受益良多，对书稿的成型起了实质性的影响。许多帮助课程运作的助教也提出问题和意见，使得文本更趋成熟，他们是：阿霍(Karl Aho)、巴兰(Joseph Ballan)、贝克－林登塞尔(Hjördis Becker-Lindenthal)、布雷克(Matthew Brake)、戴维斯(Victoria Davies)、德若斯(Stephen DeRose)、埃尔南德斯－迪斯包克斯(Joaquim Hernandez-Dispaux)、桑切斯(Jennifer Hincapié Sánchez)、约翰森(Luke Johnson)、卡夫坦斯基(Wojciech Kaftanski)、瓦伊达(Katarzyna Krawerenda-

---

[①]［译注］目前，线上课程已累计拥有8万名学生。

Wajda)、库赤妮娜(Irina Kruchinina)、利娃(Laura Liva)、马尔斯(Daniel Marrs)、莫恩-布朗(Frances Maughan-Brown)、欧克斯(Cody Lewis Oaks)、桑切斯(Azucena Palavicini Sánchez)、帕提欧斯(George Patios)、夸格利奥(Humberto Quaglio)、史密斯(Troy Smith)、索伽德(Emma Sørgaard)、斯达克(Michael Stark)、范提妮(Shalon van Tine)和田王晋健(Tianwang Jinjian)。在进行线上课程时,我很高兴得到哥本哈根大学神学系尼尔森(Jesper Tang Nielsen)从不间断的帮助和支持。

此稿也受益于一些成果卓著的专家之建议。穆恩池(Paul Muench)、萨伊达(Peter Šajda)、索迪奎斯特(K. Brian Soderquist)慷慨地与我分享他们对克尔凯郭尔作品的认识,尤其是《论反讽概念》这本书。他们的著作为我遴选课程的某些关键主题和阅读材料提供了最初的灵感。我在写手稿时还经常向凯普仑(Niels Jørgen Cappelørn)请教许多有关克尔凯郭尔生平和时代的历史细节。[xii]努恩(Katalin Nun)、斯图尔特(Loy Stewart)和詹森(Finn Gredal Jensen)曾在不同时期无私地通读文本,提出评论。卡塔琳致力于帮助我创造出一部既有学术的厚重感,又能引起初学者兴趣的文本。她也帮助收集整理并编辑了书中的插图。斯图尔特对这本书的整体构架提出了一些好建议,使重点更突出、措辞更恰当。詹森深谙柏拉图与古代哲学,他是尤其宝贵的顾问。克尔凯郭尔研究中心和皇家图书馆影像工作室允许我使用中心档案馆的一些图片,对此我感激不已。对所有曾为我的线上课程提供辅助,以及所有帮忙我完成这部书稿的人们,在此表示由衷的感谢!

* This work was produced at the Institute of Philosophy, Slovak Academy of Sciences. It was supported by the Slovak Research and Development Agency under the contract No. APVV-15-0682.

书中插图序号及标题

图 0.1　克尔凯郭尔《论反讽概念》扉页(1841)

图 1.1　哥本哈根的新市场(克尔凯郭尔的房子挨着右边角落那幢房子)

图 2.1　汉斯·拉森·马滕森(1808—1884)

图 2.2　雷根森学院的院落与圆塔(1840左右)

图 2.3　哥本哈根大学的石膏柱法庭,背景是圣母教堂

图 2.4　G. W. F. 黑格尔(1770—1831)

图 3.1　《日记DD》中《新旧皂窖之间的冲突》的首页(约1837—1838)

图 3.2　《约翰尼斯·克利马科斯,或者应该怀疑一切》的手稿(约1842—1843)

图 4.1　约翰·路德维格·海伯格(1791—1860)

图 5.1　约翰·戈特利布·费希特(1762—1814)

图 5.2　弗里德里希·凡·施勒格尔(1772—1829)

图 5.3　哥本哈根证券交易所

图 5.4　蕾琪娜·奥尔森(1822—1904)

图 6.1　柏林大学

图 7.1　《海盗报》书名页

图7.2与7.3 《海盗报》中讽刺克尔凯郭尔的漫画
图7.4 《最初和最后的解释》手稿
图7.5 交相辉映的两类著作
图7.6 克尔凯郭尔的《日记NB6》封面
图8.1 圣母教堂内部
图8.2 雅各·彼得·明斯特主教(1775—1854)
图8.3 埃盖特·克里斯托弗·特莱德(1781—1860)

导　论

[1]21世纪的我们,生存在一个错综复杂而且瞬息万变的世界。每一个新生代的体验都迥异于其父辈的体验。比如在我父母的时代,谁都没有电脑或智能手机,但如今,人人都有这些玩意儿。问问自己吧,你有多少事情是用电脑和智能手机做的？你在它们上面花了多少时间？你就会察觉到,你的生活与上一代人的生活是多么不同。我们对世界的经验和感受,与那些比我们仅仅早四五十年出生的人相比,完全是天壤之别。过去,这种巨变要历经数个世纪才出现；而现在,伴随着技术发展的匆匆步伐,巨变只需几年就发生。这些随时间发生的持续的变化,让人觉得惶惑不安。人们曾经毕生恪守的传统惯例和传统事物,一夜之间就成了明日黄花。这导致了现代生活中迷惘和疏离的体验。一切坚固的东西都烟消云散,看起来没有什么牢靠的东西可以让人把握。这,就是我们在21世纪面对的处境。

丹麦哲学家、宗教思想家克尔凯郭尔,在19世纪就目睹了这样的巨变,并且对其作出了精妙绝伦的分析。克尔凯郭尔那时还不知道会出现互联网、掌上电脑或者数码相机,但是毫无疑问,他对现代性拥有真知灼见。我们如今可以通过阅读他的著作,帮助自己理解周边的世界,理解我们在世界上的位置。

在这本书里,我们将探究索伦·克尔凯郭尔的思想,这个独一无二的人,他早已启发、激怒、吸引、刺激过人们,甚至从他在哥本哈根的大街小巷里散步时就开始了。如今,学者们还在争论,克尔凯郭尔到底是哲学家、神学家、[2]文思泉涌的作家、文人、心理学家,还是别的什么身份呢?归根结底,他和这些头衔都有些瓜葛。他以极富创造性的形式写作,难以准确地说他使用的是什么风格,又该归属于哪一片学术领域。

他写作的这个特点,反映在人们对他思想的复杂接受史中。他的著作已经在很多不同的领域产生了巨大影响,比如哲学、神学、宗教研究、文学理论、美学和心理学。一位思想家能吸引如此多不同领域的人,单单这件事本身就很有意味,但是关于他的影响真正古怪的一点是:观点迥异、立场对立的人可以同时被他吸引。他同时倡导激进和保守的政治观点。人们同时将他称颂为存在主义者(existentialist)和基要主义者(essentialist)。他是德国浪漫派的批判者,同时又是其效法者。他的影响古怪而奇特,一种解释是:克尔凯郭尔的著作里有不确定和开放的东西,这使他在某种程度上对每个人都有话可说,在他丰富多样的著作里,读者总能找到一些东西,从中对自己的人生和处境获得特别的洞见。

在这本书里,我们将探索克尔凯郭尔如何处理相对主义、意义缺失、宗教信仰危机这些在现代生活中颇有代表性的相关问题。克尔凯郭尔在1841年用《论反讽概念》探究了主观主义与相对主义的不同形式,因为这二者被视为对传统文化的批判(见插图0.1)。我们提到的"主观主义""相对主义"这些术语指什么呢?比如,我们说一条特定的律法或习俗是"纯粹"相对的,意思是,只有某一种文化或一个社会接受它,其他的文化和社会则拒绝它。我们作出这一类的声张时通常带有批判意味,意在推翻这条有争议的律法或习俗的合法性。换言之,如果一件事物是纯粹相对的,它就没有绝对的合法性或权威,因此我们既可以选择遵循它,也可以

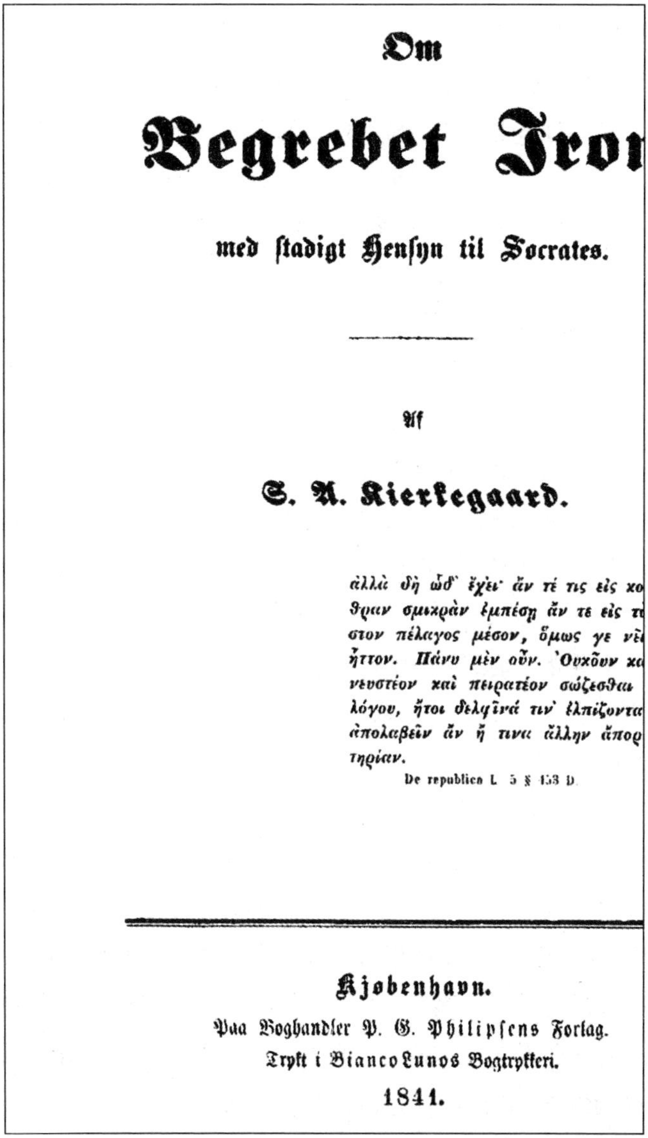
Om

Begrebet Iron

med stadigt Hensyn til Socrates.

Af

S. A. Kierkegaard.

ἀλλὰ δὴ ὧδ' ἔχει· ἄν τέ τις εἰς κο
θραν σμικρὰν ἐμπέσῃ ἄν τε εἰς τὸ
στον πέλαγος μέσον, ὅμως γε νεῖ
ἧττον. Πάνυ μὲν οὖν. Οὐκοῦν κα
νευστέον καὶ πειρατέον σώζεσθαι
λόγου, ἤτοι δελφῖνά τιν' ἐλπίζοντα
ἀπολαβεῖν ἂν ἤ τινα ἄλλην ἄπορ
τηρίαν.

De republica L. 5 § 453 D.

Kjøbenhavn.

Paa Boghandler P. G. Philipsens Forlag.

Trykt i Bianco Lunos Bogtrykkeri.

1841.

图0.1 《论反讽概念》的书名页

选择忽视它。这就是我们通常谈论相对主义和主观主义的方式。

克尔凯郭尔在"反讽"的标题下来探讨这些不同的思想倾向。为什么他要使用这个术语？如今人们有时说某件事真是反讽，他们的意思是此乃不幸的或是命运攸关的大事。比如，他们的意思可能是说，一件[4]坏事降临到坏人头上，这真反讽。但是这并非克尔凯郭尔的意思。相反，当我们针对某事的态度是反讽时，我们说的话是真正意思的反面，语境会提示听众立刻识别出其中的反讽。比如在哥本哈根，当遭遇暴雨或暴雪天气时，我也许会说："我们拥有多么好的天气啊！"由于听这话的人知道眼下的天气事实上非常糟糕，他立刻就明白了我要表达的并不是字面意思，而是在稿反讽。人们经常使用的就是这种反讽。但反讽也可以以一种批判的口气来使用。例如，在政治方面，如果我不同意一项特定的政策或法案，我也许会说，"真是个英明的政策"或者"真是一项伟大的法案"，我是以此来表达截然相反的意思。当克尔凯郭尔把反讽与主观主义和相对主义相联时，他脑海中所想的就是这种批判意义上的反讽。借助这种类型的反讽，一个人可以批判公认的习俗、惯例，乃至无所不包的任何事情。

在《论反讽概念》中，克尔凯郭尔比较了运用反讽的两种形式：古希腊哲人苏格拉底使用的反讽，以及他本人所处的那个时代中以德国浪漫派为代表的现代反讽。这两种形式都尝试用批判的反思来质疑传统信念及传统的思考方式。克尔凯郭尔批判浪漫派，却对苏格拉底极为赞赏。事实上，他以苏格拉底为榜样，试图批判19世纪的丹麦文化及其宗教观。与此相反，在他看来，浪漫派则代表着刚才提到过的那类典型的现代问题：主观主义、相对主义、虚无主义、疏离感、意义缺失，等等。存在主义、后结构主义、后现代主义这些现代运动已显示出，克尔凯郭尔讨论过的诸多议题，依然居于当今哲学的核心问题之列。

本书有意成为一本指引,将克尔凯郭尔的生平和思想介绍给尚不了解他的人们。我有三大目标。第一,探索克尔凯郭尔如何分析和理解一些迫在眉睫的现代性议题,并力求正视他的观点对我们今天生活的意义。第二,我将探究克尔凯郭尔如何近乎悖论式地,从古希腊哲人苏格拉底那里获得关于这些现代性议题的洞见。我也试图去理解他何以将苏格拉底作为行事与写作的榜样。第三,尽管本书并非意在写成一部传记,我仍打算将前两点作为解读的钥匙,追溯克尔凯郭尔的生平以及他[5]与同时代人的关系。

我将集中讨论《论反讽概念》,这是克尔凯郭尔文学生涯开始时的一个至关重要的文本。某种程度上,这本书一直遭到克尔凯郭尔研究者的忽视,一些人认为连克尔凯郭尔本人都不在乎这本无足轻重的早期著作。然而,我想证明事情并非如此,相反,要想了解哲人兼宗教思想家克尔凯郭尔的思想,这是绝对必不可少的文本。尽管这只是他写的第二本书,但它毫无疑问地为克尔凯郭尔后来的成长和著作打下了决定性的基础。可以说,《论反讽概念》为他后来的名著如《或此或彼》(*Either/Or*)、《恐惧与战兢》[①]中的许多内容奠定了基础。研究这本书将帮助我们有能力理解克尔凯郭尔的生平和著作,理解他与我们如今异彩纷呈、瞬息万变的世界的联系。我们将发现:克尔凯郭尔虽然已于1855年离世,却仍然为生存于21世纪的我们提供着某些有价值的洞见。

---

① [译注]国人对 *Fear and Tremble* 的译法有"恐惧与颤栗""恐惧与战栗""畏惧与颤栗"等。考虑到克尔凯郭尔熟稔圣经,而同时出现"恐惧"与"战兢"的经文有《约伯记》4:14、《诗篇》55:5、《但以理书》5:19、《但以理书》6:26、《马可福音》5:33、《哥林多后书》7:15、《腓立比书》2:12、《希伯来书》12:21,译者认为采用"恐惧与战兢"之名更为稳妥。

一

作为"苏格拉底使命"的克尔凯郭尔
生平与著作

[6]克尔凯郭尔在人生终点回顾他的著作时写道,他肩负的是一个"苏格拉底的任务"。① 此外,他说:"在我之前只有一个同类,就是苏格拉底。"(同上)他这么说是什么意思?似乎他已经将苏格拉底,或者至少将他自己心目中那个特定版本的苏格拉底,当作了人生的榜样。他在著作里所做的事情,就像苏格拉底在其哲学中所讨论的事情。因此,为了理解克尔凯郭尔这样说的意思,我们首先需要弄清他是如何理解苏格拉底的,以及他要用苏格拉底来主张什么。一旦我们识别出克尔凯郭尔理解苏格拉底个性与哲学时的核心元素,我们就能看到,他如何尝试将其运用到自己的著作中。很明显,这种理解从《论反讽概念》开始,此书包含了克尔凯郭尔对苏格拉底这位希腊哲人最详细的解释。

在这一章,我们首先要看看克尔凯郭尔的早年生平:他的家庭背景、他在哥本哈根市民美德学校(School of Civic Virtue)接受的教育。然后我们将转向《论反讽概念》,试图理解全书结构和论证策略。最后,我们将看看柏拉图的两个对话《游叙弗伦》(*Euthyphro*)和《苏格拉底的申辩》(*Apology*),我们可以在其中看到苏格拉底哲

---

① 克尔凯郭尔,《〈瞬间〉与晚期作品》(*The Moment and Late Writings*),Howard V. Hong、Edna H. Hong译,Princeton:Princeton University Press,1998,页341。

学呈现出来的核心元素。具体说来,我们将探索如下主题:苏格拉底的反讽,他如何能够引诱对话伙伴陷入所谓的回答之困境(aporia)或迷失之中,他与智术师的关系,他[7]如何理解自己是雅典的牛虻,他的命神或人格精神,最后是苏格拉底的助产技艺或"助产术"。我们的目标是,在柏拉图描绘苏格拉底思想的原始语境中理解这些理念。接着,我们将继续看克尔凯郭尔如何理解它们,以及如何在各种场合化用它们。

1 克尔凯郭尔的家庭与市民美德学校

索伦·克尔凯郭尔1813年5月5日出生于哥本哈根。他在新广场(或称新市场,丹麦语为Nytorv)边的一幢房子里降生。这幢房子于1908年被毁,好在我们可以通过那个时代的一些画作看到它(见插图1.1)。这幢房子紧挨广场内的重要建筑——拥有巨大的新古典

图1.1 哥本哈根的新市场
(克尔凯郭尔的房子挨着右边角落那幢房子)

主义圆柱的法院。

[8]克尔凯郭尔生活在丹麦文化生活的鼎盛期,通常称为丹麦黄金时代——一般认为大致涵盖了19世纪上半叶。他所处的时代人才辈出,如童话作家安徒生(Hans Christian Andersen, 1805—1875),物理学家奥斯特(Hans Christian Ørsted, 1777—1851),雕塑家托瓦尔森(Bertel Thorvaldsen, 1770—1844)。与今天相比,那时的哥本哈根还是个很小的镇子,只有11.5万居民。[①]这意味着绝大多数重要的作家、诗人、科学家和艺术家私底下彼此认识,并且可以彼此增益。比如,克尔凯郭尔的第一本书,1838年出版的《来自一个尚存一息者的论文》(From the Papers of One Still Living),就是对安徒生一部小说的评论。

尽管这是个文化鼎盛期,经济也在复苏,但在克尔凯郭尔出生的时候,哥本哈根不过是贫弱国家里的一个穷困城市。这很大程度上是因为丹麦与拿破仑那次注定倒霉的结盟,导致1807年英国炮轰哥本哈根,接着丹麦又失去了舰队。数年的通货膨胀和经济不稳定随之而来。1813年,也就是克尔凯郭尔出生的那一年,丹麦国库破产了。丹麦的货币一天天地贬值。只有屈指可数的几个人在这些艰难时期保住了他们的财富,克尔凯郭尔的父亲迈克尔(Michael Pedersen Kierkegaard, 1756—1838),就是这少数人之一。他在1809年,也就是克尔凯郭尔出生前几年,买下了新广场的那幢房子。迈克尔出生在一个一贫如洗的家庭,他12岁从日德兰来到哥本哈根,给一个做羊毛生意的叔叔当学徒。大约十年后他自立门户,拥有了

---

① 见Bruce H. Kirmmse,《丹麦黄金时代的克尔凯郭尔》(Kierkegaard in Golden Age Denmark), Bloomington and Indianapolis: Indiana University Press, 1990,页25。

自己的事业,很快发了家。

克尔凯郭尔的母亲安妮·隆德(Ane Sørensdatter Lund,1768—1834)是他父亲的第二任妻子。她曾是父亲家的女仆,他们在1797年结婚,那时第一任妻子已经去世13个月;他们结婚时,安妮已怀了他们的第一个女儿,女儿在他们结婚五个月后出生。在十五年的时间里,他们一共生了七个孩子,索伦是最小的。关于母亲及她在他成长过程中扮演的角色,克尔凯郭尔令人惊讶地只字未提。

[9]克尔凯郭尔的父亲是一个有浓厚宗教情结的人,小克尔凯郭尔在路德宗基督教传统中长大。这使整个家庭烙上了路德宗的印记。索伦的哥哥彼得(Peter Christian Kierkegaard,1805—1888)一直学习神学,后来成为丹麦国教的一名带领牧师兼主教。据说克尔凯郭尔的父亲早年就性格抑郁,因为他深陷自己的罪恶感中无法自拔。人们认为他的儿子们继承了这种性格。

当克尔凯郭尔还是个孩子的时候,他在街坊里的绰号是"叉子"。因为有一天别人问他长大后想成为什么时,他的答案是:"一把叉子。"大家问为什么,他说:"这样我就能刺向餐桌上我想要的任何东西。"他们追问:"如果我们也跟着你去吃怎么办呢?"他回答说:"那么我就刺向你们。"① 这个故事印证了一个事实,即年幼的克尔凯郭尔是一个爱挑衅的家伙,喜欢占人上风。

克尔凯郭尔年少时曾就读于市民美德学校(The School of Civil Virtue),他在那里学习拉丁语、希腊语,并且产生了对古典学的兴趣。学校始建于1787年,1789年分成两所,一所在哥本哈根,一所在克里

---

① 《遇见克尔凯郭尔:同时代人眼中这个人的一生》(*Encounters with Kierkegaard: A Life as Seen by His Contemporaries*), Bruce H. Kirmmse编译, Princeton: Princeton University Press, 1996, 页3。

斯琴港(Christianshavn)附近。从1821年起,直到1830年进入大学,克尔凯郭尔一直在哥本哈根分校学习,学校位于克拉尔柏德尼街(Klareboderne),离他家只有一步之遥。那是个受人敬重的教育机构,专门培养富裕中产阶级家庭的男孩。这所学校课程安排紧密,且专注于古拉丁语、古希腊语和古希伯来语方面的古典学教育。克尔凯郭尔在学校期间,开始爱上古希腊文化和文学。他阅读的古希腊文学包括荷马的《伊利亚特》和《奥德赛》,希罗多德(Herodotus)《原史》中的一些章节,以及部分《新约》。① 最重要的是,他也读了古希腊哲人柏拉图的一些对话作品,具体说来,有《游叙弗伦》、《苏格拉底的申辩》和《克力同》。他还学习到关于苏格拉定生平和教诲的另一个重要文献,即色诺芬(Xenophon)的《回忆苏格拉底》。② 因此,这所学校为他[10]提供了关于哲人苏格拉底的全备的知识,后者成为让他毕生着迷的人。

但是,对于在学校的这段时光,克尔凯郭尔可能并不拥有太多令他愉快的回忆。所有的记载都表明,他没有朋友,还经常因为古怪的着装被嘲笑。他穿着厚厚的羊毛长袜,使他得到一个很不雅的绰号:索伦·袜子(Søren Sock)。少年克尔凯郭尔可不是坐以待毙的人,只要他能扭转局面,他就不会允许自己受人欺负。同时代人的转述一致认为,他自己也常常自恃才智高人一等,嘲笑和对抗他的

---

① 《遇见克尔凯郭尔:同时代人眼中这个人的一生》,Bruce H. Kirmmse 编译,前揭,页15,亦参页273的注释。
② 见Tonny Aagaard Olesen,《克尔凯郭尔的苏格拉底资源:18、19世纪的丹麦学术》(Kierkegaard's Socrates Sources: Eighteenth-and Nineteenth-Century Danish Scholarship),收于 *Kierkegaard and the Greek World*,卷1,*Socrates and Plato*,Jon Stewart、Katalin Nun 编,Aldershot: Ashgate, 2010(*Kierkegaard Research: Sources, Reception and Resources*,卷2),页221-223。

同学。他喜欢让同学显得很傻,来彰显自己的聪明。不幸的是,由于他不是班上个头最大的男孩,他的挑衅带来了负面的结果,别人难以忍受在克尔凯郭尔那里受到的羞辱,偶尔会打他。① 但无论如何,这些负面经历没有阻止他后来重返该校教授拉丁语。

克尔凯郭尔所有的弟兄姐妹都在相当年幼的阶段夭折了,除了他的长兄彼得。弟兄姐妹的早逝,使克尔凯郭尔一家笼罩上挥之不去的阴影。1834年,当克尔凯郭尔刚满21岁的时候,家里只有他、哥哥彼得和父亲还活着。五个兄弟姐妹还有母亲都离世了。

2 《论反讽概念》导读

克尔凯郭尔从市民美德学校毕业以后,进入哥本哈根大学求学。他在那里写下《论反讽概念》,即他的硕士论文。② 这本书分为两大部分,第一部分名为"被视为反讽的苏格拉底立场"。年轻的作者在此比较了展示苏格拉底不同形象的三种主要的古代文献,分别来自柏拉图、色诺芬和戏剧家阿里斯托芬。我们知道,柏拉图和色诺芬都是苏格拉底的学生,他们写下的对话都将挚爱的老师作为主人公。

[11] 阿里斯托芬在《云》(The Clouds)这部喜剧里,以幽默的方式戏仿了苏格拉底。克尔凯郭尔比较和对照了这些古代文献,希望得到苏格拉底的真实形象。克尔凯郭尔在他的整个分析中不断

---

① 《遇见克尔凯郭尔:同时代人眼中这个人的一生》,Bruce H. Kirmmse 编译,前揭,页4-5、7、10。

② [译注]根据后来的学制调整,当时这篇硕士论文相当于如今的博士论文。

坚持一个观点：与其说苏格拉底拥有任何哲学学说或理论，不如说他只是驳斥别人所说，并未提出任何建设性的替代学说。在此意义上，苏格拉底代表着一种否定的、破坏性的力量。克尔凯郭尔说苏格拉底是否定的，与我们现在提到某人消极悲观，是两种意思。不如说，苏格拉底的否定意味着他摧毁别人的立场，但又拒绝提出自己的肯定的论题或学说。在这部著作的第一部分，克尔凯郭尔想得出这样一个结论：对苏格拉底的上述解释，可以得到古代文献的有力支持。

在《论反讽概念》第一部分后面，有一篇附录，题为"黑格尔对苏格拉底的理解"。其中提到德国哲学家黑格尔在其讲课中对苏格拉底的探讨。黑格尔如何阐释苏格拉底的思想及其在哲学与文化发展中所扮演的角色，深刻地影响了那个时代。克尔凯郭尔知道这一点，他仔细研究了黑格尔对苏格拉底的种种论述，批判性地将其融入自己的硕士论文。因此，为了理解克尔凯郭尔的苏格拉底形象，我们必须也对黑格尔的解释以及克尔凯郭尔对这种解释的回应有所洞见。这将是本书第二章的主题。

克尔凯郭尔著作的第二部分直接命名为"论反讽概念"。在这里，克尔凯郭尔探讨了种种现代形式的浪漫派反讽，探究了德国作家小施勒格尔（Friedrich von Schlegel）、佐尔格（Karl Wilhelm Ferdinand Solger）和蒂克（Ludwig Tieck）的思想。克尔凯郭尔大体上肯定苏格拉底反讽，批判浪漫派反讽，因为后者使用反讽为相对主义和虚无主义服务；他们的目标只是摧毁中产阶级社会，却并未想用什么真理或更深的意义取而代之。

《论反讽概念》最后一个部分很简短，标题为"反讽作为有节制的要素，反讽的真理"。这一节在二手文献中引起了巨大争议。克尔凯郭尔似乎在此呈现了他本人关于合适与恰当地化用反讽的观点。克尔凯郭尔不可能回到古代雅典,以苏格拉底用过的同样方式使用反讽,因为历史[12]和文化背景从那时起已经有了翻天覆地的变化。考虑到更前面一些篇幅中克尔凯郭尔对浪漫派反讽的批评,后者也不可能成为他的选项。因此,作为替代,他提倡一种有限度的反讽形式,他相信在自己所处的时代,那是最恰当的。这就是他所谓的"有节制的反讽"(controlled irony)。

3 苏格拉底的反讽与无知

毫无疑问,《论反讽概念》的大部分篇幅将注意力聚焦在苏格拉底身上。但克尔凯郭尔也不仅仅在《论反讽概念》中才探究这位哲人的教诲。不如说他相当沉迷于苏格拉底的形象,整个一生都在回溯苏格拉底。这位古希腊哲人身上有什么东西让克尔凯郭尔感兴趣呢?"苏格拉底的反讽"(Socratic irony)是什么意思?

苏格拉底生活在公元前5世纪的古代雅典,如前所述,他的学生柏拉图以对话的形式记录了他的言行。公元前399年,苏格拉底的雅典同胞对他提出指控,他最终被判死刑。《申辩》记录了对他的审判,《斐多》记录了他生命的最后几小时以及他饮下毒酒身亡之事。苏格拉底的一生时间大都是在雅典城中四处散步,与人交谈。他走向宣称知道某些知识的人,并且向他们请教。他宣称自己是无知的,乞求他的谈话伙伴就他们所宣称知道的任何事情给他些启发。他就这样与他们展开对话。

所谓的"苏格拉底的反讽"通常在这些交谈开始时出现,苏格拉底让谈话对象向他解释某个事物,或者给出它的定义。可以看到,《游叙弗伦》中的对话显然就是如此。在这部作品里,苏格拉底走向雅典法庭,要为他受到的控诉受审,途中遇见一个熟人游叙弗伦(Euthyphro)。他们彼此致意,并互问对方去法庭做什么。让苏格拉底大为震惊的是,游叙弗伦竟然说,他要去指控自己的父亲。不消说,这是一件非同寻常的事,尤其在古希腊,尊敬父亲是一个古老而不可侵犯的价值。苏格拉底直接看到明显的矛盾,人应当爱和尊敬自己的父亲,游叙弗伦的行为却不是这样。但是,苏格拉底没有指出[13]这个矛盾,他装样子假定说,一定有什么东西是他不理解的,而游叙弗伦却必定对其本质拥有某种特殊的知识。苏格拉底惊呼道:

> 天哪!当然,大多数人不知道,游叙弗伦,这样一件事情怎么会有公义。我想象,不是每一个人能做出这样的控诉(行为),除了这个智识高超的人。①

这话听来像在恭维游叙弗伦,后者却没有听出话中的反讽。他自信满满地回答:"确实如此,苏格拉底。"(同上)

游叙弗伦接着向苏格拉底保证,他实际上是这种事情的专家,苏格拉底假装认同这一点。我们也可以在对话结尾看到苏格拉底的反讽,那时游叙弗伦感到厌倦了,苏格拉底反驳了他给出的每一个答案,因此他扭头就跑,假装要去赴一个紧急的事约。游叙弗伦匆匆离开时,苏格拉底故意显得大失所望,他称他本以为自己能从游叙弗伦身上学到关于虔敬的东西。苏格拉底以几乎责备游叙弗伦的口气说,没有他的指导,自己的余生就只能在自己无知的观念中荒废掉了。

---

① 柏拉图,《游叙弗伦》(*Euthyphro*),收于《苏格拉底最后的日子》(*The Last Days of Socrates*), Hugh Tredennick 译, Harmondsworth: Penguin, 1954,页22。

苏格拉底宣称自己不知道任何事情,以此让游叙弗伦吹嘘自己拥有专业知识,并使自己可以任意向游叙弗伦提问,假装想要跟他学。游叙弗伦既然宣称自己是专家,他若拒绝回答苏格拉底,就会颜面扫地。苏格拉底认识到,如果奉承一个人有专业知识,就很容易让这人打开话匣子。苏格拉底式的对话就是这样开启的。苏格拉底的反讽是这个过程的核心因素。初步来看,他的反讽涉及两个方面:第一,他说自己不知道任何事情,但接下来的对话明显证明,他实际上对那些事物也略知一二;第二,他承认游叙弗伦知道一些事情,或是一名专家。

克尔凯郭尔被这种反讽吸引,因为他看到,在19世纪的丹麦社会,许多人也像游叙弗伦那样,宣称精通这事那事,实际上却一无所知。他观察到,苏格拉底对反讽的运用乃是把反讽作为诱饵,好引蛇出洞。一旦对方开始解释自以为已经理解的东西,就会遭到苏格拉底的反驳。克尔凯郭尔仔细地研究了[14]苏格拉底的方法,考虑自己能以哪些方式运用它,好在他所处时代的大讨论中占据独有的优势。

4 苏格拉底与回答之困境

克尔凯郭尔认为,除了反讽以外,苏格拉底对话中的另一个重要元素是所谓的 *ἀπορία*[回答之困境]。这是一个希腊语词汇,意思是"迷失"或"无法回答"。苏格拉底在对话过程中,将游叙弗伦和其他对话者带入了回答之困境。苏格拉底问游叙弗伦"虔敬"的定义是什么,游叙弗伦给出了一个定义。但是,在苏格拉底的盘诘下,他们一致同意这个定义并不能令人满意。苏格拉底追问还有没有更好的定义。但第二、第三个定义和后面的定义也被否决,到最后他们也没有得到真正的定义或结果。游叙弗伦对苏格拉底失去了耐心,而且觉察到自己愈发显得愚蠢,他突然宣称自己有急事,拔腿就跑。于是,对话终止于回答之困境,因为他们最终没有就"虔敬"的定义达成任何一致意见。因此,人们认为这就是柏拉图的几个"陷入困境的"(aporetic)对话之一,它最终没有就所探究的问题达成任何确定的结论。

通常,当一个人写哲学论文或小册子时,其目标是证明某个特定的主题,确立某个具体的论点。他会开门见山地摆明论题,在论文的主体部分提出论据。相形之下,苏格拉底的套路相当不寻常,因为它根本没有确立任何东西。不如说,其结果是纯粹否定的。人们从中学到的所有东西,不过是几个有关虔敬的已被视为不正确的定义,但是,人们仍然不知道虔敬是什么。在批判性的探究下,没有一个肯定的定义幸存下来。

这对克尔凯郭尔很有吸引力,他很高兴在将苏格拉底身上看到一个这种意义上的否定的思想家。苏格拉底的目标不是确立一个肯定的学说,而是要指出别人所依靠的基础不稳定,从而帮助他们重新考虑那些坚持已久的观点。克尔凯郭尔完成《论反讽概念》五年后,在他的《日记JJ》(Journal JJ)中回溯了苏格拉底哲学思考中的这一特征,他写道:

> 实际上,几篇柏拉图对话的结尾毫无结果,这一事实的原因远比我之前[15]所想的深刻……[它]使读者或听者自己主动起来。①

---

① 《克尔凯郭尔的日记与笔记》(Kierkegaard's Journals and Notebooks), Niels Jørgen Cappelørn等编,1–11卷,Princeton: Princeton University Press,2007/?,卷2,页276,JJ:482。在《最后的非科学性的附言》(两卷本)(Concluding Unscientific

这个事实吸引着克尔凯郭尔:虽然苏格拉底只做了一些否定的事情,但他却将别人带向了反思,重新考虑他们信念和生活的某些既定方面。通过质疑,苏格拉底将他的谈话对象引入哲学思考的过程,因为他们不能仅仅作被动的接受者,接受苏格拉底或别的什么人的教导。克尔凯郭尔由此受到启发,试图在自己的写作中模仿苏格拉底方法的这个方面。

5 苏格拉底与智术师

公元前5世纪,雅典有一群云游四方的修辞学学者,他们收取酬金,给有钱人家的男孩上课。这些人被称为智术师,他们宣称有能力教导各种实用的技巧,比如公共演说、逻辑推理和辩论,同时也提供一般教育。在经常讨论政治议题的雅典民主制社会,这些是非常重要的技能。

虽然智术师成功地吸引了学生并以此谋生,但并非所有人都欢迎他们。就像今天的某些律师那样,智术师在当时有点臭名昭著,因为他们擅长玩文字游戏,为无理甚至错误的立场打赢官司。他们是魅力超凡的人物兼雄辩的演说家,可以用语言蛊惑人心。据说他们对辩论的输赢更有兴趣,而非真理本身。

由于人们经常看见苏格拉底在街上公然指教年轻人,许多雅典人就认为他与智术师同流合污,因此对他提出的控诉之一,就是他强词夺理,把弱的论证变强,这正是智术师之所以臭名远扬的一点。

Postscript)里,他写道:"……一个人能为另一个人做的最大的事情,就是使对方不安。"(*Kierkegaard*, Howard V. Hong、Edna H. Hong 译,Princeton: Princeton University Press,1992,卷1,页387。)

但是,苏格拉底强烈[16]抗议人们把他与智术师扯在一起,① 他说自己不像智术师,自己并不宣称知道任何事情,也没有教任何事情。年轻人来听他的讨论,只是因为他们发现,看他以那种特殊的方式盘诘别人很有趣。既然苏格拉底声称不教任何事情,所以他也从来不收取任何形式的学费,相反,智术师则靠教学生来收取学费,维持生计。

克尔凯郭尔注意到,许多柏拉图对话描绘了苏格拉底与智术师的辩论。他看到,当时哥本哈根也有许多人可以视作现代版本的智术师。他们宣称自己知道并且教导基督信仰,同时却从教会职务中捞取物质油水。他们一方面享受着有金钱保障的舒适生活,另一方面则在教导一套在克尔凯郭尔看来非常有问题的基督信仰。此外,克尔凯郭尔也将一些科学家和学者视为智术师,因为他们宣称发现了关于某些事物的终极真理,却在这些事情上没有应有的谦卑。于是他决心使用苏格拉底的方法,来让这些洋洋自得、自信过头的人难堪难堪。

6 苏格拉底的使命与牛虻

苏格拉底质疑别人的手段激怒了他的许多同胞,他们感觉遭到了公然羞辱,尤其是,苏格拉底竟然在一群乳臭未干的年轻人面前反驳他们。这正是一些敌对者指控苏格拉底的理由之一,使他不得不在审判中为自己辩护。法庭要求苏格拉底解释他为什么要在雅典四处游走,用这种方式骚扰同胞,苏格拉底讲了他的一个朋友去

---

① 柏拉图,《苏格拉底的申辩》(下文简称《申辩》),收于《苏格拉底最后的日子》,前揭,页48。

德尔斐神庙求神谕的故事。① 在古希腊社会,神庙是让人敬畏的宗教场所。人们相信阿波罗神通过那里的女祭司向人传话。无论何时,当人们要做一些重要决定时,不管是私事,还是与国家有关的大事,人们都习惯去神庙求问[17]神,看自己的谋算是否会成功。苏格拉底的朋友问阿波罗神:是否有人比苏格拉底更有智慧?阿波罗神通过女祭司回答说:没有人比他更有智慧。

朋友回到雅典,向苏格拉底转述了神谕,苏格拉底困惑了,因为他想不到自己在什么事上有任何特别的知识。事实上,他看到身边有很多人在不同方面比他更有智慧。于是他开始向不同的人发问,看他们知道些什么。结果,他从一个人走向另一个人,每一个人都像游叙弗伦那样,假装在某一领域是了不得的专家,可是最后在苏格拉底的发问之下,他们明显都是一无所知。于是苏格拉底得出结论:他之所以更智慧,指的是他至少知道自己无知,相反,别人都错误地宣称自己确实有知(同上,页50)。他想,这一定就是神谕所说的意思。苏格拉底的知识不是某种肯定的有关某个具体的思考或行为领域的知识,而是一种否定的知识。这是如此悖谬:苏格拉底的知识是,他根本不知道任何事情。

既然这种洞见来自神庙里的神明,苏格拉底就开始相信他被赋予了一项神圣的使命,他的宗教责任是走遍雅典,检验别人对知识的宣称。这就是他给陪审团的解释,他说这就是他要这样做的原因。苏格拉底用牛虻的形象来比拟自己的行为。牛虻不断地在一匹马四周嗡鸣,还停在马身上,这激怒了马。苏格拉底看到,他也在对雅典同胞做同样的事情。柏拉图记下了他的话:

---

① 柏拉图,《申辩》,前揭,页49–50。

> 对我而言,似乎神明把我放到这个城邦,就是为了履行这样一只牛虻的职责;一整天我不停地在这里、在那里、在每一处降落,挑拨、劝说、责备你们中的每一个人。(同上,页63)

因此,苏格拉底把自己描绘成雅典的牛虻,发挥着一种尽管会激怒人却于人有益的作用,使别人免于跌入自满,使他们常常保持警惕,不要随意宣称自己有知识。他将自己的劳苦看作一种宗教呼召:他不断在街头巷尾盘问别人,与其说是因为他乐在其中,或者他个人认为这是个好主意,不如说他[18]视自己在遵循神的旨意。这样做是他的宗教责任。

这是克尔凯郭尔细细品味的一幅画面,他开始构想自己的任务,它应该与苏格拉底的任务一样。他相信通过自己的著作,他能够在实际上成为哥本哈根的牛虻,使他的同胞免于陷入自满。① 他相信,当时的人们对基督信仰的理解错了,需要有一只牛虻,去迫使他们批判地探究自己的观点,并且予以修正。他的目标不是用推论式的论证去说服那些有怀疑倾向的读者,使他们相信一套肯定的学说。同样地,他的目标也不是以自己的著作来博取声名,或与别人成为朋友。不如说,他的目标是以苏格拉底为榜样,以某种方式去激怒和刺激别人,使他们看到自己信念中的各种错谬。

7 苏格拉底的命神

雅典人针对苏格拉底的一项指控是,他敬拜雅典不承认的外邦神明。这项指控牵涉到苏格拉底所谓的 $\delta\alpha\iota\mu\acute{o}\nu\iota o\nu$ [命神]。这是一个

---

① 《克尔凯郭尔的日记与笔记》,前揭,卷2,页275,JJ:477。

希腊语词汇，字面意思是"一个神明"或"一个灵"。柏拉图对话中提到的苏格拉底的命神，是一种个人化的灵或内在的声音，常常给苏格拉底提建议。现代学者们在理解这个词的意义方面伤透了脑筋：有的人试图将它解释为良心的声音，有的人则将它视为某种类似于守护天使的存在。在受审中，苏格拉底这样解释他的命神：

> 我常常有一种神圣的或是超自然的体验……从很早的童年就开始了——一种声音临到我；它每次来到时，总是劝服我不要去做我正打算去做的事情，而从来不鼓励我。①

苏格拉底宣称他有一个属于自己的内在声音，阻止他陷入麻烦，因为那个声音告诉他别去做考虑不周的、可能导致负面结果的事情。但是像苏格拉底自己一样，命神从不给什么肯定的建议，告诉苏格拉底应当做什么。

[19]苏格拉底相信，这位命神是在帮助他实现神圣的使命。当评审团定他有罪，判他死刑时，他宣称他并不在意，因为整个审判过程中，他的命神从来没有反对他的所说和所做——他把这理解为所发生的一切都顺乎神旨（同上，页74）。因此他断定，他没什么好怕的。

这也是克尔凯郭尔认同的理念。在基督教传统里，我们习惯于谈论这样一些概念，比如天意，比如上帝正在按他心目中某个具体的目的指挥宇宙。克尔凯郭尔在他的《作为作者的我对我著作的观点》(*The Point of View for My Work as an Author*)一书中反思了自己的生平与著作，他解释说，他相信自己的人生是被一种看不见的神圣"统治"(Styrelse)驱使。上帝对他的一生有一个蓝图，而克尔凯郭尔

---

① 柏拉图，《申辩》，前揭，页63–64。

在不知不觉中实现那蓝图。尽管他并不总是能理解上帝对自己的计划,但他感到上帝在冥冥之中指引着他的写作,就像苏格拉底的命神指引苏格拉底那样。如同苏格拉底一样,克尔凯郭尔将自己的工作视为一种神圣使命。他相信上帝会引导他行在正确的方向,正如苏格拉底相信他的命神会保守他免受损害。

8　苏格拉底的助产术

苏格拉底思想的另一特色是"助产术"或助产技艺。这个词汇来自希腊语形容词 μαιευτικός[助产的,或关于助产的]。苏格拉底解释说,他母亲是产婆,他从母亲那里学会了这门技艺。他宣称,当他向人发问时,他的目标是帮助他们自己达到某个真理。他相信,真理已经内在地藏在他们自己里面,只是他们还对此浑然不觉。苏格拉底所从事的这种循循善诱的发问,可以使这真理破茧而出。

这方面一个著名的例子是,苏格拉底在《美诺》中向一个没受过教育的童奴发问,他只是发问,[20]他自己并未提出任何肯定的东西,但他却引导那个男孩明白了几何学的一些基本原则。在场的每一个人都惊讶万分:那个男孩显然一直就通晓几何学,虽然他从未在这方面接受过任何教育。这符合苏格拉底一直以来的宣称:他不教授任何东西。他只是宣称自己是为观念接生的助产士,但他本人并不生产观念。他只是帮助别人生产观念,然后对其作出评估。观念隐藏在个体里面,虽然个体甚至不知道它们的在场。(这将苏格拉底引向了天赋观念的学说,即,我们一出生就拥有某些观念,我们在对世界有任何体验之前已经认识了事物。因此,发问者的任务只是帮助我们去回忆之前知道却已经被遗忘了的东西。)

克尔凯郭尔在著作中也会有意使用苏格拉底的助产术。他不想明确声明自己所认为的基督信仰是什么,相反,他希望帮助别人发掘出他们自己的基督教观念。克尔凯郭尔想要避免留下好为人师的印象,仿佛别人只需跟随他的教导。他相信基督信仰只有在信靠者自己体验到它的意义上才有意义,因此,纯粹立足于他人教导权威之上的替代性,是不充分甚至误导人的。与此相对,克尔凯郭尔坚称,基督信仰只关乎每一个个体的内在关系,因此目标应是帮助别人亲自在他们里面发现这关系。就像苏格拉底那样,克尔凯郭尔相信他能推动这件事情,但最终,人必须靠自己去完成发现真理或自己里面那种内在关系的任务。

9 哥本哈根的苏格拉底

伴随克尔凯郭尔一生的朋友寥寥无几,其中有个叫博杰森(Emil Boesen)的人,是丹麦国教的一位牧师。博杰森回顾了克尔凯郭尔的硕士论文对这位哲学家后来生涯的重要影响:

> ……最有可能是在[克尔凯郭尔]写《论反讽概念》时……他第一次获得了一种清晰的领悟,知道了他要[21]去做什么、他的才干在何处。①

博杰森认为,正是在这一背景下,有关该书的某种东西促使克尔凯郭尔决定成为一名作家,并且帮他搞清楚了自己要成为什么类型的作家。这种东西究竟是什么呢?许多证据支持如下宣称:苏格拉底对克尔凯郭尔而言正是关键所在。我们在此触及的关于苏格

---

① 《遇见克尔凯郭尔:同时代人眼中这个人的一生》,前揭,页29。

拉底的每一个要点，都以这种或那种方式对他产生了重要影响：无知、回答之困境、智术师、牛虻、命神、助产术，当然还有苏格拉底的反讽。

克尔凯郭尔在他的许多重要著作里都会回到苏格拉底这个人物。《哲学片断》(Philosophical Fragments)花了相当长的篇幅，对比讨论苏格拉底的启蒙形式与基督教的启蒙形式。同样，1844年他的一部讽刺著作《序言》(Prefaces)中也提到了苏格拉底。《人生道路诸阶段》(Stages on Life's Way)中有一个很长的部分叫"酒宴记"(In vinoveritas)，里面模仿了柏拉图对话中的《会饮》(The Symposium)。克尔凯郭尔在他所有的训导讲演中，都间接地把苏格拉底称为"古代单纯的聪明人"。苏格拉底也散见于《最后的非科学性的附言》(Concluding Unscientific Postscript)的各处段落，同样，克尔凯郭尔也在《爱的作为》(Works of Love)中将苏格拉底与基督教伦理联系起来讨论。在《致死的疾病》(The Sickness unto Death)里，克尔凯郭尔呼唤苏格拉底，把他视为现时代的一条出路。最后，克尔凯郭尔在去世前不久的最后一期《瞬间》(The Moment)中称苏格拉底是榜样。简而言之，苏格拉底不断地出现在克尔凯郭尔的著作中。

克尔凯郭尔认识到，19世纪丹麦的问题与古希腊人在公元前5世纪遇到的问题大同小异。他认识到，人类的本性千古不移，自己同时代的许多人与柏拉图对话中描绘的人如出一辙。克尔凯郭尔领悟到，他的时代所需要的，正是一位新的苏格拉底。他的意思不是指某个以新的哲学或新的学说亮相的人，而是某个搅扰和挑拨别人、将他们从安逸中摇醒的人。这就是他决定为自己设定的目标。他将成为新的苏格拉底——哥本哈根的苏格拉底。

二
黑格尔眼中的苏格拉底

［22］克尔凯郭尔对苏格拉底的理解，当然建立在他阅读柏拉图、色诺芬和阿里斯托芬的基础上，即那些最重要的希腊语文献。但这样的理解也在很大程度上脱胎于德国哲学家黑格尔的解释，克尔凯郭尔在《论反讽概念》中与黑格尔展开了持续的批判性对话。19世纪30年代晚期黑格尔的哲学在哥本哈根风靡一时，那时克尔凯郭尔还是个学生，正在写《论反讽概念》。我们在这一章将探讨黑格尔在克尔凯郭尔大学时代的首次亮相，然后透过黑格尔对苏格拉底的分析，讨论我们上次介绍过的一些相同主题，即苏格拉底反讽、回答之困境、命神等等。我们将看到黑格尔如何评价苏格拉底这个重要的历史角色，而克尔凯郭尔又由此受到了怎样的启发和影响。

1 马滕森与19世纪30年代的哥本哈根大学

我们是"自主的"（autonomous）是什么意思？对今天大多数人而言，"自主"（autonomy）只是比"自由"（freedom）更花哨的表达。从字面意义上讲，自主只是意味着一个人能够为自己立法；换言之，能决定他想要做什么。说某人不自主，意味着他受到一些外在法律的支配，而这些法律常常与他想做的事情发生冲突。因此，在这个意义上,我们通常都认为自主是一件好事,就像我们认为自由是好事。我不要别人告诉来我该做什么,或是随意施加规则和条例到我身上来限制我的自由。虽然今人把自主构想为一件普遍正面的事,但事实并非总是如此。在有些社会,主流价值观并不主张[23]人们出去随心所欲地行事;相反,最重要的是遵守一系列由家庭、文化或社会所共同认可的规则。这包括穿戴特定的服饰,行事为人符合公认的原则。这样的社会将自主行为视作一个人傲慢和不尊重家庭及传统的表示。

自主议题也经常与宗教相联系。例如,宗教仪式期望每个人都以相同的方式参与和表现,在仪式化的活动中,不可能有个人主义者或标新立异者。类似地,在宗教里通常还有一套核心教义,为所有的效法者所相信。教义无关乎创造新理念或个人的真理,而是要求人效法公认的、人人追随的一套信念。出于这些原因,宗教会众或群体通常持有共同的价值观和思考方式,是一个紧密的团体。

基督信仰认为人类有限且有罪。人不能通过自己的行为获得救赎,需要神圣恩典的帮助。在此情境下,如果一个人要自己来决定什么是真理,会被视为傲慢甚至不敬虔。也就是说,自主是一件遭到否定的事情。这个议题今天仍然很鲜活,在克尔凯郭尔的时代也同样重要。一位名叫马滕森(Hans Lassen Martensen)的年轻丹麦学者就谈过这个问题(参插图2.1)。

19世纪30年代,当克尔凯郭尔还在哥本哈根大学就读时,黑格尔的哲学在学生们中间红得发紫。是马滕森创造了黑格尔思想的轰动效应,此人只比克尔凯郭尔年长五岁。1834年,马滕森开启了一段为期两年的旅程,先后去了柏林、海德堡、慕尼黑、维也纳和巴黎。在旅行中,他见到了普鲁士和德意志各邦的很多领军人物,他

二 黑格尔眼中的苏格拉底 35

图2.1 汉斯·拉森·马滕森(1808—1884)

们当时正在讨论黑格尔的哲学。① 这是一件大事,给马滕森带来了人生的转折。

1836年回到哥本哈根后,马滕森开始了辉煌的学术生涯。1837年7月12日,他的论文《关于人类自我意识之自主》(*On the Autonomy of Human Self-Consciousness*)[24]举行答辩。② 这次公开

---

① 那时德国当然不是统一的政治体,它由一群自治的小片公爵领地、侯国和王国拼凑而成。

② 这本书的英语版是《现代教义神学中的人类自我意识,在黑格尔与克尔凯郭尔之间:马滕森的宗教哲学》(*The Autonomy of Human Self-Consciousness in Modern Dogmatic Theology in Between Hegel and Kierkegaard: Hans L. Martensen's Philosophy of Religion*), Curtis L. Thompson、David J. Kangas 译, Atlanta: Scholars Press, 1997,页73-147。对马滕森的详细介绍亦参

答辩在雷根森学院(Regensen College)举行,学生们后来经常在这里热烈讨论马滕森的讲演(参见插图2.2)。

图2.2 雷根森学院的院落与圆塔(1840左右)

在这部著作里,马滕森批判地讨论了康德、施莱尔马赫和黑格尔这些德国思想家的不同体系。马滕森认为,他们的哲学都再现了一套自主的体系,而他相信这种体系只单方面关注个体的能力。他还认为,这样做没有认识到人对上帝的深刻依赖。可以说,在某种意义上,马滕森谈论的这个问题已经预示了克尔凯郭尔后来关于反讽的话题。两个人所处理的关键问题都是个体的角色,或者说,是事物的主客观[25]秩序之争。马滕森和克尔凯郭尔都同意,现代

Robert Leslie Horn,《实证性与辨证法:对马滕森神学方法的研究》(*Positivity and Dialectic: A Study of the Theological Method of Hans Lassen Martensen*), Copenhagen: C. A. Reitzel, 2007(*Danish Golden Age Studies*,卷 2)。

的主体性或相对主义已经走得太远。马滕森用来表达这个问题的核心术语是"现代自主"(modern autonomy),克尔凯郭尔的核心术语则是"反讽",归根结底,他们当时谈论的是一套同样的议题。

1837年秋天,马滕森开始在哥本哈根大学授课(见插图2.3)。他

图2.3 哥本哈根大学的石膏柱法庭,附近有圣母教堂

的课程马上成为大学里的话题。各学科的学生蜂拥而至,聆听他的滔滔之言,因为某种意义上,他是在讲述旅行中的见闻,即说德语的各邦中哲学与神学发展的最新动态。让年长而保守的同事们惊惶和不可思议的是,马滕森竟然成了某种学术明星。在学生们心中,马滕森是一位令人兴奋的年轻学者,用一种他们从未体验过的方式对他们说话。他传达了黑格尔哲学的基本理念,那是整个普鲁士和德意志正在谈论的。马滕森的一个学生将自己与这些课程的[26]

相遇描绘成"智性的苏醒"(intellectual awakening)。① 他写道:

> 那人是位年轻教师,他通过他的课程给我和其他人留下了深刻的印象……学校已安排他开设关于更晚近的历史哲学的课……给我们这些一年级的学生听。这就是 H. L. 马滕森……他将新气息带入了……大学的新建筑……马滕森……在很多年里,使最大的礼堂座无虚席,里面尽是狂热的听众。他用新鲜的热情一下子赢得了我的心,让别的讲师相形见绌……他所说的,恰是我渴望听到的,有时候[27]他的话语就像滚滚暖流,比在冰冷的科学殿堂里发现的东西加倍地打动我。(同上,页81-82)

年轻的克尔凯郭尔就混迹在马滕森演讲大厅的学生中间。他记录的马滕森课程笔记,可在《笔记4》中找到。② 克尔凯郭尔耳濡目染了黑格尔及德国哲学带给学生们的冲击。马滕森的成功让他不安,学生们在这些课程里表现出的狂热兴趣也让他沮丧。

虽然克尔凯郭尔明显感到自己与崇拜马滕森的学生群体不是同路人,但他知道,如果要写他自己关于反讽的硕士论文的话,他就不得不认真地参考黑格尔关于主体(the subject)的观点。黑格尔已经在好些不同的文本里讨论过反讽这个主题,包括苏格拉底形式和浪漫派形式的反讽。因此,克尔凯郭尔仔细地阅读了黑格尔的文本,尤其关注其中关于这一议题的讨论。

---

① Christian Hostrup,《我童年与青年的回忆》(*Erindringer fra min Barndom og Ungdom*), Copenhagen: Gyldendalske Boghandels Forlag, 1891, 页80。

② 《克尔凯郭尔的日记与笔记》,前揭,卷3,页125–142, NB4:3–12。

2 概说黑格尔

黑格尔1770年出生于斯图加特,是德国理念主义哲学传统的领军人物之一(见插图2.4)。他写下了关于许多不同主题的重要著作:《精神现象学》(*Phenomenology of Spirit*, 1807),《小逻辑》(*Science of Logic*, 1812–1816),《哲学百科全书》(*Encyclopedia of the Philosophical Sciences*, 1817)和《法哲学》(*Philosophy of Right*, 1821)。黑格尔相继在几个重要的文化中心生活过,如图宾根、伯尔尼、法兰克福、耶拿、纽伦堡和海德堡,最终,他在皇家弗里德里希·威廉大学[译注:今洪堡大学]获得教授席位。他人生的最后十年在柏林度过,那是他的哲学取得巨大影响的地方。19世纪20年代,[28]欧洲各地的学生都慕名来听他的讲座。

图2.4　G. W. F. 黑格尔(1770—1831)

黑格尔于1831年11月14日去世,他的弟子们成立了一个协会,致力于出版完整的黑格尔作品集。他们相信,黑格尔的讲课是他思想的重要组成部分,然而这些讲稿在演讲厅外的传播并不广泛,因此他们决定,他们自己出版的黑格尔全集不仅要收录黑格尔生前出版过的著作,也要收录他最重要的四个讲座课程的讲稿。由于黑格尔本人没有留下完整的讲稿,这些自发的编辑者们承担起收集和整理学生笔记的任务,从中不断产生出新的文本,《宗教哲学讲演录》(Lectures on the Philosophy of Religion)、《美学讲演录》(Lectures on Aesthetics)、《历史哲学讲演录》(Lectures on the Philosophy of History)和《哲学史讲演录》(Lectures on the History of Philosophy)等陆续出版。这些著作克尔凯郭尔都有,《论反讽概念》直接引用了其中的三种。

黑格尔对苏格拉底最详细的评价,出现在三卷本的《哲学史讲演录》的第一卷,此书在1833年至1836年间面世,由米什莱(Karl Ludwig Michelet)主编。我们将看一看黑格尔的分析如何与克尔凯郭尔在《论反讽概念》中对苏格拉底的理解相关。黑格尔在考察中使用了三种关于苏格拉底生平与教导的主要文献:柏拉图、色诺芬和阿里斯托芬——克尔凯郭尔在《论反讽概念》中分析苏格拉底反讽时,也使用了这三种文献。

3 黑格尔如何理解西方文化史中的苏格拉底

[29]黑格尔针对西方哲学和文化的发展,讲述了一个总括性的故事,但又总是让所讲的故事与他所处的时代挂钩。[①] 当时法国大

---

① 关于黑格尔对苏格拉底的评价,见黑格尔,《哲学史讲演录》(Lectures

革命和拿破仑战争已经结束,学生们着迷于学习黑格尔描绘的历史上的各种势力,因为黑格尔的史学不仅启发他们理解历史上的一些特殊时期,也可以帮助他们理解自己所处时代方方面面的发展。

在讲座中,黑格尔将苏格拉底描绘成哲学与文化史中的所谓"精神转折点"(mental turning point)(同上,页384)。苏格拉底之前的希腊哲人,即所谓的"前苏格拉底"哲人,关注的是理解自然世界的本质。他们在某种意义上是第一批自然科学家,试图不诉诸任何神圣的作用来解释世界。因此,他们首先关注自己身边的客观世界。相反,苏格拉底是第一个将焦点转向内在的人,他转向了人的思想领域。他相信,理解人们如何思考,比理解自然世界更优先,也更重要,因为为了"理解"自然世界,我们必须首先知道理解任何事物本身意味着什么。克尔凯郭尔关注苏格拉底思想与自然科学的这一不同,并在日记中讨论了这一点。[①]

黑格尔认为,苏格拉底的这一转向标志着一个革命性的观念,不仅对希腊哲学如此,对整个历史也是如此。古希腊人依照各种历史悠久的习俗和传统生活,视之为神圣的约束。这是一个非常宽广的领域,黑格尔用德语Sittlichkeit来描述它,该词通常译为"伦理"(ethics)或"伦理生活"(ethical life)。然而,黑格尔的这个词不仅仅指向一个民族如古希腊人所遵循的习俗式伦理,也指向包括宗教、律法、传统和既定的社交模式等在内的更宽广的领域。在黑格尔看来,古希腊人早就相信,[30]这种习俗伦理的客观领域仿佛自然就

---

on the History of Philosophy)三卷本,E.S. Haldane译,London: K. Paul, Trench, Trübner, 1892–1896; Lincoln and London: University of Nebraska Press, 1955,卷1,页384–448。

① 见《克尔凯郭尔的日记与笔记》,前揭,卷4,页57–73,NB70–87。

是真实的;换言之,当他们依照传统和习俗行事时,并不是说那是某个特殊个体的主观意愿,而是说,那种传统和习俗本身就是真实的。这些传统和习俗是由神明立定,因此事实上是真实的。这就是今天所谓的自然法传统的开端,即,一些事情天然正确或天然错误的观念。

黑格尔还认为,伦理生活的传统概念可在索福克勒斯的悲剧《安提戈涅》(Antigone)中找到例证。在这部作品中,年轻女子安提戈涅与底比斯国王克瑞翁(Creon)之间爆发了冲突。安提戈涅的兄弟波吕涅克斯(Polyneices)在一场颠覆城邦的失败暴动中身亡。克瑞翁明令,反叛者的尸体不得下葬,要让它暴露在野兽和大自然面前。无论谁试图埋葬反叛者,抓到后都要判死刑。这在古希腊社会引起轩然大波,因为葬礼问题被人视为一件神圣的事情。

安提戈涅认为,克瑞翁的命令只是一个暴君的独断而堕落的意见而已。意见本身并非真理,只是暴君的个人观点。他作为国王颁布这条刑罚的事实并不能改变这一点。安提戈涅认为,有一条更高的律法,乃是神所准许的做法,此律法命令人以通常的、体面的葬礼埋葬死去的亲属。黑格尔在讲课中提到这部作品,安提戈涅在剧中把这种律法说成"神明们的永恒律法"(the eternal law of the gods)。[①] 在安提戈涅看来,葬礼仪式是她必须遵守的一个自然的、客观的事实,尽管从人类的律法来看她的行为非法。自然的律法是绝对的,人类的律法则主观任意、反复无常。

黑格尔将这视为前苏格拉底时代的古希腊观点的一个例证。苏格拉底的思想革命带来了一个转换,从强调由永远正确的神明们赐下的外在、客观的领域,转向个体的内在领域。黑格尔解释说:

---

① 黑格尔,《哲学史讲演录》,前揭,卷1,页386。

"苏格拉底的原则是,人……必须通过自我来获得真理"。(同上)苏格拉底认为,人不应该盲目地接受习俗和传统的教导,而必须批判地探究,自己得出结论。

但是请注意,这不意味着主体碰巧想到的任何东西都真实有效。黑格尔相信,仍然有[31]客观真理存在,但客观真理必须通过个体主体性的理性探究去达到、去认识。前苏格拉底时代的古希腊观点的问题在于,公认的习俗和传统领域在某种程度上是专横的。它不容人置疑,个人怎么看它完全无足轻重。安提戈涅认为,在世者必须给死去的亲属举办葬礼,这是绝对真理,克瑞翁或任何别的什么人怎么想无关紧要。这事本身就是真实的。

但是,在苏格拉底以及现代观点看来,每个个体都有权对真理给出自己的见解。这意味着承认个体拥有理性去认识和理解真理。因此,苏格拉底在古希腊世界所掀起并带来我们现代观念的革命性观点在于,主体是真理的一个构成要素。对古希腊人而言,这是一个全新的、令人振聋发聩的观点,最终让苏格拉底付出了生命的代价。

4 一个可以为之生、为之死的真理

主观真理的理念,对年轻的克尔凯郭尔非常有吸引力。1835年夏天,他来到哥本哈根以北的西兰岛北部(northern Zealand),在闲暇中拜访了这里的一些小镇和小村庄。在他的第一本简称为《日记AA》(*Journal AA*)的日记本里,他记下了这次短暂旅行留下的印象。对年轻学生克尔凯郭尔而言,这是一段重要的时期,因为那时他在学习方面似乎还没有取得什么特别迅速的进展。其中一个原因或许是,他仍然有点不确定人生的下一步要怎么走。他详细描述了他

对人生方向的犹疑和彷徨。1835年8月1日,他在小渔村吉勒莱厄(Gilleleje)写道:

> 我真正需要搞清楚的是我要去做什么,而不是我必须知道什么……问题在于理解我的命运,明白上帝真正要我去做什么;这件事是去发现一个真理,一个对我而言的真理,去发现那个我愿意为之生且为之死的理念。①

[32]年轻的克尔凯郭尔在这里清楚地表明,他迫切需要发现那个主观的、个人的真理,就像他所说的,一个"对我而言的真理"。跟苏格拉底一样,他拒绝社会已经接受的客观真理。他继续说道:

> 如果我去发现一个所谓的客观真理,或者努力去搞通哲学家们的什么体系,那又有什么用呢……? 如果我有能力制定一套关于国家的理论……而我自己不住在里面,只是让别人来看看,那又有什么用呢?(同上)

他在这里拒绝世界认可的客观知识,相信其中缺失了一些根基性的东西。就像苏格拉底那样,他相信必须从自己里面发现真理。

值得注意的是,克尔凯郭尔在说明客观真理时把基督信仰也包括其中。他写道:

> 有能力提出基督信仰的含义,解释许多孤立的事实,可如果这对我和我的人生没有更深的意义,又有什么用呢? (同上)

他在这里认识到,基督信仰也可以被解释为某种外在的和向外

---

① 见《克尔凯郭尔的日记与笔记》,前揭,卷1,页19,日记AA:12。

的东西,成为诸多客观真理中的一项。神学学术领域,如教义学或教会史,可能已经落入这个窠臼。比如,某个教会大会所确定的东西的确是一个客观事实,但这个客观事实跟个体没有一点关系。再一次,克尔凯郭尔像苏格拉底那样,相信更深的真理不是客观真理,而是在人里面的主观真理。

在这些日记段落里,克尔凯郭尔一直在描述自己的观点,然后,他直接将讨论与苏格拉底联系起来。克尔凯郭尔和苏格拉底一样,认为外在事物的知识与作为主体的人的知识无关。他写道:

> 一个人必须在认识任何事物之前,首先认识自己……只有当他已经内在地理解了自己,然后看见了摆在前面的道路,这时他的人生才能得到宁静和意义。(同上,页22)

克尔凯郭尔宣称,一个人必须以怀疑或者"反讽"开始,以便最终摆脱它。他写道,"真正的知始于不知(苏格拉底)"(同上)。当个体以苏格拉底的方法撼动对传统真理的信念时,他就站到了认同自己的主观真理的立场上。因此,一个人必须从克尔凯郭尔所谓的[33]"无知"立场出发,以便摆脱前半生抚育了他且与他形影不离的各种传统信念,从中得到解放。

许多年以后的1846年,克尔凯郭尔在《最后的非科学性的附言》里更深入地讨论了这种不同。在这本书的开头,他解释说,此书的"客观议题"是"关于基督信仰的真理"。[1] 这是关于基督教的客观真理,它可以由比如历史记录、文献等等决定。相反,还有主观的真理,它"关乎个体与基督信仰的关系"(同上)。对克尔凯郭尔而言,人与基督信仰的个人的、内在的、主观的关系,这个问题比所有

---

[1] 克尔凯郭尔,《最后的非科学性的附言》(两卷本),前揭,卷1,页17。

可能确立的外在客观真理都更深刻，而且更重要。《附言》讨论了主观与客观之间根本的不同，这一讨论的起源是1835年克尔凯郭尔在吉勒莱厄的反思，这次反思与苏格拉底的思想革命紧密关联，即转离外在的习俗和传统，赋予内在和主观的东西以合法性。

5 黑格尔眼中的苏格拉底方法和反讽

黑格尔讨论了苏格拉底的方法，从中辨别出两个重要特点。[①] 第一步，苏格拉底会走到三教九流中间，进入他们的日常生活境况。接着，他挑起与他们的职业或兴趣有关的对话，设法将他们拖入一场讨论。然后，他试图让谈话者脱离与特殊个体境况有关的直接经验，转向普遍真理。黑格尔认为，这是一种从特殊到普遍的运动，构成了苏格拉底方法的首要元素。我们可以在《游叙弗伦》这篇对话中看到这种方法。游叙弗伦给苏格拉底举了几个虔敬的例子，然后［34］苏格拉底问，所有这些特殊案例有什么共同点。[②] 他不想听关于虔敬的特殊案例，而想要查明虔敬本身的精髓和本质是什么。类似地，在其他对话中，苏格拉底对美和公义等等的案例也不感兴趣，而是对美和公义等等本身感兴趣。

苏格拉底方法的第二步，是制造预设的理念或定义与个体的现实经验之间的困惑，即普遍与特殊之间的某种冲突。苏格拉底隐含的目标是，展示对话者已经不加反思地接受了某些特定的东西为真实，并不曾仔细地加以探究。因此，苏格拉底指出对方观点中的矛

[①] 关于黑格尔对苏格拉底方法的评价，见《哲学史讲演录》，前揭，卷1，页397–406。

[②] 柏拉图，《游叙弗伦》，前揭，页26。

盾,实际上是在号召个体回过头去批判地探究那些观念。关键之处在于,个体必须运用自己的理性,去检验一切被宣称为真的东西。

黑格尔还探究了苏格拉底的反讽,这对克尔凯郭尔非常重要。黑格尔解释说,苏格拉底一开始会让对话者基于普遍公认的对事物的理解,谈论一些话题。为了让别人这样做,苏格拉底假装自己对所讨论的东西一无所知,需要人指教。一旦别人开始阐述公认的观点,苏格拉底就可以大做文章,证明其内在的矛盾。苏格拉底相信,他能以这种方式帮助别人认识到他们自己的无知。

关于苏格拉底运用反讽,关键问题在于,当他说自己一无所知并且需要指教时,他是否就是这个意思呢?换言之,他这么说是反讽呢,还是说,苏格拉底的意思真是如此,因为他真的相信自己一无所知?人们也许会怀疑他关于自己一无所知的宣称,因为毕竟,在接下来发生的讨论进程中,他明显在智性上比谈话对手更胜一筹。他没完没了地给出些似乎颠覆既定事物或知识的例证,或者引用文本,比如荷马的文本,而这两方面都需要知识。至少,他似乎懂得种种辩论形式,因为他可以一针见血地指出推理中的缺陷。但是,黑格尔说:"可以说,苏格拉底的确一无所知,因为他没有完成[35]关于一套哲学的系统化建构。"① 黑格尔在这里提到了回答之困境,或者说如下事实:《游叙弗伦》这类对话最后并没有得出任何肯定的结论。这似乎证明了苏格拉底的宣称,即他真的不知道任何事情。也许这表明苏格拉底的反讽并不在于他的宣称——毕竟他这么宣称是真的,而在于他假装相信对话者知道真理并且能教给他真理。

黑格尔指出,当我们用普遍术语,如真理、公义、美的时候,我们对它们的意思都有一些模糊的意识,因此我们可以借助语言,运用

---

① 黑格尔,《哲学史讲演录》,前揭,卷1,页399。

这些术语来彼此交流。但是,我们每个人对术语的意思又有不同的直觉,因此,为了更精准地确定其含意,就需要更深入地分析术语。这就是苏格拉底的方法试图去做的事。凭借反讽手段,苏格拉底试图让对话者给出既定概念的具体含义,或者如黑格尔所言,让对话者把概念展开,使之不再模糊和抽象(同上,页400)。

6　黑格尔如何解释苏格拉底的助产术与"回答之困境"

黑格尔也提到,"助产术"或者助产技艺是苏格拉底方法中的一个重要元素。按照他的解释,助产术相当于从特殊得出普遍(同上,页402)。缺乏经验或训练的头脑,生活在由直接感知组成的世界里,即特殊知觉印象的王国。但这些特殊势必暗示着某种普遍,否则我们就不知道特殊是什么。比如,一个人在现实中看到了几条狗,如果他的头脑中没有"狗"这个普遍概念,他就不能认出它们是狗。我们需要范畴来给事物分类,进而理解事物是什么。因此,当苏格拉底践行他的助产术或助产技艺时,他是在帮助对话者达到或者发现隐藏在他们心中的普遍。

黑格尔认为,这是每个人在成长时都会发生的一种教育过程。我们最初是以感知、特殊情境,事例和图像进入世界,后来才学会[36]抽象思考,谈论抽象理念和普遍的东西(同上,页403)。对于一个受过教育、已经熟悉思想领域的头脑来说,柏拉图对话中给出的源源不断的例证,显得拖沓且毫无必要。但重点在于,那些例证旨在起到教育的作用,把未受教育或不知反思的个体引向思想领域。既然每个人都拥有理性能力,那么,每个人也就能进行抽象思考;但是,出于同样的原因,每个人也都需要教育,或需要苏格拉底的提问所带来的助力,方能意识到这一领域的存在。

黑格尔也讨论了回答之困境或对话的否定性结尾这个概念(同上,页404-406)。他指出,苏格拉底试图展示对话者观点中的内在矛盾,使他们陷入困惑。他经常让他们给出某个事物的基本定义,然后接着展示该事物正好与该定义所宣称的内容相反。反复几次以后,苏格拉底的对话伙伴变得沮丧、想要放弃,留下一场没有肯定结论的对话。于是,我们只看到一场陷入回答之困境的对话。黑格尔注意到,哲学的自然就是以一个有待解决的难题或谜团开始。苏格拉底就以这种方法为哲学开路。

但是,黑格尔暗含的批判观点是,苏格拉底止步于否定,没有认识到潜藏在否定中的肯定或建构性的因素。黑格尔提到"有"(being)和"无"(nothing)的矛盾作为例证(同上,页404)。我们习惯性地认为,这两个观念彼此绝对独立:"有"凭自己独立存在,与"无"没有关系。反之亦然,当我们思考"无"时,我们认为这是一个凭自己存在的概念,独立于"有"。因此,这两个术语——"有"和"无",被认为是孤立、独立和不可相通的。确实,"有"与"无"是矛盾的,反之亦然,二者不能同时存在。但是,黑格尔认为,当我们更仔细地探究这些概念时,就会认识到我们不能脱离"无"的概念来思考"有",反之亦然。一个必然暗中指向另一个。因此,"有"和"无"并不是两个孤立的、原子式的概念,事实上二者构成了一个更高级、更复杂的概念:生成(becoming)。生成既包含"有"又包含"无"。某物在进入有时生成,同样地,它[37]在毁灭和终止时,也在生成。这样,从起初似乎不可调和的一对矛盾那里,就出现了一个新的、肯定的概念。这种运动起初好像陷在矛盾和否定中,似乎是个死胡同,即"有"与"无"的矛盾。但是,它最终被证明是一个过渡阶段,结果将导向某种肯定的和建设性的东西。这是黑格尔形而上学中的一个基本观念。否定的概念并不仅仅是终结者,它构成了某种肯定性发展的基础。因此,黑格尔批评苏格拉底的地方就在于,苏格拉底在否定之处停下脚步,而没有认识到矛盾所导致的肯定性发展。

但是,苏格拉底吸引克尔凯郭尔的也正在于此。这位希腊哲人没有试图发展任何肯定的东西,而是有意停留在否定和矛盾中。克尔凯郭尔批判马滕森的狂热弟子们,其中最重要的一点,就是他们渴望"走得更远",具体地说就是渴望"超过苏格拉底"。这种批判就这一点而言正是源于黑格尔。黑格尔认为,苏格拉底通过否定的方式为哲学开疆拓土作好了准备,他扫除错误的信念,使哲学可以从根基向上建立。但是,苏格拉底从未越过否定,他没有认识到辩证法的肯定维度。因此接下来就需要超越苏格拉底,提供肯定的元素,着手构建某种哲学立场或理论。但是,在克尔凯郭尔看来,苏格拉底的全部精髓就在于否定,所有关于超越的讲论都是可笑的。因此,虽然黑格尔和克尔凯郭尔都同意苏格拉底代表了某种否定立场,但他们对这种否定立场的基本评价却截然不同。

7 黑格尔如何解释苏格拉底、善和智术师

苏格拉底试图用抽象概念来定义善。① 黑格尔认为,苏格拉底对人类思想发展的伟大贡献,在于他认识到善必须由个体发展出来,而不能仅仅盲目地接受来自所处的文化、公认的传统和家庭等等的馈赠。苏格拉底关注主体,[38]看起来就像那些智术师,他们

---

① 关于黑格尔对苏格拉底与善的评价,见黑格尔,《哲学史讲演录》,前揭,卷1,页406–425。

不承认任何绝对的或者外在的真理。黑格尔引用了智术师普罗塔戈拉(Protagoras)的名言——"人是万物的尺度"(同上,页406)。黑格尔认为,这句话意味着每个个体都有他或她自己的真理,这是一种相对主义的声明。但这不是苏格拉底的立场。按照苏格拉底的理解,善是绝对的、普遍的东西,尽管它也包含主观因素。尽管对苏格拉底而言仍然有一种客观的真理,但关键在于它必须由个体通过理性和批判的反思去达到。如黑格尔所言,在苏格拉底看来,"人在他里面就外在地拥有这种客观真理"(man has this outside within him,同上,页387),客观真理不仅发现于我们四周的外在领域,也发现于每个个体的头脑中。智术师使用批判性反思来为他们独断而自利的宣称辩护,苏格拉底则相信,用这个工具可以抵达某个人人都会认同的客观真理。

在苏格拉底那里,有一种从外在转向内在的运动,但是,真理的观念始终都在。黑格尔将这称作"主观与客观的统一"(unity of the subjective and the objective)(同上)。个体必须借助思考和理性,寻求他或她内在的真理或普遍伦理;但是,思考和理性就是普遍之物,别的有理性的人也能获得。在这个意义上,伦理也是某种外在和公共之物。因此,黑格尔宣称,内在普遍与外在普遍互相关联。二者可能有矛盾,但也能结盟并且达成一致。就主观方面建立于理性而言,它并不仅仅是个体随意的奇想或情绪。黑格尔解释道:

> 苏格拉底反对偶然和特殊的内在,而主张那种普遍的、真正的思想的内在。苏格拉底唤醒了这种真正的意识,因为他不仅仅说人是万物的尺度,他说思考的人才是万物的尺度。(同上,页411)

智术师是相对主义者,因为主体性对他们而言意味着个体的偶然性,即感觉、奇想、情绪等等。苏格拉底则认为,主体性和内在性是关于思想的,既然思想是关于普遍事物的,那么它也是能将我们与他人、与某种"客观"真理连接起来的东西。

苏格拉底思想的革命性维度是,他引入反思的道德(Moralität),以对抗既定的道德和伦理(Sittlichkeit)。反思的道德事关个体[39],个体要有意识地自己去考虑什么是善,而非仅仅不加批判地接受父母、祖先或社会所认为的善。黑格尔认为,这标志着一场巨大的历史变局,启动了一场全新的、持续至今的思想运动:

> 在普遍意识中,在苏格拉底所属的那群人的精神中,我们看到了向着反思道德的自然而然的转折……世界的精神自此开始改变,这改变后来得以完成。(同上,页407)

但是像大多数的革命运动那样,这场革命吓坏了当时的人。前苏格拉底时代的古希腊人认为,伦理始终是传统、习俗和城邦中固定的东西。个体对其无论是反思或者赞同,都没有影响。但是,苏格拉底来了,针对这类事情开始批判性的提问,并且坚持个体的重要性。古希腊人认为这是一件可怕的事情,因为这可能会颠覆他们一直珍惜的各种传统、习俗和真知。于是,苏格拉底不仅被看作一个讨厌鬼,还被看作对古希腊生活的真实而又严重的威胁。

以前,人们认为伦理真理在国家和社会等外在领域可见。然而,苏格拉底现在宣称它必须在个体里面被内在地看见。这可是一个激进的新思想:人不能再满足于道德,单纯地听从习俗和传统的命令。现在,每个个体不得不进行批判和反思,踏上自己抵达伦理真理的旅程。这种苏格拉底式的革命是破坏性的,因为它意味着公众道德的消亡;但它也是解放,使人们从习俗的专制中获得自由。人不必再因为一个东西是习俗就顺从它。如今,人可以质疑习俗和传统,拒绝他们不同意的方面。这是苏格拉底在古代就已开启的现代原则。

我们也可以认为,苏格拉底对公共道德的批判与他宣称不教导任何事情一脉相承。在伦理和道德方面,一个人不能从外部学到任何东西。整个公共道德领域都是从外面强加于人的。黑格尔用压蜡戳的例子阐明了我们年轻时学习公共道德的方式(同上,页410)。但这种外面学来的公共道德不是伦理的本质,相反,本质的东西[40]属于内在的维度。个体在此必须亲自完成任务。他们必须内在地发现伦理真理。这就是苏格拉底帮助他们发现的东西,也就是说,作为一个助产士,他没有教授任何事情,或者说,他本人没有提供任何肯定的东西。

8 黑格尔如何解释苏格拉底的命神

黑格尔解释说,苏格拉底通过他的命神,在古希腊生活中扮演了革命性的角色。[①] 他指出,命神不同于苏格拉底自己的意志和机智(同上,页422),这位命神会阻止苏格拉底去做一些他自己想要去做的事情。黑格尔将苏格拉底向其求问重要个人事情的命神,与古希腊人去求问各种要事的德尔斐神谕所进行对比。黑格尔解释说,二者的不同之处在于,神谕所是公共的,即神谕所是人人都能去的客观所在。相反,苏格拉底命神的神谕所是内在的,仿佛他身体里面有一个只对他说话的个人的神谕所。这个观念冒犯了他的雅典同胞的宗教情感。

---

① 关于黑格尔对苏格拉底的命神的评价,见黑格尔,《哲学史讲演录》,前揭,卷1,页421–425。

古希腊人认为,律法和习俗由神明颁立,并非个体的个人性的或主观的决定,个体在这里不能指手画脚。也就是说,当要作出一个重要的有关行动方针的决定时,无论是个人的私事,还是国家和社群的事情,任何个体都无权发言,只能由神明决定。古希腊人并不拥有黑格尔所谓的"主观自由",即个体有权利在重要事情上为自己做决定。因此,若有人宣称有能力自己做决定,还宣称他拥有属于他个人的神谕,别人都不能看见或听见,这就会让希腊人觉得他十分傲慢而且不得体。这似乎恰恰是苏格拉底在做的事情,他坚称其命神的权威高于传统的律法和习俗。

[41]黑格尔认为,苏格拉底的命神代表着某种折中的立场,介于外在的神谕所与个体内在的属人头脑之间,是从客观道德到主观道德的某种过渡形式。一方面,命神是内部的,而非外部的德尔斐神谕所那样的东西。神谕所仿佛已经从客观的外在领域,转移到了苏格拉底个人的内在领域。但是另一方面,尽管命神是某种在苏格拉底里面的东西,但它与苏格拉底个人的意志不同。当苏格拉底想做一些不明智的事情时,命神就会反对他。苏格拉底自己的主观意愿将他引向一方,但是若命神反对他的话,则把他引向另一方。在这个意义上,命神尽管是某种在苏格拉底里面的东西,仍是某种外在的东西,区别于苏格拉底个人的意志。它是一个外在权威(就像德尔斐神谕),纠正苏格拉底的意愿,指引他的行动。在这个意义上,命神又不是客观意义上的外在之物,像神谕那样,它也不是直接认同苏格拉底的主观意志。命神处在某个居间位置。

黑格尔还认为,命神可视为一种由外而内的运动,但这运动尚未完成。苏格拉底代表了思想史上的一场伟大革命,显示了主观之物的无限和不可削减的价值。但没有一场革命在一朝一夕之间就开始并结束。苏格拉底只是标志着革命的开始,后续的历史进程还将进一步发展它。苏格拉底还没有走到将自己的私人意志说成是真理并加以捍卫的地步,因此他求助于命神,这命神指向主观性以及他个性中内在的方面,但并非就与他的意志同一。只有在现代世界里,我们才走到高扬个体意志的真理性和合法性的地步。但这是在苏格拉底之后,经历了超过两千年的文化和历史的发展,才到达的地步。苏格拉底仅仅开启了革命性的运动,但没有完成它。

9 黑格尔如何分析苏格拉底的受审

在《论反讽概念》中,克尔凯郭尔探究了柏拉图的《申辩》对苏格拉底受审的记载。他很大程度上引用了黑格尔在[42]《哲学史讲演录》里对相同事件的分析,[①] 我们需要从那里开始。黑格尔在评价苏格拉底的受审时提到了哲学史家腾纳曼(Wilhelm Gottlieb Tennemann),后者也是克尔凯郭尔看待古代哲学时最重要的参照者。黑格尔认为,腾纳曼代表着当时的流行观点,即苏格拉底是一个在道德上正派而诚实的人,对他的定罪显然不公正,显示了乌合之众或各帮各派如何可能在民主政制中操控权力。数年来,苏格拉底因为慨然赴死而受人敬仰,学者们对他报以同情,但黑格尔发现这种观点很天真,因为人们未能理解苏格拉底在古希腊社会中重要的革命性角色。

雅典人针对苏格拉底的第一个控诉是,他不敬雅典城邦的神明,却引入新的神明取而代之(同上,页432-435)。就像刚才所讨论的,苏格拉底宣称拥有一个命神。在古希腊人看来,某种程度上,

---

[①] 关于黑格尔对苏格拉底受审判的评价,见黑格尔,《哲学史讲演录》,前揭,卷1,页425-448。

苏格拉底是宣称用他自己私人的自我意识取代神谕。他似乎将个人的看法和观点置于神明之上。苏格拉底的名言"认识你自己"(Know thyself),意味着个体必须看向自己的内在,去那里发现什么是真实。这意味着人应该不理会神明所颁布的传统公共道德。苏格拉底似乎否认公共道德的合法性,鼓励个体不要向外去寻找真理,而要向内。黑格尔认为,这些都是革命性的理念。个人命神的观念与城邦的神谕所或神明对立,确实相当于引进了一位新的神明。黑格尔总结说,在这一点上,苏格拉底的罪名确实成立。

雅典人对苏格拉底的第二项指控是他带坏了年轻人。① 这项指控指的是,有人宣称苏格拉底引导一个为人子者不遵从其父亲阿尼图斯,还告诉儿子说,他适合去做更好的事情,而非父亲为他计划的职业。阿尼图斯是个做买卖的制革人,这种手工活在古希腊人中间被视为下等人的活计。阿尼图斯已经为儿子计划好,要他接续自己从事这份职业,儿子却不同意这样做,因为[43]苏格拉底的鼓励让他觉得,他成为一个制革人太屈才,他的天赋和智性使他适合于更体面的工作。

黑格尔相信,这项指控证据确凿,也足以成立。他指出,在当时的古希腊社会,连接父母与孩子的纽带是某种神圣的东西。儿女顺从父母是最高的价值之一。苏格拉底颠覆了这一点,他鼓励阿尼图斯的儿子去思考,让他认为,他作为拥有特殊天赋和才能的个体的角色,比作为一个拥有明确义务和职责的儿子的角色更重要。在

---

① 黑格尔,《哲学史讲演录》,前揭,卷1,页435–438。阿尼图斯和他儿子的故事没有出现在柏拉图的《苏格拉底的申辩》里,但是色诺芬(Xenophon)有记录。见色诺芬,《苏格拉底的辩护》("*Socrates' Defense*"),收于《苏格拉底对话》(*Conversations of Socrates*), Hugh Tredennick、Robin Waterfield译, Harmondsworth: Penguin, 1990,页48–49。

我们身处的现代世界,苏格拉底的行为似乎并未冒犯到什么,因为我们也重视个体的重要性,但在古代雅典,这却严重背离了伦理和习俗。

黑格尔也分析了苏格拉底受审的最后一段故事。按照雅典律法,一旦定准被告的罪行并作出初步的宣判,被告就可以申请一个替代性的惩罚。[①] 这个程序允许评审团怜悯被告,如果他们看到被告在辩护中有一定程度的忏悔的话。罪人申请替代性的惩罚,即是承认他有罪,并承认法庭的合法与权威。但是,苏格拉底实际上却在拿当时的情形开玩笑,他明显带有反讽意味地提出,他应该得到免费的饭食供应,而且城邦应该给他金钱上的支持,因为他提供了公共服务。黑格尔认为,苏格拉底这样做,乃是否认法庭判决的合法性,不承认自己有罪。在这里,黑格尔再次发现苏格拉底立场有问题。任何城邦都不会允许个体将自己凌驾于法律之上,或者仅仅按自己的私人意见自己审判自己,而反对公认的习俗、传统和社会的法律。因此,雅典人对苏格拉底失去耐心而维持原判,就不足为奇了。

黑格尔宣称苏格拉底确实符合对他的控诉而有罪,其重点不是说他不同情或不理解这种情形下的苏格拉底。他要说的是,从历史的视角来看,鉴于[44]古希腊社会当时的传统和价值观,对苏格拉底的控诉是完全成立的。黑格尔这样解释当时的冲突:

> [雅典人]的精神本身,其组成,其整个生命,都立于……道德和宗教的基础上,不能脱离这些绝对安全的基础而存在。由于苏格拉底将真理凭靠在内在意识的判断上,所以,他挑起了

---

① 黑格尔,《哲学史讲演录》,前揭,卷1,页440—445。

与雅典人之间关于何为正确和真实的争斗。(同上,页426)

苏格拉底正在做的,是摧毁传统、公共道德和城邦的价值观。苏格拉底开始了一场将个体理解为某种绝对的和不可削减的东西的革命。在此意义上,他是我们今天最看重的一些价值的先驱者。因此很自然地,从我们的现代视角来看,他是个值得同情的人物。然而黑格尔提醒我们,这不应该让我们的眼神变得模糊,看不到苏格拉底的信息在他所处时代是何等激进。

10 传统与个体自由的冲突

一些人也许会问,为何黑格尔所谈的这一系列关乎如何解释苏格拉底的议题如此重要?这些议题与我们今天有什么关联?黑格尔和克尔凯郭尔都从苏格拉底与古希腊社会冲突的故事中,看到了各种现代性问题的重要先声。换言之,苏格拉底的故事,不仅仅是公元前5世纪时雅典某个人的个人命运,也是关于现代生存的故事。

我们都在一个急剧变化的世界里长大,这些变化常常导致与传统习俗与惯例的冲突。一个人不需要太努力地去思考,就能看出个体角色与文化需要之间那些充满争议的问题。在全世界的许多地方,文化传统与个人自主之间都存在种种冲突。有人对下面诸多的事觉得反感,比如年轻人被迫子承父业,女人必须在公共场所蒙头,父母包办儿女的婚姻,某些特定阶层的人被禁止从事特定种类的工作,等等。[45]如今,当人们不得不违背自己的良知而被迫跟随群众行事时,我们会感到反感。据说这类做法侵蚀了个体的自由。这些紧张关系直接指向黑格尔所理解的"主观自由"概念的核心。他相信,关于每个个体,都有某种独特的和不可削减的东西应该得到尊重。个体的人应该有权使用他们的理性，去认同那些传承自文化的惯例和价值。

主观自由的诞生是世界历史上一个重大转折，自由的革命在今天仍在继续，我们试图协调个体权利与社会及传统要求的紧张关系。在这里，我们能看到，黑格尔所关注的苏格拉底相关议题，事实上对我们今天的世界至关重要。苏格拉底代表着个体反对既定习俗的命令的权利。他要求人们质疑已经被接受的信念，向自己的内在寻找真理。苏格拉底与雅典城邦的对抗，开启了后来无数延续至今的冲突。

克尔凯郭尔接受了黑格尔的主观自由的理念，并以自己的方式将其发展成关于社会或宗教语境下的个体的理论。与黑格尔的情况相同，克尔凯郭尔对苏格拉底的兴趣，并不纯粹或主要是历史方面的。苏格拉底象征着一系列关于自由、疏离感和相对主义的现代议题，这些问题我们21世纪的世界都有。

三
克尔凯郭尔眼中的苏格拉底

[46]我们在上一章看见,黑格尔分析了苏格拉底对古希腊文化和世界历史的重要性,而克尔凯郭尔认真地研究了黑格尔的评价,并在《论反讽概念》中作出了几乎针锋相对的回应。这一章的目标,是澄清克尔凯郭尔对苏格拉底的理解,看看他在哪儿同意黑格尔,在哪儿不同意黑格尔。我们将看到克尔凯郭尔对苏格拉底如下几方面的分析:命神、受审与受刑、他与智术师及后来的哲学流派的关系。我们也将看到,克尔凯郭尔因马滕森在哥本哈根大学的讲座课而焦躁不安。我们将探索克尔凯郭尔如何回应马滕森论浮士德(Faust)的文章,克尔凯郭尔的两部讽刺性著作就是针对马滕森及其弟子的,也就是《新旧皂窖之间的冲突》(*The Conflict between the Old and the New Soap Cellar*)和《约翰尼斯·克利马科斯,或者应该怀疑一切》(*Johannes Climacus, or De Omnibus dubitandum est*)。最后,我们还要介绍一个不怎么著名的丹麦人——贝克(Andreas Frederik Beck),他写下第一本评价《论反讽概念》的书,使我们得以一窥当时这本书获得的评价。

1 克尔凯郭尔眼中的苏格拉底的命神

克尔凯郭尔这样展开对命神的评价:他调侃了研究文献为理解

这种现象而作出的尝试，①[47]随后他快速转向对古代文献的分析，发现它们彼此之间存在重大分歧。柏拉图认为，这位命神是纯粹否定的：它警告苏格拉底不要去做一些事情，但从不提议或命令他采取什么肯定的行动。色诺芬则认为这位命神是肯定的，它促使并吩咐苏格拉底去做一些事情。于是，克尔凯郭尔不得不判断他在这一点上要追随哪一个古代文献，而他全心全意地赞同柏拉图的观点：

> 我……想要向读者指出的东西，对于苏格拉底的全部概念而言非常重要，即，命神只呈现为警告，而不是命令——是否定的，而非肯定的。②

克尔凯郭尔相信，苏格拉底基本上是一个否定的形象，将肯定的东西归到他身上是错误的。

这一点对克尔凯郭尔很重要，因为他想要将苏格拉底的反讽视为这位古希腊哲人的规定性特征。反讽在本质上是否定的或破坏的：它否定，因而它可以用来批判既定秩序中的种种元素。克尔凯郭尔相信，色诺芬没有恰当地把握苏格拉底的这个重要的否定使命，出于这个原因，他错误地将某些肯定的东西归给了苏格拉底的命神。相比之下，柏拉图则是一个更有觉察力的学生，他认识到了苏格拉底身上否定元素的重要性。

克尔凯郭尔赞同黑格尔将命神理解为苏格拉底主体性的一部分，它与传统价值观及雅典的习俗式伦理格格不入。黑格尔提出一

---

① 关于克尔凯郭尔对命神的评价，见《论反讽概念》(The Concept of Irony), Howard V. Hong、Edna H. Hong 译, Princeton: Princeton University Press 1989, 页157–167。

② 克尔凯郭尔，《论反讽概念》，前揭，页159。本书将克尔凯郭尔文本中的译法"精灵"(diamonion)换成了更为传统的版本"命神"(diamon)。

个问题:

> 苏格拉底像他的控诉者所宣称的那样,因为假定一位这样的命神,而对抗城邦宗教吗?"(同上,页160)

克尔凯郭尔的回答赞同黑格尔,

> 显然是这样的。首先,这与希腊国家宗教完全唱反调:以某种完全抽象的东西替代特殊个体的神明。(同上)

他还看到命神是古希腊人所敬畏的公共神庙的私人性替代品,这点也与黑格尔一致。[①]尽管克尔凯郭尔[48]十分抵触关于此话题的大部分同时代的研究文献,[②] 但却频繁引用黑格尔的评价来支撑自己的观点(同上,页161–165)。

克尔凯郭尔最后的分析结论表明,他的主要目标是证明命神与苏格拉底的反讽一致。正因为如此,他才如此热衷于关注命神的否定方面,黑格尔则似乎对此不太感兴趣。命神代表着苏格拉底主体性的某个方面,就此而言,它使苏格拉底与传统的古希腊文化保持

---

① 同上,页160–161:"其次,用沉默取代甚至在最微不足道的表现中都弥漫着神的意识的希腊生活,用回响在万事万物中的这种神圣雄辩的沉默之声来代替希腊生活,这与国家宗教处于论战关系。在这沉默中只可偶尔听见某个警告之声,但这声音……从来都与对政治生活的实质性关注无关,关于政治生活它从不说一个字,它只处理苏格拉底的,以及顶多还有他的朋友们的完全私人和具体的事情。"也见克尔凯郭尔对黑格尔解释的评价,同上,页163–164:"苏格拉底不靠神谕,他现在有了自己的命神。这种情况下的命神就在于从神谕与个人的外在关系,转向自由的完全的内在性,而且由于它还在这转换之中,因此它也是有待表现的主体。"

② 他在这个语境里指"法利赛人式的学者,蠓虫他们就滤出来,骆驼反而吞下去"《圣经·马太福音》23:24)。同上,页161。

距离。因此,命神成为苏格拉底主体性革命的一部分。

2　马滕森的浮士德

在克尔凯郭尔的成长年代,德国著名作家歌德(Johann Wolfgang von Goethe)在丹麦家喻户晓。① 尤其是歌德的悲剧《浮士德》,经常被人引用和频繁讨论。这是一个学者的故事,他将自己的灵魂卖给了魔鬼,以换取无限量的知识。当克尔凯郭尔在哥本哈根大学读书时,他对浮士德的故事和形象大为感兴趣起来。1836年,他在《日记BB》(*Journa BB*)中大致编制了一份书单,那些书涉及对歌德著作和浮士德传奇的不同解释。② 克尔凯郭尔[49]显然计划写一些关于浮士德的东西,甚至考虑过将浮士德这个人物作为硕士论文的备选题目。

无论如何,他在1837年6月变得如坐针毡,因为那时马滕森发表了一篇文章,刊登在学术刊物《帕修斯》(*Perseus*)的第一期,文章题目是"参照莱瑙的《浮士德》观察浮士德的理念"(Observations on the Idea of Faust with Reference to Lenau's *Faust*)。③ 克尔凯郭尔听说

---

① 关于克尔凯郭尔对丹麦黄金时代的歌德与歌德热之运用,见Katalin Nun、Jon Stewart,《歌德:经丹麦黄金时代所滤出来的经典》("Goethe: A German Classic Through the Filter of the Danish Golden Age),收于Jon Stewart编,《克尔凯郭尔与他的德国同时代人》(*Kierkegaard and his German Contemporaries*),卷3,《克尔凯郭尔与他的德国同时代人》(*Literature and Aesthetics*), Aldershot: Ashgate, 2007 (*Kierkegaard Research: Sources, Reception and Resources*,卷6),页51-96。

② 《克尔凯郭尔的日记与笔记》,前揭,卷2,页85-99, BB: 12-15。

③ Hans Lassen Martensen,《参照莱瑙的〈浮士德〉观察浮士德的理念》("Betragtninger over Ideen af Faust med Hensyn paa Lenaus *Faus*"),载于*Perseus*, *Journal for den speculative Idee*, no.1, 1837,页91-164。

这件事后在日记中写道:"哦,我是多么不幸,马滕森已经写了对莱瑙的《浮士德》的研究。"① 为什么克尔凯郭尔如此沮丧?为什么他一开始就如此关注浮士德这个形象呢?

简略地看一下马滕森的文章,这些问题的答案就变得清晰了。马滕森研究的不是著名的歌德版《浮士德》,而是奥匈帝国的诗人斯特雷莱瑙(Niembsch von Strehlenau)写的一个版本,后者以笔名莱瑙(Nicolaus Lenau)写作。马滕森在旅行中途经维也纳时亲自见到了莱瑙,开始对他的著作感兴趣。马滕森看到,莱瑙描绘的浮士德形象是现代世界的一个缩影。

前一章已提到,马滕森在论文《论人类自我意识的自主》(*On the Autonomy of Human Self-Consciousness*)中探究了自主的概念。他总结说,人靠自我行事、自己决定真理的观念,是现代思想中一个广泛而又危险的倾向,它会使人偏离基督教信仰。马滕森认为浮士德的形象正好代表了这一自主原则,他是现代世俗知识的象征。浮士德这个人物体现出

> 对人类意志的败坏,对人的意志如何渴望僭越神圣律法,傲慢地设法在自己里面而非在上帝里面寻找其中心的深层感觉。②

按照基督教的视角,人生来有罪且无知,离开了上帝的帮助,他就一无所知。认为人能靠自己发现真理,那不过是属人的骄傲和傲

---

① 《索伦·克尔凯郭尔的日记与论文》(*Søren Kierkegaard's Journals and Papers*),六卷本,Howard V. Hong、Edna H. Hong 编译,Bloomington and London: Indiana University Press,1967–1978,卷5,页100,编号5225。

② Martensen,《参照莱瑙的〈浮士德〉观察浮士德的理念》,前揭,页94。

慢。浮士德认为,上帝或基督教对他没有用处,因为他能通过世俗的科学认知自己发现真理。马滕森写道:浮士德"代表了[50]人类试图奠定一个不要上帝的智性王国"(同上,页97)。

浮士德也代表了现代的怀疑原则。凡不能被科学工具证明的东西,一定是怀疑论的对象,包括宗教教义在内。怀疑论的观点拒绝传统信念,将一切事情都敞露于其无情的怀疑之下。这导致了浮士德的绝望,他开始变得孤立,与社会和既定的伦理疏离。因此,马滕森将浮士德描绘成现代世界各种病症的一个样板。

马滕森的文章让克尔凯郭尔恼火,可以通过一个事实来解释,即他也喜欢把浮士德作为现代生存的一个范式性的例证,而马滕森率先这样做了,从而赶在他之前对现时代作出了批判的评价。克尔凯郭尔对苏格拉底感兴趣的原因,与他对浮士德感兴趣的原因相同:他们都是否定的形象,都让人不由得去质疑传统的信念和价值。苏格拉底和浮士德都相信,必须由每个个体的批判性推理来决定事物的真理。苏格拉底将人们逼入回答之困境,然后以否定的结论结束,正如浮士德的怀疑主义将他引向绝望。

克尔凯郭尔关注一个事实,即苏格拉底和浮士德都代表了某种属于现代精神的核心的东西。1837年,即马滕森发表文章的那一年,克尔凯郭尔在他的《日记AA》(*Journal AA*)里明确地描述了二人间的类似。他写道:

> 也许可以把浮士德看作与苏格拉底相似,因为,正如后者体现了个体与城邦的分离,同样,摒弃教会之后的浮士德,则描绘了与其指引者分离后的孤零零的个体。[1]

---

[1] 《克尔凯郭尔的日记与笔记》,前揭,卷1,页44,AA:41。

浮士德和苏格拉底都代表着要以牺牲客观世界的更大的固定建制或更大的方面为代价,来强调个体。

3 克尔凯郭尔如何分析苏格拉底的受审

克尔凯郭尔也提到了苏格拉底的定罪。① 像黑格尔一样,他也批判有些人,他称他们为"学术上专业[51]的哀悼者,以及肤浅却哭哭啼啼的人道主义者组成的乌合之众"(同上,页167),他们将苏格拉底视为诚实而正直的人,认为他被乌合之众不公平地处决了。另一个相同点是,克尔凯郭尔也将苏格拉底的命神看作某种明显使他与传统宗教势不两立的东西。

苏格拉底是一个拒绝城邦神明的无神论者吗?克尔凯郭尔宣称这种看法乃是出于误解。这是对古希腊哲人如阿那克萨戈拉(Anaxagoras)常有的指控,他的兴趣是探索自然现象。古希腊人认为神明与自然力量紧密联系,比如,宙斯与闪电,波塞冬(Poseidon)与大海和地震。当早期的古希腊哲人从事起研究自然的工作时,他们便与将神明们看作自然之因的宗教传统划清了界限。由于哲人们在解释自然世界时从不诉诸神明,因此经常被指控为根本不信神。克尔凯郭尔断定,雅典人指控苏格拉底是无神论者,乃起源于一个错误的看法,即以为他也在搞自然哲学,但实际上,他一心关心人的知识和人的伦理。

苏格拉底著名的关于无知的宣称进一步加深了人们对他意图的误解。苏格拉底宣称自己什么都不知道,而人们把这错误地理解为,他对于城邦所敬拜的神明一无所知,这当然不是苏格拉底自称

---

① 克尔凯郭尔,《论反讽概念》,前揭,页167–197。

无知的意思。他显然知道周围世界的许多特殊事情,但是,他宣称不知道普遍之事,并且不断地试图让人们对这些普遍之物给出清晰的定义:什么是虔诚？什么是公义？什么是美？（同上,页169）

克尔凯郭尔宣称,苏格拉底试图使个体与城邦疏离,是定他罪的一个重要因素。克尔凯郭尔把这一点与那句名言——"认识你自己"联系起来,并认为,苏格拉底对这条命令的理解是,每个个体应该在自己内在寻找真理。但这意味着转离客观真理的世界,包括传统的伦理和宗教。克尔凯郭尔解释说,"'认识你自己'这个表达的意思是,把[52]你自己与其他人分开"（同上,页177）。个体由此与主流社会疏离,因为在苏格拉底的受审之后,继续像以前那样维持传统价值观和习俗已不可能。苏格拉底质疑一切,最终摧毁了个体对各种事物的信念,而信念本来是社会的粘合剂。克尔凯郭尔认为,苏格拉底的行为当然被视为危险的:

> 很明显,苏格拉底与城邦的观点相冲突——事实上,从城邦的观点来看,他的冒犯必须被视为极大的危险,被视为试图吸干城邦的血,把城邦变成一个影子。（同上,页178）

有鉴于此,克尔凯郭尔同意黑格尔所说,即雅典城邦给苏格拉底定罪是合理的,因为他的革命性行动正在破坏城邦的基础（同上,页181-182）。但是应该注意,苏格拉底的革命性,不是说指他正在用某个肯定的平台组建某个具体的政党,而是说,他的任务是纯粹否定的:他通过破坏个体已经接受的那些传统信念,使个体与城邦分离,也使个体与个体之间彼此分隔开来。

针对苏格拉底受审的最后一段故事,即这位哲人申请了一个替代性的惩罚,克尔凯郭尔也做了评价。克尔凯郭尔让我们注意一个事实:在《申辩》中,苏格拉底曾琢磨为他的无罪和有罪投票的具体人数。可见，苏格拉底把评审团视为一群个体，而不是视为一个集合体，或视为雅典城邦的一个非人格性的工具(同上，页194)。陪审团中的每一个人作出个人的决定，投上自己的一票。因此，苏格拉底承认每个人的主体性或个体性的重要意义，拒绝承认抽象的城邦或任何其他集体的权威。

在这里，克尔凯郭尔同意黑格尔的评价，后者认为苏格拉底被判罪，乃是因为他拒绝接受法庭的合法地位(同上，页193)。克尔凯郭尔解释道：

> 城邦的客观力量，城邦的关于它凌驾于个体活动之上的宣称，还有律法、法庭，这一切对他而言都丧失了其绝对的合法性。(同上，页196)

克尔凯郭尔认为，苏格拉底站在完全否定城邦的立场上(同上)。苏格拉底接受每一单个个体的真理和合法性，而不承认任何集体性组织也拥有真理和合法性，如城邦、评审团、政党，等等。雅典社会建立在[53]共有(community)和民主(democracy)的原则上，质疑这一点会使大多数人感到震惊。按照这种解释，古希腊社会面临的巨大威胁并非来自外部，而是来自苏格拉底以及他毫不留情地运用的反讽。

4 怀疑与《新旧皂窖之间的冲突》

我们已经看到克尔凯郭尔在为一个事实而懊恼，即马滕森在哥本哈根的大学生中间大受欢迎，而且他也像克尔凯郭尔一样对浮士德的形象感兴趣。马滕森思想的一个重要方面，是他对现代哲学的描述：现代哲学以怀疑的原则开始。中世纪哲学不加批判地将观点建立在信仰上,而从笛卡尔(Descartes)发端的现代哲学则认识到,哲学有必要从怀疑一切开始,向上建立。笛卡尔看到,他和其他人接受为真实的许多东西,事实上近看之下却是错误的。这意味着,许多我们以为自己知道的事情,都建立在非常不可靠的根基之上。在他的《第一哲学沉思录》(*Meditations on First Philosophy*)中,笛卡尔从尝试怀疑他已经知道或者曾经被教导的一切事情开始,试图从头判定,什么才能坚实地作为真理而确立。

马滕森抓住了笛卡尔的这一形象:即应用一套系统的怀疑方法,作为现代哲学思想的一个模式。他还从笛卡尔的文本中拎出一个拉丁语词组来表达这一模式:De omnibus dubitandum est,即"一个人必须怀疑一切"。马滕森反反复复使用这个表达,以至于它变成了学生中间的口头禅。这个表达似乎最初只是被用作对现代哲学时期的描述,以便与早先缺乏批判的哲学时期形成对比。但是通过不断重复,它渐渐地带上了某种约定俗成的含义,事实上它是在呼吁现代哲学家们运用笛卡尔的怀疑方法,准备战斗。明显地,马滕森的怀疑一切的命令,与苏格拉底的质疑一切的方法紧密相连。笛卡尔不希望停下来,直到一切已被质疑,正如苏格拉底不愿停下来,直到他所提的问题得到圆满的答案。

[54] 克尔凯郭尔写了两篇讽刺马滕森及其弟子的作品,但从未出版。这两篇作品都将笛卡尔的普遍怀疑作为中心主题之一。第一篇著作是个喜剧,名叫《新旧皂窖之间的冲突》(The Conflict between the Old and the New Soap-Cellar),由克尔凯郭尔写在他的《日记DD》(*Journal DD*)里,那可能是1838年的头几个月,那时他还是学生(见插图3.1)。这篇小东西的[55]灵感来自哥本哈根的格哈波霍德黑广场(Gråbrødre Torv),在克尔凯郭尔的时代,那里有些互相竞争的肥皂店。有一家新的肥皂卖家设在一个地下室里,与一直营

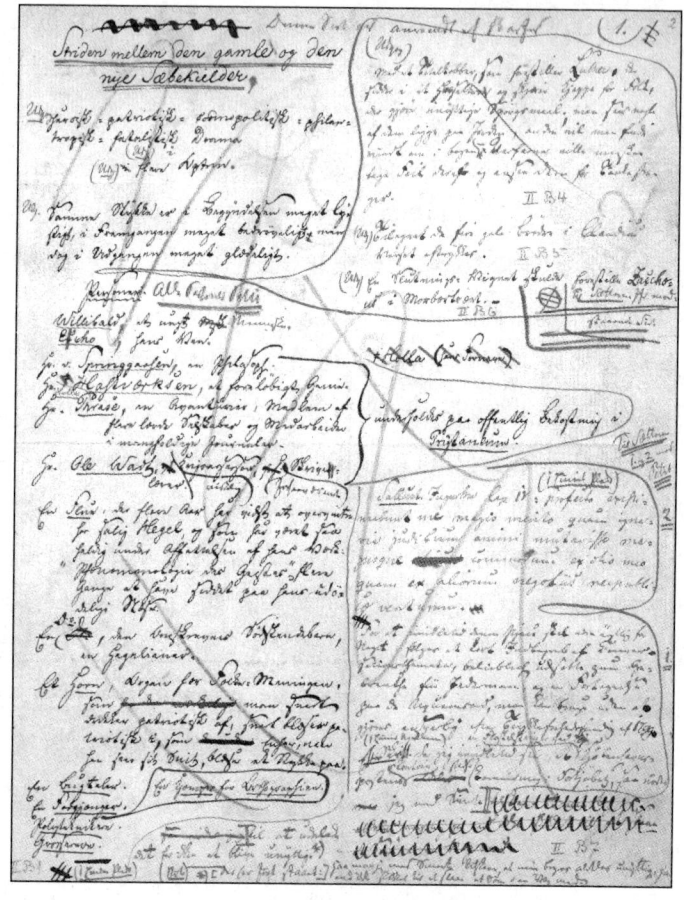

图 3.1 《日记DD》中《新旧皂窖之间的冲突》的
首页（约 1837—1838）

业着的老商铺所在的建筑毗邻。为了生意不受影响，旧皂窖的主人贴出一张告示，暗示自己的店是古老的传统皂窖。[1] 这个有趣的竞争吸引了克尔凯郭尔。

---

[1] 《克尔凯郭尔的日记与笔记》，前揭，卷1，页550–551，诸注解。

人们还记得，苏格拉底在受审时建议的惩罚是，由公共开支供养他，让他在巴台农神庙(Prytaneum)享受免费的饭食。那是雅典的一个公共建筑，类似于市政厅，只有为城邦作出巨大贡献的人，比如取得胜利的奥林匹亚运动员，才能在那里享用公家出资的免费饭食。克尔凯郭尔在他的讽刺剧中利用了这个想法，不过他不是将苏格拉底放在巴台农神庙那里，而是将马滕森及其弟子们安置在那里。克尔凯郭尔创造了几个有趣的角色，他们有一些可笑的哲学对话。他们不断地使用"应该怀疑一切"以及诸如此类的口号，每个人都是从马滕森的讲座和著作中知道它的。克尔凯郭尔将这些滑稽的哲学家放在巴台农神庙，乃是挖苦他们像苏格拉底一样，想要通过哲学探讨和怀疑一切，为丹麦提供某种重要的公共服务。然而他们并没有做任何有意义的事情，只是在进行混乱和荒谬的哲学对话，同时还自视甚高。克尔凯郭尔由此奚落了马滕森及其弟子们那种自命不凡的劲头。

值得一提的是，在克尔凯郭尔写作这篇小东西的那段时期，马滕森本人就住在皂窖正对面的一幢房子里。1837年9月，大学生克尔凯郭尔在构思他关于皂窖的喜剧时，搬进一所公寓，公寓正好坐落在尼尔斯·何明森街(Niels Hemmingsens Gade)和罗浮斯特拉得街(Løvstræde)7号的交叉口，而且这栋公寓正好挨着广场，斜对着马滕森的房子。

5 克尔凯郭尔的《克利马科斯，或者应该怀疑一切》

[56]克尔凯郭尔的另一部没有发表的讽刺著作直接引用了马滕森的口号。作品取名为《克利马科斯，或者应该怀疑一切》(见插图3.2)。克利马科斯是克尔凯郭尔在出版《哲学片断》和《最后的

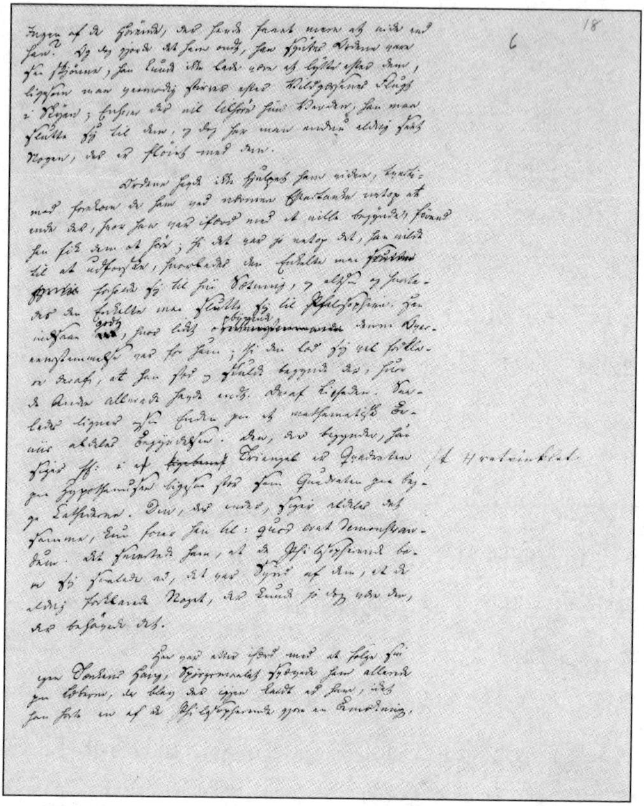

图 3.2 《约翰尼斯·克利马科斯,或者应该怀疑一切》的手稿
（1842—1843左右）

非科学性的附言》时使用的假名。但是,这个讽刺文本《应该怀疑一切》明显写于1843年的某段时间,早于后两部著名的假名著作。

[57]《应该怀疑一切》讲述了一个名叫克利马科斯的年轻学生的故事。他听了哥本哈根大学的许多讲座,渐渐迷上了那种通过怀疑一切来开始的哲学讨论。明显地,克尔凯郭尔打算让克利马科斯作为马滕森学生的代表,此人被马滕森蛊惑人心的讲课所迷惑。作品大部分篇幅充斥着多少有些冗长乏味的哲学思考,约翰尼斯一直

试图确定"怀疑一切"这个命令在哲学中意味着什么。他依次探究了这个命令的三个不同的变式。第一,"哲学始于怀疑";第二,要从事哲学探讨,一个人必须已经开始怀疑;第三,"现代哲学始于怀疑"。① 结果,每种假设都导向荒谬的结果。

虽然克尔凯郭尔没能完成这部著作,致使它半途而废,但是其末尾情节清楚表明,约翰尼斯在听从了效法怀疑一切的命令后最终陷入绝望的深渊。克尔凯郭尔在一则笔记中解释了他关于这篇未竟之作的计划:

> 约翰尼斯做了他被教导去做的事——他真的去怀疑一切,他也忍受了那样做带来的所有痛苦……可是,当他在那个方向走得尽量远,并且想要回来时,却已经回不来……现在他绝望了,他的人生已经荒废,他的青春消磨在这些绞尽脑汁的思考中。对他而言,生活没有成就任何意义,所有这些都是哲学之过。②

马滕森不负责任地命令学生们怀疑一切,而这也包括怀疑诸如一个人的信仰,一个人与家庭、社群的关系,等等。怀疑这些事物就是把自己隔绝起来。虽然这种怀疑一切原本只是要作为一种学术训练,可是年轻的学生们认了真,将它视为一种生活方式,至终瓦解了他们自己的信念。人一旦走到这一步,就不可能回头了。一旦已经开始了批判性的反思,他就不可能还与自己之前的信念毫无批判

---

① 克尔凯郭尔,《约翰尼斯·克利马科斯,或所有一切值得商榷》(*Johannes Climacus, or De omnibus dubitandum est*), Howard V. Hong、Edna H. Hong译, Princeton: Princeton University Press, 1985, 页132。

② 克尔凯郭尔,《约翰尼斯·克利马科斯,或所有一切值得商榷》, "Supplement", 页234–235。

地亲密相处。这种眼光使人怀疑新知识,害怕新知识可能带来的东西。与苏格拉底身上的情况类似,怀疑使个体与家庭及[58]共同体分离。克尔凯郭尔这篇故事的结局是,约翰尼斯最终陷入绝望,他被哲学式的怀疑给毁了。

6 智术师与苏格拉底的影响

黑格尔把苏格拉底描绘成历史的"转折点",得到了克尔凯郭尔的认可。[①] 克尔凯郭尔也提出了自己的相同评价,他分析了苏格拉底与更早期的智术师活动之间的关系,以及他与后来出现的不同哲学流派之间的关系。通过这两点来看苏格拉底,我们就能更好地理解他作为古希腊思想和文化发展转折点的角色。

克尔凯郭尔延续了黑格尔的看法,认为古希腊生活崩溃的原因在于"有限主体性的独断性"(the arbitrariness of finite subjectivity)(同上,页201)。这与智术师有关,他们以宣扬相对主义、否认任何绝对和永恒的真理而闻名。克尔凯郭尔解释说:

> 智术师代表着这样一种知识:它通过有唤醒作用的反思,将处在混杂的杂多性状态中的自身与实质性的道德(substantial morality)区分开来。总体上说,智术师代表着一种分离的文化,对每个感到直接紧迫性的魅力已经消褪的人而言,他们都感到自己需要这种文化。

与苏格拉底一样,智术师也质疑并批判传统的希腊文化,后者被克尔凯郭尔称为"实质的道德"。

---

① 克尔凯郭尔,《论反讽概念》,前揭,页200。

智术师宣称要教导一门有用的知识,它将有益于年轻人从政和从商。他们尤其教导演讲和辩论的技艺,借助这些技艺,他们能够为凡是他们认为在当时当下于己有利的东西提出有力的论证。但是,这种辩论总是对辩论中的人感兴趣,而不是对更高的真理感兴趣。智术师是积极的,因为他们提出有关世界的宣称;智术师也是消极的,因为他们质疑甚至无视传统信仰和更高的真理,只要这种质疑符合他们的利益。

[59]当绝对真理缺席时,就只剩下受利己主义左右的武断或偶然的真理了。智术师高抬这些武断的、偶然的真理,把它们本身变为目的。智术师及其追随者由于没有任何绝对真理,只能纵情陶醉在偶然的真理里,只要能服务于他们的目的。克尔凯郭尔这样解释上述现象:

> [智术师提供的]这种教育,其第一种形式动摇了一切的根基,但其第二种形式则……使每一个学生都能……让一切再次变得坚实和稳固。因此,智术师会证明一切都是真的。(同上,页205)

智术师可以为任何事情论证和争论。在这个意义上,我们今天仍然在贬斥的意义上用"智术师"这个词,来指代那些用雄辩或奇特的论证为可疑的意见或行为辩护的人。

克尔凯郭尔认为马滕森所行就像智术师。克尔凯郭尔厌烦马滕森的一件事,就是他以"应该怀疑一切"的著名宣称,摆出一副激进的、好似幡然醒悟了的怀疑论姿态,但其实只是一句空洞的口号。马滕森像笛卡尔一样,重点是由怀疑主义出发去建立某种肯定的东西:一个学说,一个论点,或者宣称一个根本性的真理。这正是克尔凯郭尔描述的智术师的方法,如我们刚才所见:他们动摇了"一切的基础"(the foundations of everything),但随后又"使一切再次变得坚实"(make everything firm again)。在克尔凯郭尔眼里,苏格拉底的深刻性和天才就在于,他始终处在怀疑和否定之中,拒绝卷入对肯定性真理宣称的建构之中。克尔凯郭尔从这一点出发,把苏格拉底和智术师加以对比,并且指出,苏格拉底是纯粹否定的,而智术师则作出肯定的宣称。例如,普罗塔哥拉宣称,他知道美德是什么并且能教人以美德,相反,苏格拉底则声称,他并不知道美德是什么,美德不可教(同上,页208)。

克尔凯郭尔接着又证明,苏格拉底的"反讽拥有世界–历史的正当性"(irony has a world-historical validity,同上,页211)。苏格拉底在既定的历史情境中使用反讽是正当的。他的反讽针对两个目标群体:首先是针对那些不加反思地倡导传统雅典生活方式的人,其次是针对自命不凡的智术师,他们作出种种毫无根据的肯定性宣称(同上,页214)。苏格拉底认为,前一种人深陷于那些再也没有什么意义和用处的传统的泥潭,[60] 后一种人则推行一种为自身利益服务的肤浅的相对主义。于是,他用反讽这个工具来纠正他目睹的同时代人的错误行为。这是古希腊当时生活的两个面相,苏格拉底以他的反讽在这种环境中扮演了一个关键性的历史角色。他用反讽不只是为了逗口舌之快,不是为了激怒谁或给人留下深刻印象,他用反讽是由时代所决定的。

然后,克尔凯郭尔谈到苏格拉底是西方哲学的转折点这个观念的另一面,也就是苏格拉底留下的遗产。苏格拉底催生了古代好些相互竞争的哲学流派,克尔凯郭尔追问:为何众多不同的观点都自称起源于苏格拉底的思想?假如苏格拉底有过许多不同的学说,人们可能不由自主地会认为,他留下这些遗产,就是因为这些不同的学说事实上会吸引不同的哲学流派。克尔凯郭尔却认为,恰恰相反,苏格拉底错综复杂的影响,反倒进一步证明了他代表着完全的否定这一说法。假如苏格拉底有一套肯定的学说,又有许多建设性的命题,那么这些命题本该吸引一些人,而让另一些人反感。其观点的肯定本质始终会对追随者加上限制。克尔凯郭尔认为,就因为苏格拉底没有什么肯定的学说,所以后人很容易在他的思想中看到他们想要看到的东西(同上,页215)。苏格拉底随时可以被拉入某个既定的哲学流派想要推行的任何一套观点之中。因此,尽管苏格拉底催生了大量主张某些肯定学说的哲学流派,他本人仍然代表着克尔凯郭尔承接黑格尔所说的"无限的否定性"(infinite negativity)(同上,页216、218)。

7 苏格拉底与基督

在克尔凯郭尔的时代,把苏格拉底及其命运与基督对比已是屡见不鲜的做法:他们都是伦理上的正义个体,都按法律程序被起诉并被判处极刑。许多文献做过这种比较,克尔凯郭尔熟悉这些文献,其中最重要的一本,[61]是德国神学家鲍尔(Ferdinand Christian Baur)在1837年写的《论柏拉图主义中的基督教:或苏格拉底与基督》(*On Christianity in Platonism: Socrates and Christ*),[①] 克尔凯郭尔在《论反讽概念》中好几次引到此书。

新约记载了基督与那些称为法利赛人的文士及律法师之间的争战,那些人强调遵行宗教仪式和习俗。鲍尔所做的这类比较研究,常常把基督与法利赛人间的冲突,跟苏格拉底与智术师之间的

---

① Ferdinand Christian Baur,《论柏拉图主义中的基督教,或苏格拉底与基督》(*Das Christliche des Platonismus oder Sokrates und Christus. Eine religionsphilosophische Untersuchung*), Tübingen: Ludw. Friedr. Fues, 1837。

冲突相类比。克尔凯郭尔本人也会这样关联,他说:"智术师使人想起法利赛人。"(同上,页213)

这帮助我们窥见苏格拉底总体上对于克尔凯郭尔的重要性。我们本来不是很清楚:如果克尔凯郭尔的首要目标与理解基督信仰有关,那他为什么对苏格拉底这个异教哲人如此感兴趣呢?现在,二者之间的联系已经很清楚:苏格拉底像基督,而智术师像法利赛人。苏格拉底虽是一个异教哲人,却显露出与基督信息之间的某些重要的共性,而克尔凯郭尔相信,这些基督的信息已然被人遗忘。因此,克尔凯郭尔选择利用苏格拉底的观点或方法,他相信,他能为时人对基督信仰的混乱理解带来某些洞见。

8 贝克与《论反讽概念》的首部书评

贝克(Andreas Frederik Beck)曾与克尔凯郭尔同时在哥本哈根大学念书。他深受德国神学家大卫·施特劳斯(David Friedrich Strauss)的影响,后者是黑格尔在柏林的学生,因其里程碑式的研究——《批判地探究耶稣的生平》(*The Life of Jesus Critically Examined*)而出名。① 这部著作在德语世界引起了争议,[62]因为书中极其详尽地探究了福音书,并得出结论说,福音书中所记关于耶稣的故事大多是神话。这本书使施特劳斯失去了他在图宾根大学的职位。1839年,事态平息后,施特劳斯终于在瑞士的苏黎世大学得到一个职位,但此事公布后再次激起广泛的抗议,重压之下,苏黎

---

① David Friedrich Strauss,《耶稣生平》(*Das Leben Jesu*),两卷本,Tübingen:C. F. Osiander, 1835–1836。(英译本为 *The Life of Jesus Critically Examined*, George Eliot 译,Peter C. Hodgson 编,Ramsey, New Jersey: Sigler Press, 1994。)

三　克尔凯郭尔眼中的苏格拉底　79

世大学只好取消了聘约。

贝克很有兴趣将施特劳斯的方法介绍给丹麦学界。克尔凯郭尔1841年写作毕业论文时,贝克正在写一本书,题为《神话的概念或宗教精神的形式》(*The Concept of Myth or the Form of Religious Spirit*),此书于次年出版。① 贝克与克尔凯郭尔素有私交,他对《论反讽概念》非常感兴趣。学生论文公开答辩时,听众可以提问,贝克就是克尔凯郭尔论文答辩会上的提问者之一。次年,贝克写了一篇关于《论反讽概念》的书评,发表在《祖国》(*The Fatherland*)杂志上。②

今天,我们已认识到《论反讽概念》是一部帮助我们理解现代世界的重要著作,不过当时它却受到了质疑。克尔凯郭尔论文答辩委员会的五个成员一致批评这篇论文有一些严重缺陷,尤其是在风格上。他们发表的正式声明,听起来像是勉强让这篇硕士论文通过,并且非常希望看到作者对论文做大幅度修改。然而,贝克的书评却不同,他似乎从论文中看到了更多东西。贝克看到了什么？又是什么使贝克看到了它,而其他人却看不到呢？

贝克看到,施特劳斯试图通过比较不同的福音书来理解耶稣的生平,如果在哪一点上不同福音书的叙述之间有出入,就可以追问那些叙述的历史准确性。贝克看出,克尔凯郭尔也使用了同样的方法,他试图历史性地重构苏格拉底的形象,只是,他所用的"福音书"不是马太福音、马可福音、路加福音、约翰福音,[63]而是"柏拉图

---

①　Frederik Andreas Beck,《神话的概念或宗教精神的形式》(*Begrebet Mythus eller den religiøse Aands Form*), Copenhagen: P. G. Philipsen, 1842。

②　Frederik Andreas Beck,《对〈论反讽概念〉的书评,与克尔凯郭尔对苏格拉底的频繁引用》("[Review of] *Om Begrebet Ironi, med stadigt Hensyn til Socrates af Søren Kierkegaard*") 载于《祖国》杂志(*Fædrelandet*),890、897期,1842年5月29日、6月5日,栏7133–7140,7189–7191。

福音"、"色诺芬福音"和"阿里斯托芬福音",它们各自描绘了一个不同的苏格拉底形象。与施特劳斯一样,克尔凯郭尔得筛查这些文献,以便接近真实的苏格拉底。

作为施特劳斯的弟子,贝克可以看出克尔凯郭尔处理历史时所用方法的重要意义。他欣赏克尔凯郭尔的方法:不是抽象地处理概念本身,而是具体研究概念的历史发展。与克尔凯郭尔一样,他知道概念会随着时间而发展变化,因此他认识到,我们现代人对事物的理解乃是经历了漫长发展后的结果,而且发展仍在继续。古代世界的人可能不加批判地把福音书的故事视为真事,现代人的头脑则情不自禁地要用学术方法来确定其真实与否。换言之,现代人的头脑想要靠自己决定真理,这从根本上非常契合克尔凯郭尔对内在性和主体性的强调。

克尔凯郭尔在其"公开忏悔"("Public Confession")一文的后记中回应了贝克的书评。[1] 贝克的评论其实大体上是在赞赏他,但克尔凯郭尔仍对文中极少的几处批评高度敏感,他用讽刺和反讽给予了回应。克尔凯郭尔抗议贝克在他于此间出版的讨论神话学的书里,把他跟施特劳斯及左派黑格尔主义者联系起来。这群思想家将黑格尔视为传统宗教信仰的批判者,他们试图用黑格尔的哲学方法削弱基督信仰。除了施特劳斯之外,一些有影响力的作家,如费尔巴哈(Ludwig Feuerbach)和鲍尔(Bruno Bauer),也属于这个群体。克尔凯郭尔向来避免加入任何派系,更何况,他应该也不同意左派黑格尔主义者对基督信仰的极度世俗化的理解。他希望人们将《论

---

[1] 克尔凯郭尔,《公开的忏悔》("Public Confession"),收于 *The Corsair Affair; Articles Related to the Writings*, Howard V. Hong、Edna H. Hong 译,Princeton: Princeton University Press 1982,页3—12,尤见页9—12。

反讽概念》看作一部原创著作,独立并外在于任何特定的思想流派。此外,针对贝克抱怨他的著作中有几处用典难以理解,克尔凯郭尔也给予了负面回应。克尔凯郭尔挖苦说,如果有些东西贝克不能理解,那是贝克自己功力不深厚,不能怪他的书。事实上[64]贝克的书评很有洞见,而且给了他正面评价,然而克尔凯郭尔并不能笑纳他对自己著作的赞美。

9　知识是一把双刃剑

克尔凯郭尔对苏格拉底的理解如何与如今的生活相关?我们已经谈论了知识、怀疑和传统价值观,这些问题最终都落实到一个根本性的问题上来:知识的本质和地位,以及它在人类生活中扮演的角色。这是整个人类历史中最古老的问题之一。实际上我们可以在一个最古老的妇孺皆知的故事中看到这一点,那就是《旧约·创世记》中有关堕落的故事。我们知道,最早的人是亚当和夏娃,他们居住在一个美妙的园子里,园子里有他们所需的一切,他们的需要无不得到满足。他们与自然和周围的世界和谐相处。但是,他们缺少一样东西:知识。他们生活在无知无识的极乐中。上帝告诉他们,他们可以享用园中一切喜欢的,但是不能吃知识树上的果子(《创世记》2:16–17)。然而,我们知道,故事中的亚当和夏娃却被蛇引诱,违反禁令,吃了那棵树上的果子,得到了知识。瞬时之间,一切都改变了,他们开始用不同的眼光看待世界。他们第一次认识到自己的身体是裸露的,彼此感到羞耻。他们不再与世界和谐,不能再自在地待在园子里,他们被赶出园子。上帝在发现他们的罪孽后,把他们逐出园子,发配到了更广阔的世界——"伊甸园的东边"

(《创世记》3:24)。这个故事告诉我们,知识是一个危险的东西。从头至尾,上帝知道这一点,因此,他告诉亚当和夏娃,不要吃那棵树上的果子。上帝知道,知识最终带给人的将是羞耻、害怕和疏离。人类一旦走出这一步,就永远不能回头了。这个故事的寓意是,人类并非必须拥有知识,没有知识,人类会更幸福。

《创世记》的故事不断在每个个体成长、成熟的过程中重新上演。当我们是孩童时,我们与家庭、文化和社会亲密无间。[65]长大后,我们到达一个分水岭,自然而然地质疑起我们年幼时所视为理所当然的东西来。我们发现,其实父母和上司也会犯错,我们的文化亦有其问题。这种知识使我们与周围的世界疏离。苏格拉底、浮士德和克利马科斯这样的人,都转离他们各自文化所公认的真理,要去寻求知识。但这种追求使他们与世界疏远。知识是一件危险的东西,传统价值和制度的捍卫者们害怕知识。

有关此议题的另一种观点来自启蒙运动。启蒙思想认为,人类就像亚里士多德所说的,天生渴望知识。知识使我们与动物区别开来,我们人之所以为人,就在于能够从事理性思考,能够批判地审视我们的信念。苏格拉底说,"未经[理性]检审的生活不值得活"(Life without [rational] examination is not worth living)。① 知识使人类有能力重新塑造自己的环境,使之更适宜于人类生活,也使历史上那些巨大的技术和社会进步成为可能。在整个历史过程中,人类已经凭着获取知识的能力改善了境况。例如,人类在科学的不同领域取得巨大进步,实质性地改善了人们的生活,包括消灭天花和脊髓灰质炎之类的疾病,包括牙科和麻醉学的进步,此外还可以继续举出许多例子。拥护启蒙观点的人宣称,否定这些进步是全然荒谬

---

① 柏拉图,《申辩》,载于《苏格拉底最后的日子》,前揭,页72。

的,整个人类历史都在支持一句著名的格言:知识就是力量。按照这个观点,任何想要贬抑知识的人,都是被落后的迷信弄瞎了眼睛。

今天,我们大多数人可能都赞同启蒙运动的观点。甚至我们阅读关于克尔凯郭尔的书,也是为了获取以前不知道的新知识。我们认为知识有价值,并且相信拥有知识很重要。如今在互联网上可以免费得到不断扩张的海量信息,证明不但人们对此有强烈的需求,而且文化也把散播信息放在优先位置。似乎已经不容置疑:每个人都应当有机会学习并得到新知识。

[66] 这些似乎是一目了然的事,然而,我们的现代世界使这个图景变得大大地可疑。知识是一把双刃剑,创造了摩天大楼和疫苗,并且为此而自豪的西方文化,也发明了集中营和生化武器。世界上的大部分环境问题,如全球变暖、臭氧层漏洞,都是人类技术的副产品。事实证明,知识和技术在帮助我们改善环境的同时,也在高效地破坏环境。

甚至在开放知识的渠道这一问题上也并非毫无问题。我可以与本书读者分享一些克尔凯郭尔思想的知识,这似乎不是问题,但是,人们也能上网找到分享别样知识的人,例如如何制造炸弹。这种知识让我们都非常不安。能让每个人都有途径去自由地获取它们吗?

人类一旦开始走上理性、科学和技术的道路,就没有回头路。这是一条单行道,是难收的覆水。就如克尔凯郭尔提到他的主人公克利马科斯时所说的,他一旦开始怀疑,一旦开始了这个过程,与他周围的世界疏离,就再也回不到之前的天真状态了。思及于此,我们慢慢可以看到《创世记》堕落故事背后的要旨了:伊甸园东边的世界,是一个危险和让人不安的世界。类似地,苏格拉底、浮士德、克利马科斯的故事也不仅仅是遥远过去的传说,它们就是我们21世纪这个危险世界的故事。

四
克尔凯郭尔、海伯格与历史

[67]今天,我们不时听到有人讲论说,传统价值观已经崩塌,现代生活缺乏意义。为什么在今天这是一个如此普遍的问题?过去,人们认为地球是宇宙的中心,是特意被造出来供人类居住的,人类和组成人类的个体是上帝首要的关注对象。当然,那些时代的人们完全了解这世上有疾病、痛苦和死亡,但是,面对这些时,想到地球是个绝对独一无二的特殊所在,而且受到上帝的亲自关注,这难道不是一个巨大的安慰吗?上帝关心个体的命运和挣扎。

历史和科学的发展,已经让许多人改变了这个观点。今天,地质学家告诉我们,地心的熔岩终有一天会冷却,地球将停止自转,失去磁场。当这一切发生时,保护地球的大气层将被太阳风吹到太空中,地球将直接暴露在太阳危险的射线之下,变得不再适合居住。天文学家则告诉我们,有一天,太阳会慢慢耗尽为其供应能量的燃料,进入生命的暮年。那时,太阳将急遽膨胀,变成一颗红巨星,然后吞没地球,将地球烧成灰烬,我们珍爱的这颗星球将不复存在。最后,过不多久,太阳本身也会因核心收缩、外壳不断膨胀而最终爆炸。我们的太阳系从此将不再存在,而我们也像从来没有存在过一样。

从前时代的观点带给人安慰,而这幅图景则几乎没有提供任何安慰。如果人类历史只是广袤冷漠的宇宙中一段稍纵即逝、毫无意义的插曲,那我人生的意义是什么呢?在这出由无数行星、恒星、星系上演的宇宙剧中,我的希望和梦想、奋斗与成就又能有什么重要性呢?我个人无比在乎的这些事,宇宙似乎只是残酷地[68]漠不关心。就如莎士比亚戏剧中的麦克白所说,所有人类生命的声音和愤怒加在一起,只等于无。在这幅宇宙大图景中,人的存在不过是一支蜡烛的短暂燃烧。

新观点可能最终导向虚无主义,即认为人生没有任何目的或意义。当人从这种视角看待事物时,就容易用批判的观点来看待组成我们日常生活的事件和习俗。本来认真对待自己、对待生活事务的人,突然间似乎失去了方向。人们似乎只是在琐碎的人生中追求些琐碎的目标,却老是假装在成就什么伟大和值得纪念的事。人们无法看到,他们所有的努力最终都将归于无有。这就是现代虚无主义者的观点。

克尔凯郭尔关心人生缺乏意义这个问题,他将其视为一个重要的现代现象,认为必须认真对待。在《论反讽概念》的第二部分,他研究了他所谓的"现代反讽"的种种不同的形式。他所观察的那些立场,与刚才说的现代虚无主义十分类似。因此,我们现在转而分析这一部分,看看它对我们21世纪意义缺失的问题提供了怎样的洞见。

1 克尔凯郭尔《论反讽概念》第二部分导言

在《论反讽概念》第二部分的导言里,克尔凯郭尔重申,他这著作的目标是探究反讽在其发展史中的种种形式。就如他在这本书开头提到的,[①] 这种分析需要两个元素:首先是反讽的理念或概念,

---

① 克尔凯郭尔,《论反讽概念》,前揭,页9–12。

其次是它在世界上的实际展现(同上,页241-242)。一方面,我们需要概念,以便认出具体的个例。如果我们的头脑中没有"反讽"这个概念,那就不可能判定反讽在世界中的具体个例。另一方面,我们也需要凭靠经验性的反讽现象,[69]因为没有现象,我们的反讽理念或概念就只是飘浮在空中,与真实世界没有联系。因此,克尔凯郭尔宣称,我们必须继续运用反讽的概念,但要确保我们是着眼于反讽概念在现实中的特殊个例。概念与现象互为支撑:概念由现象界定,现象也由概念界定。

克尔凯郭尔在著作第一部分探索的第一个反讽现象,当然就是苏格拉底的反讽。这位希腊哲人使用反讽,将主体性的观念引入世界,克尔凯郭尔认为,这标志着人类思想发展迈出了一大步——在这一点上他追随了黑格尔的观点。在苏格拉底以后,主体性的理念并没有简单地消失,而是流行开来,在时间的历程中变得越来越重要。人们开始认识到主体性相比于习俗和传统而言的意义和价值。

克尔凯郭尔在这里说,现代世界出现了一种新的反讽形式,但它与苏格拉底式的反讽不是一回事。苏格拉底之后,主体性经过了若干世纪的发展。现代世界承认主体性的角色,这不同于古希腊,古希腊人中除了苏格拉底以外都拒绝主体性。因此,现代反讽兴起于不同的语境之下,并且有一个全然不同的出发点。反讽在任何情况下都是对主体性的肯定,但既然在现代世界中主体性已得确立,它就必须以某种更激进的方式来肯定自己。克尔凯郭尔写道:

> 现在,一种新型的反讽若要能显明于世,那必定得自它以某种更高的形式肯定了主体性。这是主体性的平方,是主体性的主体性,相当于反思的反思。(同上,页242)

克尔凯郭尔将现代反讽与德国浪漫主义运动联系起来,其代表人物有弗·施勒格尔(Friedrich von Schlegel)、佐尔格(Karl Wilhem Ferdinand Solger)和蒂克(Ludwig Tieck)。这三人都试图在自己的特殊领域运用反讽。克尔凯郭尔还提到,黑格尔对浪漫派也有重大批判,他希望在自己的分析中考虑这一点。现在我们就转而讨论种种形式的现代反讽。

2 德国浪漫主义

[70]德国浪漫主义是一场思想运动,难以用三言两语给出定义,因为这场运动异彩纷呈,包含许多不同的元素。人们通常认为浪漫主义开始于18世纪下半叶的法国、英国和德国,是对启蒙运动的反拨。启蒙运动关注用人的理性能力批判教会和绝对君主制,浪漫主义则关注感觉和情绪。启蒙运动被视为政治上的进步力量,它扫除迷信、废掉过时的习俗和制度。但是,浪漫主义的领军人物们发现,启蒙运动中有一些空洞而并无实际价值的东西。

理性能力是人人都有的东西。科学和数学的进步取决于客观证据和证明,科学家——至少在理论上——能够完全基于理性标尺去判定真假,而不受个人的喜好和偏见左右。我们所有人也都有能力以同样的方式去理解数学,因为我们都具备理性能力。在某种意义上,我个人对于这些事情的看法并不真的重要,因为其真实与否并不取决于我。只是当我运用理性时,我就能够认识它们的真理。浪漫派认为,这意味着为了理解某件事物,我必须实际上从我自己抽身出来。在我的理性能力里,根本没有任何与我这个特殊的人相关的特殊的或独一无二的东西,相反,我拥有的能力别人也都有。因此浪漫派认为,只有在感觉和情绪里,我的真实自己才显现出来。

只有"我",才拥有我在某个既定时间点上所拥有的一系列特殊的感觉。正是这种特殊的感觉,才定义了我的主体性,它应该得到培育。浪漫派认为,启蒙运动吹捧理性,而忽视了这种意义上的个体。

因此,浪漫派试图通过高扬个体性来对抗启蒙运动。这意味着,浪漫派批评启蒙运动对科学和理性的强调。不仅如此,这也意味着浪漫派批判社会中的种种盲从。因此,浪漫派向中产阶级生活和价值观发起猛烈抨击。例如,小施勒格尔写了一本名叫《卢琴德》(*Lucinde*)的书,书中暗自肯定婚姻之外的自由性行为,震惊了当时的中产阶级社会。浪漫派梦想着一个世界,在这个世界中每个个体都可以冲破社会和习俗的藩篱,表达[71]他或她的真实自我。浪漫派在批判启蒙运动和主流社会时经常使用反讽。

在克尔凯郭尔的时代,浪漫主义也是丹麦的一股重要潮流。丹麦哲学家斯蒂芬斯(Henrik Steffens)从1798年到1802年在普鲁士和德意志各邦周游,并在当时德国浪漫派运动的温床耶拿停留了很久。他亲自见过施勒格尔兄弟①、蒂克、诺瓦利斯、歌德、席勒和费希特。1802年他返回哥本哈根后,在以勒学院(Ehler's College)开始了一系列的讲座,将德国浪漫派的著作介绍到丹麦。一些丹麦黄金时代的领军人物参加了这些讲座。从那时起,浪漫主义在丹麦的文学、艺术、哲学和宗教思考中开始扮演起重要角色。

3 克尔凯郭尔的"定向观察"

浪漫派明明白白地聚焦于个体的价值和整全,而反讽正是一种把个体隔离出来并摧毁社会整体的东西。为什么是这样呢? 克

---

① [译注]弗·施勒格尔和奥·威·施勒格尔,后者为兄,前者为弟。

尔凯郭尔指出，将反讽作为一个策略性的工具来运用，需要相当程度的反思。反讽主义者会观察多数人使用语言的方式，然后狡猾地将反讽放到对话中。克尔凯郭尔宣称，这里面有"某种优越感"（a certain superiority），① 因为反讽主义者自视比普通人更聪明，他对语言的使用（反讽）也比普通人的日常说话更为巧妙和老练。反讽作家先是以使用反讽为乐，然后，他会等着看谁会察觉到他的反讽。倘若别人未注意到他的反讽，以为他只是在直言自己的观点，这时他就格外愉快。现代反讽主义者批判中产阶级的生活，并且享受这种批判。他们瞧不起有些人不假思索地就陷入生活的各种琐屑事务中。他们相信自己与那些人不一样，认为只有他们自己才看到了中产阶级存在的空虚，而且有勇气揭露其缺陷。这种倾向使反讽主义者与其他大多数人隔绝。他不把自己[72]视为主流的一部分，因为主流意味着破坏他的个体性；相反，他把自己看作一个孤独者、一个局外人。在他眼中，这才是唯一真正的人生。

现代反讽的目标在某种意义上与苏格拉底反讽的目标一样：揭露那些安逸的或者自信过头的人。反讽主义者假装顺着这些人，但是，他巧妙地间接用反讽削弱他们的主张，打击他们的傲慢倾向。通过这样的方式，在社会上也许不怎么受尊重的反讽作家，就能证明自己反比那些通常被视为中产阶级社会顶梁柱的人更高一等。反讽主义者通从愚弄这些人中得到特殊的愉悦，尽管后者受人尊重、享有名望。

大多数人都被某些社会习俗和惯例所束缚，一切行为都由习俗和惯例决定。相反，反讽作家拒绝所有根深蒂固的习俗和惯例。他们将自己视为脱离了习俗和惯例的自由人，因为他们已经看穿了这

---

① 克尔凯郭尔，《论反讽概念》，前揭，页248。

些东西的合法性假象。他知道,社会惯例在要求这些惯例的社会之外就不再适用,他将这些要求看作专制。用克尔凯郭尔的话来说,对反讽主义者而言,"现实失去了它的合法性"(同上,页253)。反讽主义者既然已经看穿了这些习俗做法,就任意忽视它们,随自己所喜欢的去行。克尔凯郭尔用黑格尔的术语"主观自由"(subjective freedom)来描述这种情形,他写道:

> 反讽的主要特点就是主观自由,这自由在任何时候都可以有开始的可能性,不会受早先的情形所阻碍。(同上)

我们几乎所有的行为都是效法之前的行为模式,而之前的行为又受习俗和传统支配。但反讽主义者不相信这些习俗和传统,于是就可以自由地重新开始,或者说每一次都从无中生有(ex nihilo)。他是主观地自由的,就是说,他乃是基于自己的决定和性情而行动,而非遵循习俗和传统等一些外在的标准。

克尔凯郭尔描述了许多不同形式的反讽,但其中最关键的是他所谓"全面意义上的反讽"(irony in the eminent sense,同上,页254)。一个人可能反讽他所处文化中的一些他不赞同的东西,这样的反讽旨在针对某个特殊的目标,比如某种腐败的体制或某个伪善的人。但是杰出意义上的反讽不只是针对某一个特殊的事物,而是针对整个文化和生活方式。[73]克尔凯郭尔认为,德国浪漫派不是只想批判中产阶级生活中的某些特殊元素而保留其他元素,而是想颠覆整个社会。他声明,这种形式的反讽"不是直接反对这样或那样的特定的现有实体,而是反对整个处在特定时间和特定条件下的既定现实"(同上)。他借用黑格尔的一个词组,称这种形式的反讽是"无限的、绝对的否定"(同上,页254、259、261)。反讽就其本质而言是批判性的,或者说,是否定某种东西。上面所说的这种形式的反讽之所以是无限的否定,是因为它不只满足于批判或否定特殊、有限的事物,而是想要批判一切。说它是绝对的否定,是因为它把所批判的一切东西都视为有条件的惯例。这些惯例是独断的,没有任何习俗之外的东西的支撑。现代反讽主义者跟智术师一样,将所有真理视为相对的。相较之下,反讽主义者自己的立场则是绝对的:他们说世上并无绝对的真理,所有真理都是相对的,这才是唯一的绝对(同上,页261)。

克尔凯郭尔注意到,宗教信仰与现代反讽出人意料地拥有一个共同的基础。乍看之下,你也许会认为这两种价值观势不两立,因为宗教恰恰代表着反讽主义者不断试图去颠覆的一部分社会传统和惯例。但是,克尔凯郭尔命令我们看得更仔细些。他提醒我们《传道书》中的一句话:"凡事都是虚空。"[①] 这个观点认为,人类生活中的所有方面,与那真正重要的——即上帝——相比,都是虚空,都转瞬即逝。而反讽在人类社会的平淡无奇方面得出了相同的结论。反讽也同意一切都是虚空,但这不是因为它相信上帝是绝对的,相反,它的绝对乃是没有任何绝对。宗教信仰和现代反讽都从某种绝对视角出发看待大部分人类活动,从而都弃绝了人类活动。二者一致认为,凡事都是虚空,但是,宗教信仰将世界判定为虚空,是因为世界达不到神圣的绝对,现代反讽将世界判定为虚空,则是因为世上没有绝对。但值得注意的是,无论是虔诚的宗教信徒,还是反讽主义者,其倾向都使他们与主流社会和世间日常生活隔绝开来,他们都不可能真正把主流社会的世间生活当回事。因此,虽然现代反讽主义者的虚无主义与宗教信徒的信仰看似完全对立,但在这里,[74]对立面又交汇了。就像宗教信徒那样,反讽主义者相信他的真理解

---

① 同上,页257。《圣经·传道书》1:2。

放了他,尤其是把他从世上的习俗、传统和伪善中解放了出来。

4 海伯格的《论哲学对现时代的意义》

年轻的克尔凯郭尔还在哥本哈根大学就读的时候,有一个人对他产生了重要影响,这就是海伯格(Johan Ludvig Heiberg)(见插图4.1)。海伯格出生在一个知识分子家庭,是19世纪30到40年代丹麦的杰出诗人、剧作家和文学批评家。[①] 他还是孩子时,曾在所谓的小山房(Hill House)住过一段时间,那里是文学学者拉贝克(Knud Lyne Rahbek)的产业,拉贝克是海伯格的父亲彼得(Peter Andreas Heiberg)

图4.1 约翰·路德维格·海伯格(1791—1860)

---

① 参 Henning Fenger,《海伯格一家》(*The Heibergs*), Frederick J. Marker 译, New York: Twayne Publishers Inc, 1971。

的一位密友,而海伯格的父亲已被逐出丹麦。拉贝克的家是丹麦黄金时代[75]哥本哈根最伟大的文学沙龙,寄养在这里的海伯格有机会见到很多作家和当时的文化名流。

长大一些后,海伯格去往巴黎,在那里学习法国的歌舞剧,回来以后把这种艺术形式带上了哥本哈根皇家剧院的舞台。他还是那个时代一本出色的美学和批评杂志《哥本哈根飞邮报》(*Kjøbenhavns flyvende Post*)的主编。就是在这个杂志上,克尔凯郭尔发表了一些最早期的文章。海伯格的妻子约翰妮(Johanne Luise Heiberg)是当时出类拔萃的女演员,克尔凯郭尔的《危机,一个女演员生活中的危机》("The Crisis, and the Crisis in the Life of an Actress")就是分析她的表演。海伯格的母亲邦曾(Thomasine Buntzen),即吉勒姆堡夫人(Madame Gyllembourg),是一个受欢迎的小说家,克尔凯郭尔的著作《文学评论》(*Literary Review*)探究了她的小说《两个时代》(*Two Ages*)。①

哲学也是海伯格的诸多兴趣之一,他试图用哲学及其他一些东西来建立他美学理论的根基。他的哲学倾向来自对黑格尔哲学的体验。听闻黑格尔这个人时,海伯格还是基尔大学的一个讲师,他对黑格尔的东西非常感兴趣,以至于1824年专程去柏林听了黑格尔的课。这是柏林大学的一个激动人心的时期,黑格尔的影响正如日中天,大量的学生崇拜者围绕在他周围。海伯格与黑格尔直接接触的经历,给了他人生中的某种重大启示。

海伯格回到哥本哈根后,开始大力向同胞学人介绍黑格尔的哲学。② 他要做的一件事情,就是举办一系列私下的关于这一主题的

---

① 关于海伯格家族对丹麦黄金时代的贡献概述,见 Henning Fenger,《海伯格一家》,前揭,1971。

② 关于海伯格试图把黑格尔哲学引入丹麦的概述,见 Jon Stewart,《丹麦

讲课。为了把消息散布出去，他在1833年3月出版了一本小书，名叫《论哲学对现时代的意义》(*On the Significance of Philosophy for the Present Age*)，书中介绍了黑格尔哲学的一些基本观点，并向感兴趣的学生发出报名听课的邀请。

海伯格开门见山地宣称现时代处于危机状态。按照黑格尔的历史理论，历史有不同的时期或时代，每一段都有其价值观、传统和世界观。[76]每个时期都为当时的人们提供了稳定的现实图景，人们利用它来理解世界，理解他们的生活。然而，一次又一次地，随着历史的发展，随着新的思考方式和科学发现的出现，那些稳定的目标点开始动摇。接着，危机时期开始，占统治地位的世界观崩溃，人们在危机中感到不稳定和焦虑，因为他们对世界旧有理解的基础变得越来越岌岌可危。

海伯格认识到，他所处的时代就是这样一种过渡期。18世纪末期，在启蒙运动导致的骚动的觉醒中，人们失去了对传统制度和习俗的信靠。启蒙运动批判君主制的权威，并将传统的宗教信仰作为迷信而加以拒绝。按照海伯格的说法，其结果是主观主义、相对主义和虚无主义。人们不知道该去信什么了。他说，类似的危机也曾发生在罗马帝国：过去时代的制度继续存在，但已经与新时代脱节，变得毫无用处。他写道：那些旧制度"像来自过去时代的鬼魂，在现在失去了所有的意义"。① 在这种情形下，人们"感到被众神

黄金时代的黑格尔主义史》(*A History of Hegelianism in Golden Age Denmark*)，卷1，《海伯格时代：1824—1836》(*The Heiberg Period: 1824–1836*)，Copenhagen：C. A. Reitzel，2007(*Danish Golden Age Studies*，卷3)。

① Johan Ludvig Heiberg,《论哲学对现时代的重要性》(*On the Significance of Philosophy for the Present Age*)，收于《海伯格的〈论哲学对现时代的重要性〉和其它文本》(*Heiberg's On the Significance of Philosophy for the Present Age and*

遗弃……因为整个神明世界已然死去"(同上,页91)。他对罗马世界的讨论,明显是要把罗马与自己的时代作类比,他相信在他的时代,关于宗教、艺术和哲学的传统观点,都已经在很大程度上成了摆设。在陷入彻底的相对主义和虚无主义之前,他自己所处的文化必须紧急找到一个解决方案。在海伯格看来,这是他所处时代的巨大挑战。

5　克尔凯郭尔的《反讽在世界历史中的合法性》

在"反讽在世界历史中的合法性"这一章,克尔凯郭尔吸收了海伯格的理解,即世界历史的发展中总是稳定时期与危机时期交织。他继承了海伯格的思想,宣称每个时代的世界观都是短暂和易变的。他写道:[77]"特定时代的既定现实,仅仅是对于那个世代和那个世代中的个体而言有效的现实。"[1] 当旧的观念不再可信时,"这个现实就必须被另一个现实取代,而且此事必须通过并且借助个体和那个世代来发生"(同上,页260)。像海伯格一样,克尔凯郭尔总结说,世界观发生改变,是因为个体不再相信那些维持共同文化的核心元素。

克尔凯郭尔试图历史地理解反讽,把它看作某种既定世界观陷入危机之时的产物。克尔凯郭尔不说某个特定民族或特定时期的世界观,而是使用术语"存在"(existence)和"现实"(actuality)来把握这一点。他解释了为何在传统文化和价值观式微时人就会使用

Other Texts), Jon Stewart 编译, Copenhagen: C. A. Reitzel's Publishers, 2005(*Texts from Golden Age Denmark*, 卷1), 页90。

[1]　克尔凯郭尔,《论反讽概念》,前揭,页260。

反讽:因为在这种情形下,"整个存在已经变得与反讽的主体疏离,反讽的主体反过来也与存在疏离",结果,"对于反讽的主体性而言,现实已经失去了它的合法性"(同上,页259)。对反讽的使用,源自与主流传统和价值观的疏离感。反讽主义者能看出这些传统和价值观不再具有坚实的根基。由于文化的许多方面都是如此,因此,人会突然感到自己似乎与一切疏离,或者说与自己时代的"现实"疏离了。

克尔凯郭尔指出,这种发展有两个方面:"新的必须锐意进取",而"旧的必须被取代"(同上,页260)。在任何既定的危机时代,都有一些人十分清楚地觉察到危机。克尔凯郭尔在这一点上认同海伯格,因为海伯格将那个时代的知识分子与普罗大众区别开,并宣称,一个时代中最伟大的头脑,就是带领人类的先锋走出危机、进入新时代的头脑。他们直觉地看到了即将从危机中破茧而出的新时代。这些人就是克尔凯郭尔所描述的"先知性的个体"(prophetic individual)(同上)。海伯格将这些人称为"受了教育的"(educated)人或"开化了的"(cultivated)人,并指出当时有两个催促大家去拥抱新世界观的领袖:歌德和黑格尔。

在克尔凯郭尔看来,反讽主义者的确是清楚地注意到当时危机的人,但他们对于未来会怎样并没有清晰的图景,只有各种模糊的直觉。因此,他们的目标与其说是[78]建构那未来,不如说是暴露眼前的各种矛盾。反讽主义者指向未来,但并不知道未来意味着什么(同上,页261)。克尔凯郭尔沿用了海伯格在《论哲学对现时代的意义》开头的描述,海伯格在那里说,共同文化竭力"在多个方向有力地推进",但没有人真的知道它将去向哪里。①

---

① Jon Stewart 编译,《海伯格的〈论哲学对现时代的重要性〉和其它文本》,前揭,页87。

克尔凯郭尔将反讽主义者比作"世界进程所要求的祭品"(a sacrifice that the world process demands)。[1] 他的意思是说,在任何一个危机时代,都会有些人尝试用反讽来摧枯拉朽。新时代的先知在自己的时代是不受尊重的,因为当前文化中那些比较缺乏洞察力的人会反对他们,这些人仍在为传统卖命。远见卓识之人不可避免地会遭到同时代人的愤恨和不屑,后者只想牢牢抓住旧日的体制。结果,这类先知性的反讽者经常受到迫害。

克尔凯郭尔描述反讽主义者时说,他们在"消极意义上是自由的"(negatively free)(同上,页262),意思是说,反讽主义者脱离了习俗和传统的通常要求。确实,反讽主义者将社会中的其他人视为从不反思的奴隶,受习俗性的行为模式驱使。他感到他的信念解放了他,即,他相信自己不再服在社会的约束之下,广阔的可能性世界已向他敞开。他可以随自己所愿地穿衣、说话、行事,不必顾及社会规范。这鼓动着他的直觉,使他感到某种新的东西即将取代旧日的一切。

在克尔凯郭尔看来,这里的关键在于,反讽主义者必须感觉到与事物旧有秩序相对而言的自由感。他写道:"面对既定现实,主体性感受到了它的权力、它的合法性和意义。"(同上,页26)这就是黑格尔提到的"主观自由"。一个人必须认识到个体的不可削减的绝对价值,这种认识是在历史发展进程中逐渐形成的。随着人们开始意识到主观自由原则,我们对作为个体的人的理解,随着时间推移已经产生了根本变化。克尔凯郭尔[79]总结说:

> 就这种反讽具有世界历史意义上的正当性而言,实现主体性的解放乃是由于这一观念的作用。(同上)

---

[1] 克尔凯郭尔,《论反讽概念》,前揭,页261。

因此,在克尔凯郭尔看来,反讽的要旨不只是嘲笑人,也不是为反讽而反讽。从历史视角来看,反讽的正当性在于,反讽是被用来关注并发展主观自由的原则。反讽为这理念"服务"。这正是苏格拉底的任务。事实上,黑格尔解释说,苏格拉底是历史上首倡主观自由的人。

6 克尔凯郭尔批判黑格尔关于两种反讽的看法

黑格尔对比了苏格拉底的反讽和德国浪漫派的反讽,我们在这里也看到克尔凯郭尔的著作《论反讽概念》后面的一个核心观点。黑格尔指出,尽管浪漫派宣称是苏格拉底为他们提供了灵感,但他们对反讽的运用却与苏格拉底大不一样。黑格尔将浪漫派反讽与小施勒格尔、语言学家阿斯特(Friedrich Ast)、哲学家费希特相连——克尔凯郭尔在书中对这三人都有讨论。[①] 黑格尔认为,这些作者都想把反讽用作一种纯粹否定的工具,以撕碎他们不喜欢的任何观点、习俗、信仰、制度、传统,等等。换言之,反讽可以为相对主义或虚无主义服务,用来批判一切,批判任何事。浪漫派把苏格拉底的做法扩展成了一个普遍原则(同上)。但在黑格尔看来,苏格拉底的目标却不是为了破坏的纯粹快感而破坏,他是为了达到真理。

黑格尔认为,以为苏格拉底是这种作为纯粹否定工具的反讽的原创者,是错误的(同上,页401)。诚然,苏格拉底集中关注个体和主体性,但这种主体性不同于浪漫主义所理解的主体性。黑格尔将浪漫派视为相对主义者,浪漫派攻击传统,不过是为了满足他们的自我。黑格尔设想,一个倡导这种反讽的人会说,

---

① 黑格尔,《哲学史讲演录》,前揭,卷1,页400。

正是我,通过我受过教化的思想,能够废掉一切关于正义、道德、善等等的裁断。因为我显然是这些事情的主人,并且我知道,如果说有任何东西看起来对我有好处,那么我也能轻易地颠覆它,因为事物只有在眼下使我高兴,对我而言才是真实的。(同上,页401–402)

浪漫派会任意改变自己的观点,只要旧的观点于他不再适用。诚然,苏格拉底认为个体必须为自己找到真理,但这不意味着真理是一种独断的或者相对于每个个体而言的东西。这也不能证明,以牺牲众人已接受的真理为代价来发展自己私人的真理,从而追求那种自我满足的娱乐,是正当的做法。苏格拉底没有傲慢地相信他的观点高于其他人的观点,也没有像浪漫派那样,公然嘲笑人们已接受的习俗和传统。因此,黑格尔总结说,苏格拉底的反讽是"一种说话方式,一种令人愉快的嘲弄"(同上,页402)。或者,用克尔凯郭尔在《论反讽概念》中转引这话时的说法,"一种对谈方式,友善的打趣"。[1] 这样的反讽与浪漫派"尖酸的嘲笑或自大"形成鲜明对比,浪漫派对待任何事情时,都仿佛那"不过是个玩笑"。[2]

克尔凯郭尔指出,黑格尔大体上一以贯之地批判反讽,尤其是德国浪漫派所用的那种反讽;事实上,黑格尔在讨论小施勒格尔时一反常态地充满了火药味。克尔凯郭尔对此似乎褒贬参半。一方面,他同意黑格尔批判浪漫派是相对主义者,认为黑格尔的这一批判贡献巨大。他写道:"黑格尔很大的功劳之一,就是他阻止了,或者至少想要阻止思索的浪子们从灭亡之路上回头。"[3] 另一方面,他

---

[1] 克尔凯郭尔,《论反讽概念》,前揭,页267。
[2] 黑格尔,《哲学史讲演录》,前揭,卷1,页402。
[3] 克尔凯郭尔,《论反讽概念》,前揭,页265。

又认为,黑格尔对浪漫派的憎恨使他看不到反讽总体上的优点,从而有失公允。克尔凯郭尔认为,既然黑格尔完全不能容忍浪漫派的反讽,他也就无法将这种反讽与其他形式的反讽区别开来。简而言之,黑格尔[81]把所有形式的反讽一股脑儿当成了某种消极理念,即他对其展开批判的那种理念。克尔凯郭尔认为,黑格尔描述苏格拉底的反讽仅仅是"一种对谈的方式,友善的打趣"(同上,页267),乃是不得要领。他没有认识到苏格拉底使用反讽的更深层的潜在意义。

换言之,黑格尔认为,苏格拉底反讽的目标仅仅是发起讨论,引向对概念或普遍之物的定义。然而如前所述,黑格尔批评苏格拉底从来未能成功地定义普遍之物,也从未达到什么肯定的结论。克尔凯郭尔则认为,彻底的否定恰恰是苏格拉底的要旨。他的目标不是建构,而是否定。

重要的是要看到,克尔凯郭尔在这里的立场多么违背直觉。通常,如果有一个问题在那里,我们直接的本能乃是设法去解决它。如果那是一个概念上的问题,那么我们的目标就是设法定义它。处在未解决的问题或不确定的情形中,我们将不自在。我们自然而然地想要去搞定它们。但是,克尔凯郭尔的立场正好相反。他认为,解决或者建构某些事情对个体并不总是有益,相反,还可能可怕地帮倒忙。如果一个人提供了一个答案,可以治愈怀疑或者减缓虚无主义者的痛苦,他就抢夺了这个痛苦中的个体寻求真理的主观责任。而如果此人提供或阐明的真理并不是真理,事情就更糟——这正是克尔凯郭尔认为智术师在苏格拉底时代所做的事,也是他认为当时的神职人员和学者们正在做的事。克尔凯郭尔眼中的苏格拉底是否定性的,即某种意义上是一个"虚无主义者",但没关系,苏格拉底的这种否定解放了主体,让主体主观地去寻求真理。克尔凯郭尔眼中的苏格拉底与克尔凯郭尔眼中的浪漫派之所以不同,关键在于苏格拉底没有停止寻求真理,也没有像浪漫派那样自顾自地杜撰真理。

7 克尔凯郭尔批判黑格尔关于历史和苏格拉底的看法

《论反讽概念》试图历史地追溯反讽的运用,以理解反讽如何出现、什么时候出现,以及随着时间的推移[82]它又是如何发展的。今天,这种研究会纳入"观念史"(history of ideas)的标题之下。克尔凯郭尔的《论反讽概念》是一个杂糅的东西。一方面,它不是纯粹的历史著作,因为克尔凯郭尔本质上对历史不感兴趣,他不追溯君王、战争之类的事情;另一方面,它也不是一个纯粹概念性的著作,他不是只对反讽概念本身感兴趣而脱离了概念的历史语境。不如说,这本书同时包含了这两个要素,他在导论中就讨论了这两个要素。

首先,书中包含历史现象的要素,即苏格拉底这个具体的人对反讽的实际运用,这涉及在古希腊世界和雅典城邦的语境下理解苏格拉底。因此,书中有实证性的要素,它建立在关于苏格拉底生平和思想的现有资源上,即柏拉图、色诺芬和阿里斯托芬的作品。其次,书里也包含抽象的、概念性的要素,它涉及思想。历史不仅仅是原始档案的汇集。文献需要解释,情景和事件需要重构,而且必须推想它们之间的关联。必须判断出某些事件是核心的和重要的,另一些事件是无关紧要的,可以忽略和丢开。这是史学家的工作。为了完成这项工作,史学家总是得借助某些既定的观点、概念或有组织的体系来解释事件。克尔凯郭尔指出,要接近这些主题,历史和概念这两个要素都必不可少。将自己埋在经验性的现象中,并就此止步,那是荒谬的,因为不会给人任何启发。经验性的数据只有经过解释才有意义。类似地,仅仅聚焦于概念的方面,完全罔顾经验现象,也是荒谬的,因为这样最终会使人陷入完全的抽象,可以说,他的分析将漂浮在空中,远离实存和现实。我们需要特殊(the particularity),即关于历史的原始的经验性数据,也需要普遍(the universality),即观念或概念。

克尔凯郭尔将经验、历史的一面与概念、哲学的一面联系起来。他认识到两者对他的研究都很重要:

> 它们都应该拥有各自的权利:一方面,现象拥有自己的权利,不要因哲学的优越性而胆怯或气短;另一方面,哲学也 [83] 不要被特殊之物的魅力冲昏头脑,不要因特殊之物的数量过于丰富而分心。(同上,页10—11)

双方都有其合法性,对他所呈现的这种研究都有必要。这一点颇值得强调,因为克尔凯郭尔经常被界定为反概念化的人,要么就被界定为高扬实存和现实,而拒绝形形色色的抽象和理论的人。这里很明确,他看重抽象概念,但他也相信概念必须扎根于经验或者特殊的现象。① 因此,他没有把这部著作命名为"论反讽的经验现象"(the empirical phenomenon of irony),而是命名为"论反讽概念"(the concept of irony)。

在综述黑格尔对苏格拉底的理解时,克尔凯郭尔批判黑格尔过于强调概念,而对经验现象强调不足。他责备黑格尔没有在哲学上严格要求,就是说,他没有对所有相关文献作出仔细研究,而是

---

① 见《克尔凯郭尔的日记与笔记》,卷7,页70,NB15:103:"不是说'现实'中就没有概念——完全不是;不,那通过把现实概念化地稀释为可能性而发现的概念,也在现实之中,只不过,这里当然还有更多的东西:那就是现实。"

过于仓促地把焦点放在从历史证据抽象出一般概念上。用他的话说,黑格尔并不担心是否所有的文献细节都符合他所要传达的宏大图景。克尔凯郭尔以漫画手法将黑格尔描述为"世界历史总司令"(commander-in-chief of world history),他仅仅在部队开拔之前对历史事物作出"君临天下的一瞥"(royal glimpse)。① 克尔凯郭尔认为,这导致黑格尔在解释苏格拉底时产生了某种歪曲,因为黑格尔没有认识到,柏拉图、色诺芬、阿里斯托芬等人留下的古代文献对苏格拉底的叙述并不一致。因为黑格尔观察苏格拉底时,可以说,是从一个鸟瞰的视角,他看不到关于苏格拉底这个人的一些重要细节,而这些细节并不能简化成某种宏大历史叙事的一个部分。

克尔凯郭尔对黑格尔的第二个批判,与黑格尔将苏格拉底理解为道德奠基者相关。黑格尔讲述了一个关于哲学和西方文化发展的漫长故事。在他看来,苏格拉底在此发展中扮演了重要角色,因为这位希腊哲人首次认识到了主观自由的重要性。[84]主观自由意味着,道德不仅仅关乎已经固定的、由文化外在地给予的东西,相反,它是某种内在的东西,与一个人自己的思想、考虑和良心有关。这是此时进入人类历史的一个肯定的原则。黑格尔认为,它代表着人类文化发展中的重要一步,这种形式的道德正是现代世界的一个典型特征。

克尔凯郭尔批判这一点,因为他认为,将某种肯定的原则赋予苏格拉底是一个错误。认为苏格拉底建立了某种哲学流派或是社会运动,是错误的。相反,克尔凯郭尔想要坚持的是,苏格拉底的作用历史地看是完全否定性的。他批判性地瓦解了智术师和主流雅典市民的自负:一方面,他揭露了智术师的相对主义的空洞,另一方

---

① 克尔凯郭尔,《论反讽概念》,前揭,页222。

面,他指出他的雅典同胞所自以为傲的理念没有根据,经不住理性探究的考验。在两种情况下,苏格拉底的贡献都是否定性的。无论对智术师还是对同胞,苏格拉底最终并没有提出什么自己的肯定观点。他只是留下问题,没有解决方案。最终只有否定,或称回答之困境,而没有解决方案。克尔凯郭尔说,我们必须紧抓住这样一幅苏格拉底的肖像,坚决抵制史学家或哲学家的努力,他们极力以肯定的方式,将苏格拉底纳入某种更大的关于历史或哲学发展的叙事之中。黑格尔错误地赋予苏格拉底一个肯定的角色,认为他预示了后世的发展,但事情的真相是,苏格拉底并没有前瞻,而是后顾。苏格拉底是在批判地回应既定的个体和制度,但仅止于此。针对当时的古希腊文化和思想,他要给出否定的声明,但是他从来没能找到真理,也没有立定什么肯定的基础供后世的人继续在上面建造。

苏格拉底宣称,他在寻求善的概念。他不断追问善的定义,雅典人给出的答案反映了他们的价值观和观点,但他一个一个地推翻了那些答案。在这一点上克尔凯郭尔同意黑格尔,但克尔凯郭尔批判的要旨在于,我们应当全力关注的是,苏格拉底永恒地追求善,但又永远到达不了善(同上,页235)。克尔凯郭尔因此聚焦于苏格拉底的反讽,认为这是苏格拉底的[85]规定性特征,因为反讽是纯粹否定的。反讽拆毁一切,就是说,它批判特定的命题、学说、定义等等。但是,反讽从不建构,它没有任何肯定的要素。它不允许人止步或满足于任何肯定的结论,由此促进人永无止境地寻求真理。

8 争取个体性的现代抗争

克尔凯郭尔对于浪漫主义和现代反讽的论述,听起来像是观念史中一个有趣的章节,但真会在任何方面对我们今天的世界有意义吗？他的论述提出了一个重要问题：我们每个人作为个体究竟是谁？现代世界的一个问题是，一旦我们试图说明我们是谁，立刻就碰到一个难题，即，其他许多人也跟我们有着同样的特征。例如，当我说我是一个喜欢阅读哲学的人，或是一个对克尔凯郭尔思想感兴趣的人时，我其实并没有说出任何东西，足以定义我作为一个个体究竟是谁，因为世界上还有其他许多人跟我一样有这些爱好。于是，就有了更为急迫的问题——什么使我成为独一无二的人？

我们往往通过着装、作派、职业来定义我们的身份。但让我们花片刻工夫想一想。我看着我自己，我看到我穿着这件衬衫、这条裤子、这双鞋，但这些东西都不是只有我才有的，都没有表明我身上的任何特殊性。所有这些都是批量生产的，如果我走上大街，也许不用多久就会看到有人也穿着同样的衬衫、同样的裤子、同样的鞋子。在批量生产出现之前的旧时代，像这样的物品都是手艺活儿，每一样物品都独一无二，拥有它们的个体乃是货真价实地拥有与众不同的东西。工业革命带来了批量生产技术，我们绝大多数人都穿上了批量生产的衣服，极少数付得起钱去定制衣服的人，往往需要花大价钱才能通过衣服来表达个性。工业革命之后，事实上一切都通过机器批量地生产。今天的世界仿佛是由饼干模儿机器造出来的，这个机器按照现成的形式，生产了我们周遭的一切东西。危险在于，我们每个人也正在变成这种机器的产品。[86]想一想沃霍尔(Andy Warhol)的名作《坎贝尔牌西红柿汤罐头》，罐头一个压一个地一直摞上去。这正是现代性的画像。我们许多人都担忧自己也会成为这些罐头中的一个。

不少人试图反抗这种整齐划一，他们通过发型、纹身、在身上特定部位穿孔等来标榜他们的个体性。然而，一开始作为个性化表达的东西，很快却又成了时尚，人们蜂拥去做同样的事，毫无个性和独特性可言。这就是我们在21世纪面临的问题。两个多世纪以前，克尔凯郭尔时代的浪漫派就已经看到了问题的来临。他们奋力宣扬个体的价值，对抗整齐划一的强制力，但他们想象不到我们今天面对的挑战。大多数人都相信，某些特别和奇特的东西使我们成为自己，但这种东西是什么？我们如何才能表达它？我们无法回答这类问题，于是感到在世界中迷失了方向。我们无法在社群或社会团体里获得安慰，因为它们削弱我们的个体性，让我们成为千人一面的更大整体中的无名卒，因此，我们感到深深的失落。这是留给每一个个体自身的现代性问题。苏格拉底和克尔凯郭尔遇到的个体与文化之间的冲突，今天仍然伴随着我们，而且非常强烈。想到自己不过是这个星球上七十亿人的一份子，还要面对这种情况宣称自己是特殊的、独一无二的个体，真叫人情不自禁地心虚起来。

五

克尔凯郭尔与浪漫派的主观主义

［87］如果我们试图理解自己和自己在世界中的角色，现代性便向我们提出严峻的挑战。今天，我们生活在大众社会，生活在毫无特色的城市里，作为个体我们很容易感到失落，芸芸众生让我们感到自己无比渺小。我们还生活在一个传统价值观和信念已经被釜底抽薪的世界里。许多过去作为重要的参照点用来界定自己的东西，已经不再是切实可行的选择。

当我在镜中看着我自己，并且问"我是谁？"时，我想要有一个清晰而直接的答案。对我而言，这是个重要问题，对所有人也都是。内心深处，我想要相信我是独一无二的和特殊的个体。我想要相信，某种灵魂或者精神、头脑，使我成了这个人，使我与每一个他者区别开来。这种想法会安慰我，因为，如果这是真的，那么不管在世界上还有多少亿的他者，我却只有一个，这是一件特殊和重要的事情。

为什么相信这些事情对我们如此重要？这也是现代世界的一个重要特征。在过去，个体性并不是那么重要的事，事实上，它受到抑制或大肆打压。人们打小就相信，最重要的不是作为个体的自己，而是自己与更大群体的联系。例如，在传统文化中，一个人对一个特殊家庭的归属非常重要，这是构成自我认同的关键要素。一家老小生活在一起，作为一个大的社会单元发挥作用。罗马的豪门望族会以宏大的仪式纪念先辈。归属于特定的家庭决定了一个人生活的方方面面：婚姻机会、职业、政治前途，等等。而在今天的现代社会，这些情景一去不返。一家老小[88]不再住一起，顶多只有较小的原子式家庭：父亲、母亲和自己所生的孩子。但是，如今离婚和再婚频繁，不同形式的同居也在增多，原子式家庭本身也愈发支离破碎。在现代性的大潮中，家庭快速分解为一个个游离的个体，不再发挥像过去那样的作用。无论家庭如今对我们有多么重要，不可否认的是，它对我们已不再扮演对旧时的人扮演的角色。从前那些用来定义人的身份的其他联合也都是如此，例如特定的宗族、特定的行会或者特定的宗派，等等。

所有较大的单元解体后，就只剩下我们这些四散飘零的个体。随着社会的变迁，人们与这些古老制度传统的连接变得越来越松弛，并因此而感到不确定，他或她自己作为个体，必须承担更多的压力，用不同的方式来定义自己。如果一个人的自我定义并非来自对家庭或其他更大团体的归属，那就必定来自个体自己。这就是我们现代人焦虑和不确定的原因：整个压力都担在作为个体的我们的肩上。我们要独自来定义自己，但是我们该怎么做呢？

现代世界的伟大理想之一，就是男人和女人的自我创造（self-made），个体单单依靠自己的能力、努力和决心，就能在资本主义经济中为自己创造一份优质生活。个体的发展不依赖于家庭、行会或其他任何团体。无论来自什么背景、种族、宗教，个体都能凭借他自己的优势获得成功。按照这种现代理想，人们可以靠自己搞定一切。他们能够在某种意义上创造自己。

克尔凯郭尔批评浪漫派反讽的核心就在于此，我们在这一章也要去探索这个问题。作为个体我们到底是谁？我们能真正地创造自己吗？还是说，我们在一些很重要的方面依赖于生命中无法掌控的其他东西？自我创造的人，这一理想本来应该是一个积极的理想，可以鼓励人们努力工作，但也可能带来可怕的情景。如果说我能在某种意义上创造我自己，依靠自己的能力获得成功，那么，我也极可能因为自己缺乏能力而一败涂地。在现代世界中，我是孤独的。这是一个可怕的情景，对如今的我们形成了重大挑战。

1 概说费希特

［89］费希特（Johann Gttlieb Fichte，见插图 5.1），是康德与黑格尔之间最重要的德国哲学家之一。他受到康德哲学的深刻影响，自视在某些方面传承了康德哲学的精神，同时也纠正了他所视为缺点的方面。1807年，费希特为躲避拿破仑战争中法军对德国的步步进逼，来到哥本哈根，在这里遇见了一群丹麦的学界精英。

图 5.1　约翰·戈特利布·费希特（1762—1814）

费希特最为著名的也许是他的主体性理论。他试图从根基开始,探明在哲学上能以绝对的确定性建立起什么。按照费希特的说法,我们所直接知道的东西,乃是我们的思想和感觉,这就是主体或者"我",如他所说,这个主体假定了它本身,因为再没有什么先在于它的东西。主体是最基本的可知之物,所有其他的知识都从它衍生而来。费希特这样从主体开始,也就沿用了笛卡尔那个著名的根基性起点——"我思故我在"。我们在拥有关于世界的知识以前,已经拥有了关于自我的知识。我们可能怀疑自己关于世界的知识是否正确,然而,我们的自我知识却直接而不容置疑。

[90]费希特的著作《知识学》(Science of Knowledge)的第一个命题是:主体与它自己认同,它不承认自身之外的任何东西拥有绝对的真理性和合法性。费希特试图用公式"我是我",或者"我等于我"来把握这一点,这个公式经常写成一个简单的等式:我=我。这个公式指向同一性法则,它是逻辑的基本法则之一,说的是每样东西与自身同一,或者A是A。费希特将"我=我"命题视为基础,因为该命题所赖以提出的法则对每个人都一目了然,无可置疑。费希特的"我是我"也指一个事实,即存在一个自我意识与其在整个外在、客观领域的种种表现(representations)所构成的统一体(unity)。"我是我"不仅包含主体,也包含主体所经验的世界。世界是什么样子,决定于主体如何表现。我认识到在世界中有独立于我的事情(我≠非我),但我接下来也认识到,更重要的是,世界是由我的认知能力产生的表现,在这个意义上,世界也是我自己的延伸。

像这样聚焦于主体,而否认任何实质性的客观领域,大大吸引了德国浪漫派。费希特似乎为他们提供了一个形而上的观点,支持他们将个体抬高到世界之上。费希特的理论直接聚焦于个体,似乎暗示客观领域——包括社会传统和中产阶级文化——是某种依赖

2 黑格尔与克尔凯郭尔如何分析费希特

在《哲学史讲演录》的末尾,黑格尔讨论了当时最重要的哲学运动,正是在这个语境中,他用一些篇幅探究了费希特的哲学。在陈述费希特的理论后,黑格尔提出两点批判。最重要的是,他认为,费希特所提出的这个"我"仅仅代表了自我意识的个体方面。[①] 普遍的或者社会的方面消失了。费希特勾画的自我只能与其他自我相隔绝或相对立,[91]因为在它们之外并无联合它们的东西。在这里,黑格尔十分明显地表示,自己站在拥护理性和启蒙运动的立场上,因为他宣称,个体在本质上由普遍的理性能力,而非由个体性的感受或者感觉来定义。因为我们都拥有理性能力,所以我们才能以相同的方式理解事物,进而才能互相联系,彼此理解。费希特的主体缺了这种共有的理性,因而只能与其他自我隔绝。此外,费希特的主体也与整个客观领域割裂开来,后者被说成"非我"(not-I)。没有了理性,个体就不能承认并认同整个社会领域的一些普遍元素,比如合乎理性的律法、习俗和传统。黑格尔说,

> 费希特式的哲学只认识到有限的精神,而没有认识到无限的精神;它没有认识到作为普遍思想的精神。(同上)

费希特的哲学只认识到关联中的一半,即主体那一半,却没有看到,主体通过思想和理性,与其他人、与客观和现实世界相连。

浪漫派从感受和感觉出发来定义人性,他们宣称那是对每个人

---

① 黑格尔,《哲学史讲演录》,前揭,卷3,页499。

而言独一无二的东西。然而,黑格尔指出,感受和感觉是我们与动物共有的能力,并不能定义我们所有人里面那真正属人的要素。只有理性能力才使共享的理念、文化和文明成为可能。此外,理性能力也是把我们彼此联合起来的东西,因为我们需要别的理性者承认我们,好成为我们自己。

黑格尔总结说,费希特是各种不同版本的主观主义和相对主义理论的重要先驱,这些理论都可以在德国浪漫派那里找到。详而言之,他将费希特的自我设定的自我(self-positing ego)理论与后来小施勒格尔的反讽理论联系在一起(同上,页507–508)。小施勒格尔笔下的反讽主义者不相信任何客观之物的真实性。黑格尔说,"这里的主体知道,自己在自己之内是那绝对者,其他所有一切对它而言都是空无"(同上,页507)。但是,黑格尔认为,没有人能长久地停留于这种相对主义,一个人总会在某个点上需要固定的真理或参照点。他指出,小施勒格尔本人最终也放弃反讽的观点,皈依了天主教。黑格尔认为,这证明小施勒格尔本人经过一段时间后,也逐渐认识到这种立场不合情理。

[92]克尔凯郭尔跟黑格尔一样,把费希特的理论回溯到康德的认识论。[①]对康德而言,人类头脑的能力塑造了我们感觉到的世界。空间和时间并非关于世界的客观事实,而是人类知觉工具的一部分。康德呈现的图景是,我们从外部接收到某个未成形的感觉材料,但随后,我们的头脑和知觉能力直接对材料进行加工,将其转化为我们惯常见到的那些具体而确定的对象。康德把这些对象叫做"表现",因为它们并非对象本身,而是认知过程的结果,我们通过认

---

① 关于克尔凯郭尔对费希特的评价,见《论反讽概念》,前揭,页272–286。

知来组织感觉所接收到的材料。

因此,在康德那里,我们对一个事物的表现,与脱离一切感觉主体的事物本身产生了分裂。康德认为,这个"物自体"(thing in itself)——克尔凯郭尔用德语 Ding an sich 来表达——不可能被人认识,因为我们不可能抽离掉人的认知能力而去构想它。认知能力是我们认识世界的途径,但一定程度上也在限制我们,因为我们不能避开认知能力去明白物自体是怎样的。这导致人们在接受康德哲学时产生一个巨大争议,因为它引发了人的怀疑:也许我们永远不可能知道我们对世上对象的表现是否真实,因为我们永远不能将我们的表现与物自体进行比较。

费希特回应了这些反对,他认为物自体的观念是多余的。他试图通过重新构想这一康德式模型来解决问题。费希特宣称,像康德那样把内容与形式分离是荒谬的。换言之,在康德那里,表现的内容来自无名的外在对象,但表现形式则由主体的认知能力提供,相反,费希特则宣称内容和形式必然彼此相联,因此没有必要想象出某个外在之物来与主体相对立。某种意义上,主体靠自己就能产生表现。基于这一点,他延伸了"我等于我"这个观念的含义,认为就世界是人类认知过程的产品而言,这一观念也意味着主体与外在世界同一。

[93]克尔凯郭尔与黑格尔对费希特上述观念的反驳非常相似:如果世界干脆变成了属人主体及其认知能力的延伸,那么,一切都被还原成了主体性,再无任何客观的东西剩下。克尔凯郭尔写道:

> 当费希特以这种方式把"我"无限化时,他推进了一种理想主义,任何现实在这种理想主义旁边都变得空洞无物。(同上,页273)

费希特的立场代表着对现实世界的彻底否定。真实和重要的是主体,我们身边的世界则不具备任何独立的存在。

费希特的立场对克尔凯郭尔有一定程度的吸引力,因为它代表了否定,对世界的否定。克尔凯郭尔将费希特视为对康德的一个重要改进,后者因其物自体的学说而没有将这种否定元素纳入其哲学,因为物自体尽管是未知的,却似乎为我们周围世界的客观真理设定了一个标准。相反,费希特否定这个世界,并展现出它是非实质性的(insubstantial)。我们已经看到,这就是苏格拉底在古代雅典所做的事,克尔凯郭尔正是为了这种否定而称颂苏格拉底。克尔凯郭尔相信这种否定的经验对每个人都很重要,并暗示其中有某种基督教的意味,他引用一句圣经经文说明这种否定的过程是必要的:"因为凡要救自己生命的,必丧掉生命。"[1] 这似乎在暗示,要想成为基督徒,人必须弃绝或否定世界,退回到自身。

3　小施勒格尔与蒂克如何化用费希特的理论

克尔凯郭尔再次承黑格尔指出,费希特自我设定的自我这一理论,构成了后来思想家反讽理论的基础,诸如弗·施勒格尔和蒂克(Ludwig Tieck)。但是,克尔凯郭尔认为,这些思想家由于试图在不同的语境下运用费希特的理论而歪曲了它。克尔凯郭尔表达了两点互有关联的反驳。他写道:

[在他们那里,]首先,经验的和有限的我与永恒的我混淆

---

[1]　《论反讽概念》,前揭,页274。参《马太福音》10:39,《马可福音》8:35;《路加福音》9:24,《约翰福音》12:25。

了；其次，形而上的［94］现实与历史的现实混淆了。①

费希特的主要目标是创造一套知识理论，纠正康德哲学的缺点。因此，他的自我设定的"我"作为抽象概念而存在，不是一个有生活经验的个体。相反，小施勒格尔和蒂克从费希特那里吸收了这个理论性的实体，将它构想为一个实际生活着的与呼吸着的人。换言之，他们试图把这个抽象自我当作真实世界中具体行为的模型来用。

具体而言，小施勒格尔和蒂克从费希特的理论中发现了一种强有力的工具，认为可以用它来批判中产阶级世界的习俗、价值观和信念。费希特提出的"自我"不承认自身以外任何东西的有效性，后来的这些浪漫派思想家就紧紧抓住这一点，作为一条途径，去摧毁当时社会中他们视为过时和反动的观点。

但是，克尔凯郭尔再次指出，浪漫派的做法与苏格拉底的反讽不同。我们已经看到，后者具有世界历史层面上的正当性。他说，浪漫派对反讽的运用则相反，它"不是为世界精神服务的"（was not in the service of world spirit）（同上）。苏格拉底探究并摧毁历史上已不再可行的具体信念，浪漫派则使用反讽来批判一切。他们的批判不加鉴别。他们的目标是拆毁社会，赞美具有自我创造能力的个体。的确，在任何一个社会，总有值得批判的事情，如腐败、裙带关系、伪善等等，但是，我们不能因此就说所有的社会都腐败、都充满裙带关系、都伪善。因此，浪漫派错在将批判普遍化，加诸一切事物，最终他们也批判完全合理和健全的事物。在浪漫派波及一切的全面批判中，所有的分别被冲刷一尽（同上，页276）。这种不加鉴别

---

① 克尔凯郭尔，《论反讽概念》，前揭，页275。

的批判绝非苏格拉底所做之事，相反，苏格拉底在他的受审中强调，遵循雅典的法律和传统很重要，比如人应当寻求神谕。浪漫派批判那些特定的、过时了的价值观和制度，并非为了寻求更深层的真理，而是为了高扬和赞美主体自我本身（同上，页283）。在这里，克尔凯郭尔认为黑格尔批判浪漫派是对的：[95]"在此我们也看到，这种反讽完全不正当，黑格尔对它的敌对行为完全名正言顺"。（同上，页275）

可以说，浪漫派反讽主义者的一个特征是，他们能在任何给定的时刻杜撰出一个新的自我来。既然他个人历史的真实性（跟一切其他事情的真实性一样）是全然主观的，他就可以自由地在任何他想要的时候改写他自己的历史。关于他的人生和过去，没有任何实质性的或者与他绑定的东西。当我们诉说自己的人生故事时，我们自然会用一种正面的语气，或者把事情特别地颠转一下，以符合我们当前的利益。过去似乎无关紧要的东西，从目前的角度来看却有了极大的重要性；类似地，另外一些过去非常重要的东西却被遗忘了，因为似乎已经跟现在毫不相干。在这个意义上，我们的过去并非静态的事实材料，而是在很大程度具有流动性。浪漫派将这一点拔到新的高度，他们常常基于那些倏忽来去的念头或情绪来讲述他们的过往。他们认为，既然客观的外在现实并不存在，他们就可以自由地以自己乐意的任何方式，解释世上之事和他们的过去。

克尔凯郭尔由此指出，浪漫派对历史本身不感兴趣，即对具体材料和历史上曾实际发生之事的证据不感兴趣。相反，他们着迷于传奇、神话和故事（同上，页277-278）。再一次，克尔凯郭尔承认，黑格尔在理解历史的现实性（actuality）和批判小施勒格尔这两方面都是正确的（同上，页278）。黑格尔认为，人类历史的发展中有一个客观存在的意义或逻各斯，不管对历史有多少种不同的解释，它都是真实的。不仅人类历史如此,单个个体的生活亦是如此。

克尔凯郭尔用浪漫派的口号"诗意地生存"(living poetically)来把握反讽主义者的观点(同上,页280)。也许有人认为,这个口号意味着一个人有良好的艺术品味,并且将艺术作为他生活方式的一部分,但这不是浪漫派的主要意思。同样地,我们也需要小心,这里的"诗意"也不是指我们通常称为诗的东西。这里所谓诗意的生活,指创作那些虚构的故事,或者说,当人不断创作虚构的故事时,他就活得好像他的人生就是一部虚构的故事一样。因此,诗意地生存,是说一个人能够不断地、在任何既定的时刻重新编造他的生活,像讲述一个虚构故事那样[96]创造他的人生。这就意味着用艺术的敏感来构造自己的生活,而非毫无创造力地遵循社会规则和惯例。在这里,虚构的要素是关键,它表明浪漫派反讽主义者与现实中的任何东西都不沾边。他们的存在中没有任何他们认为具有任何合法性的现实元素。一切都是虚构,他们可以按照自己所乐意的去解释和再解释。克尔凯郭尔批判这种观点,因为他相信,存在中有某些不可撤销的事实,例如,我们是上帝的造物,这不是我们可以随意选择去重新解释的东西。就我们是受造之物而言,我们的存在依赖于上帝。相应地,这也表明基督徒试图达到某种确定的人生目标。然而,浪漫派反讽主义者不承认任何这样的客观事实或存在,也不承认任何这类超越人自己所设定的有限目标之上的目标。

4 克尔凯郭尔对弗·施勒格尔的分析

克尔凯郭尔较详细地探究了弗·施勒格尔(见插图5.2)对费希特主体概念的化用(同上,页286-301)。克尔凯郭尔同意黑格尔对小施勒格尔小说《卢琴德》的分析,认为这部小说代表了浪漫派的

图 5.2 弗里德里希·凡·施勒格尔(1772—1829)

观点。① 这部小说追溯了年轻人朱力斯(Julius)与他挚爱的卢琴德的爱情。施勒格尔的目标,是颂扬这对虚构的情侣之间那种自由、激情的浪漫之爱。真爱只存在于不受约束的自发性狂喜中,不受其他方面的顾虑如谨慎、体面、家庭纽带或财务问题所牵制。这本书出现后引起一些争议,被视为不道德且冒犯了中产阶级的价值观。在当时的标准看来,书中所暗示的朱力斯与不同女人之间的性爱关系实在伤风败俗。

在这著作中,朱力斯被描述成一个不尊重社会规则的人。他口无遮拦地谈论他如何引诱不同的女人。但恰恰是这些[97]情爱,让朱力斯陷入了沮丧和幻灭,直到找到他的真爱卢琴德时,他才得到救赎。由此,小说旨在展示朱力斯如何在与一个受他尊重的女人

---

① Friedrich Schlegel,《卢琴德,一部小说》(*Lucinde. Ein Roman*), Berlin: Heinrich Fröhlich, 1799。英译本为 *Friedrich Schlegel's Lucinde and the Fragments*, Peter Firchow 译, Minneapolis: University of Minensota Press, 1971。

的成熟关系里,发现真实且自发性的爱之火花,从而找到那或许可称为"新的直接性"(new immediacy)的东西。就这样,朱力斯再次发现了他在世界中的位置,而之前他曾在世界中迷失。尽管从前犯下重重罪过,他还是得到了拯救。

小施勒格尔认为,中产阶级社会的兴起扼杀了真爱。按照这种观点,在人类历史上的某个更早的时期,男人和女人是基于自然性情自发地走到一起。他们不受发财、争夺继承权或者攀龙附凤之类的目的驱动。对对方的爱就是全部。克尔凯郭尔认为小施勒格尔的这个描述多少有些天真,并认为浪漫派处理历史的方法,往往是把历史事实放在同时代的意识形态之下。施勒格尔和浪漫派自诩要重建一个往昔的田园时代,但事实上这是他们创造出来的虚构故事。① 从来没有一个时代,人的动机曾如此纯粹,也很难想象,未来的某个时代,他们的动机会变得如此纯粹。克尔凯郭尔还指出,小施勒格尔的进路中有一个矛盾之处:一方面,著作《卢琴德》要颂扬自发的、[98]直接的爱这种天真和原始的概念,但另一方面,它对中产阶级道德的批判却建立在精心设计且深思熟虑的社会批判之上,因此既不是自发的,也不直接(同上,页289)。

然而,克尔凯郭尔主要想批判小施勒格尔的方面在于,小说《卢琴德》并非仅仅攻击某些具体的观念或价值,而是试图摧毁所有的伦理(同上,页290)。小说提出的看法是,一切从传统文化而来的伦理和价值,在根本上都是专断的,浪漫派反讽主义者可以自由地弃绝之,创造他们自己的伦理和价值。此外,与爱情和婚姻相关的中产阶级伦理,甚至是压制人和有害的。于是,反讽主义者将自己视为对抗中产阶级伦理的解放运动的领袖。但是,这种绝对的否定是

---

① 克尔凯郭尔,《论反讽概念》,前揭,页288–289。

未加鉴别的。因为它批判的是整个伦理,所以它的批判不仅指向中产阶级伦理中那些该当批判的方面,也指向那些合理和正确的方面。在这个意义上,小施勒格尔作出的批判并不公正。

我们看到,克尔凯郭尔使用"诗意地生存"这一表达来描述反讽主义者,在论述小施勒格尔的这节文本中,他更深入地阐明了"诗意地生存"必然带来的后果。他写道:

> 要问什么是诗,我们也许会笼统地说,诗就是胜过世界;诗通过否定不完善的现实,打开了一个更高的现实。(同上,页297)

诗意地生存,就是拒绝传统的习俗和价值,换上自己那一套。通过这种方式,一个人就"否定"了现实世界,即否定了由既定习俗所构成的世界。此外,人也为自己创造了一个更高的现实,即他自己的一套价值。

克尔凯郭尔认为,小施勒格尔以某种更高之物的名义去摧毁中产阶级伦理的努力,在根本上并不成功,因为《卢琴德》这本书提倡的伦理似乎是一种感观愉悦伦理。尽管中产阶级伦理的某些方面无可否认存在问题,但简单地攫取直接的感官愉悦,绝不能视为什么更高的伦理境界。激发这部著作的意识形态诉求,乃是诉求人从社会的压抑中得到自由和解放,但是作为交换,人却成了受自然欲望驱动的、需要满足各种感官需要的卑贱的奴隶。我们当然难以把这视为崇高形式的自由(同上,页301)。

[99]应该注意的是,就在克尔凯郭尔研究这些东西期间,他与蕾琪娜(Regine Olsen)订了婚。我们很想知道,他所读到的小施勒格尔关于爱情和中产阶级婚姻的观点,在何种程度上对他起了作用,导致他最终解除了这个婚约。无论如何,这些分析对克尔凯郭尔产

生了巨大影响,因为他即将用后来的大量著作来研究婚姻的利弊问题。例如,在《或此或彼》,即紧接着《论反讽概念》而写的这本书里,他以年轻的朱力斯身上的某些要素为原型,塑造了著作第一部分中那个为浪漫派爱情观辩护的无名作者,同时也塑造了他在《一个诱惑者的日记》(The Seducer's Diary)中描画的那个诱惑者。他还创造了威廉法官(Judge William)的形象,把他作为此书第二部分的作者。威廉法官是一个已婚的市政官,在中产阶级社会的婚礼制度内捍卫爱的美德,可以看出,克尔凯郭尔在其中融入了成熟之后的朱力斯观点中的要素。《或此或彼》是这两种世界观之间的对话,但实际上,这场对话在《论反讽概念》的第二部分就已经开始了。

5　克尔凯郭尔与穆勒

穆勒(Poul Martin Møller)是丹麦黄金时代的一个重要人物,往往被人视为克尔凯郭尔的伟大导师之一。穆勒首先是一个古典学者,是他激发了克尔凯郭尔对古希腊的热爱。很有可能,也是他鼓励了克尔凯郭尔以苏格拉底的反讽观念为题来写作硕士论文。穆勒住的房子就在法院另一边,与克尔凯郭尔家所住的公寓相对。

穆勒曾于1826至1830年间在挪威任哲学教授,之后他在哥本哈根大学谋得一个职位,从1831年起在那里执教,直到1838年去世。穆勒是克尔凯郭尔的导师,而且有证据证明他们渐渐成了朋友。穆勒的影响可以从一个事实见出,那就是克尔凯郭尔在1844年将《焦虑的概念》(The Concept of Anxiety)一书题献给穆勒。在这本书的献词中,克尔凯郭尔说穆勒首先是"苏格拉底的知己"。①[100]克尔凯郭尔也在《最后的非科学性的附言》里写了一段相当奉承穆勒的话,讨论穆勒对黑格尔主义的批判。②

穆勒死于1838年,比克尔凯郭尔的父亲早几个月。这二位的逝世在克尔凯郭尔内心引起巨大震动。据说穆勒的死改变了克尔凯郭尔对待人生的态度。在哥本哈根大学的最初岁月里,克尔凯郭尔对剧院、文学和昂贵衣服的兴趣,超过了对研究神学的兴趣。因为他来自富裕的家庭,没有那种必须完成学位以确保毕业后能够谋生和求职的压力。但在老师穆勒和他父亲去世后,他开始认真地学习,几年后,也就是1841年,他以《论反讽概念》完成了他的研究。

穆勒本人在生命的最后阶段陆续提出了一些关于反讽的观念。在他死后出版的著作里,有一份文稿,看起来他计划在这个主题上写一部长篇著作。草稿题目与克尔凯郭尔的论文在字面上完全相同:"论反讽概念"。克尔凯郭尔在《论反讽概念》里处理过的许多方面,草稿中也有论及。与克尔凯郭尔一样,穆勒在文稿中讨论了黑格尔和费希特的理论,批判浪漫派运用反讽来攻击资产阶级文化。他总结说,浪漫派的反讽必然"终结于空洞无物和道德虚无主义"。③手稿和克尔凯郭尔著作的相似观点表明,克尔凯郭尔的硕士论文也许是在穆勒的指导下,跟穆勒一起完成构思的,然后在穆勒死后,克尔凯郭尔完成了这篇论文,具体阐述穆勒未及完全展开的一些洞见。

----

① 克尔凯郭尔,《焦虑的概念》(*The Concept of Anxiety*), Reidar Thomte、Albert B. Anderson合译, Princeton: Princeton University Press 1980,页5。

② 克尔凯郭尔,《最后的非科学性的附言》,1–2卷,前揭,卷1,页34注释。

③ 穆勒(Poul Martin Møller),《论反讽概念》("Om Begrebet Ironie"),收于《死后出版的作品》(*Efterladte Skrifter*),六卷本,Christian Winther等编,Copenhagen: C. A. Reitzel 1848–1850,卷3,页152–158, 154。

在《日记DD》(Journal DD)里,克尔凯郭尔详述了他与穆勒在1837年6月30号的对话,那是在穆勒离世之前不到一年。① 讨论涉及苏格拉底,关键主题包括反讽和幽默。[101]他们也对苏格拉底和耶稣进行了比较。所有这些要素,在大约四年后克尔凯郭尔完成的《论反讽概念》中都可以找到。

穆勒的妻子于1834年去世,年方29,此后,穆勒开始深入关注永恒问题。1837年,他针对当时德国文学界关于永恒的讨论发表了一篇长文。② 在文中他指出,在他眼中看来,时下知识分子生活的最大特征就是虚无主义。他看到,在德国浪漫派和德国的一些哲学思潮中都有一种倾向,想要反对传统的基督教价值观和信念,却又没有以新的东西去取代它们。穆勒认为,这最终导致了否定任何意义和永恒价值的存在。穆勒批判这种倾向,认为必须保持基督教世界观的完整。穆勒在文章中用"虚无主义"这个术语来表达的东西,与克尔凯郭尔所说的"反讽"紧密相关。毫无疑问,穆勒批判地对抗虚无主义,对克尔凯郭尔《论反讽概念》的成书起到了塑造作用。

6 克尔凯郭尔的"有节制的反讽"理念

克尔凯郭尔以一个简短的章节结束了《论反讽概念》,标题是

---

① 《克尔凯郭尔的日记与笔记》,前揭,卷1,页216–217, DD:18。

② 穆勒,《思考人类永恒之证明的可能性,参照此课题最新的文献》("Tanker over Muligheden af Beviser for Menneskets Udødelighed, med Hensyn til den nyeste derhen hørende Literatur"["Thoughts on the Possibility of Proofs of Human Immortality, with Reference to the Most Recent Literature Belonging Thereto"]),载于 Maanedsskrift for Litteratur,卷17,1837,页1–72, 422–453。

"反讽作为有节制的要素,反讽的真理"。[①] 读完全书主体部分的详细分析之后,如此简短的结语让读者大吃一惊,它几乎像是在敷衍。他在这一章给出了自己对于苏格拉底反讽和浪漫派反讽的替代方案。学者们为这一章的含义争辩,因为其中有些要素,本身就可以解读为是在反讽。因此,虽然克尔凯郭尔似乎正在提出本书的结论,但一些诠释者认为,他同时也在指出一个不同的方向。

克尔凯郭尔在这章开篇就从艺术的语境来分析反讽,他提到几位在他看来[102]正确地使用了反讽的作家:莎士比亚、歌德、丹麦作家海伯格。他称这些人是伟大的诗人,因为他们拥有克尔凯郭尔所说的"对世界的整体性观点"(a totality-view of the world)。[②] 他的意思似乎是,这些作家拥有一种统摄性的、贯通的世界观,这使得他们可以有序地构思自己的艺术作品。在他们的诗作中,他们可以组织和平衡大量不同的元素。克尔凯郭尔赞扬他们,因为他们能够将反讽作为一种个体方面的要素,有效地运用到写作中。他们能找到正确的时间、地点插入个别反讽,让反讽好好地发挥作用。他们是反讽大师,因为他们决定究竟什么时候该使用反讽,并营造出最适于反讽的情境。这与浪漫派反讽相反,如我们所见,浪漫派反讽是整体性的反讽。浪漫派无法将反讽作为诸多技巧中的一种技巧来控制,他们实际上被反讽控制或统治着,反讽在他们那里成了高于一切的要素。于是,克尔凯郭尔推荐他所谓的"有节制的反讽",即在特定和合适的情况下使用反讽。

接着,克尔凯郭尔从反讽在艺术中的运用,转向反讽在生活上的运用。在这里他是指他之前的描述:"诗意地生存"(同上,页

[①] 克尔凯郭尔,《论反讽概念》,前揭,页324-329。
[②] 克尔凯郭尔,《论反讽概念》,前揭,页325。

326)。他显然是在暗示一种"有节制的反讽",即大体上承认社会惯例和习俗,但又不是不加批判地承认。这样的反讽用于反对社会上有瑕疵的方面,而不是反抗整个社会。他写道:

> 在我们的时代,已经有许多人谈到怀疑对科学和学术之重要性,但是,怀疑对科学有多重要,对个人生活也就有多重要。正如科学家们坚称没有怀疑就没有真正的科学,同样,我们也可以同样正当地坚称,没有反讽,真实的人类生活就不可能。(同上)

一定程度上,这是对马滕森的引用,后者以"应该怀疑一切"为口号,宣称哲学必须以怀疑开始。克尔凯郭尔仿佛在说,要成为真正的人,我们所有人都必须在某个时刻经历批判性反思的阶段,对我们继承下来的信仰和做法进行批判性的探究,扬弃其中不正确的东西。克尔凯郭尔由此含蓄地同意了苏格拉底的著名宣称,即未经检审的生活[103]不值得去过,或者换一种说法,未经检审的生活不能使人独一无二的能力得到充分发展。他总结说,反讽是"个人生活的绝对开端"(the absolute beginning of personal life)(同上)。个体通过以节制的方式使用反讽,就能与自己所处的文化、与既定的事物秩序保持一个反思性和批判性的距离,而不是像浪漫派做的那样,试图摧毁它,或者使自己与它疏离。

在他所有著作中的一个最重要的段落中,克尔凯郭尔将"有节制的反讽"这个观念与基督信仰联系起来。他说,这种类型的反讽在时下尤其重要。他批判性地回顾了当时重大的科学进步,并指出,

> 今天,不仅是关于人类秘密的知识,甚至关于上帝秘密的

知识,也以如此低廉的价格被出售,以至于知识看起来极为可疑。在我们为时代的成就欢喜雀跃时,我们已经忘了:每一项成就如果不能成为个人自己的成就,都毫无价值。(同上,页327)

他在此含蓄地让人回忆起苏格拉底和主观认知的重要性。克尔凯郭尔的同时代人,就像苏格拉底的同时代人一样,都声称拥有关于不同事物的了不得的知识。但知识是不能像货币那样,按票面价值来接受的。知识必须由每一个个体去探究,每个人都要亲自把知识化用到自己身上。克尔凯郭尔在这里所说的"上帝的秘密",不能作为一种客观知识被习得,而必须内在地化用到每个个体里面。这一主张在克尔凯郭尔后来的著作中反复出现。当一个人想要批判克尔凯郭尔视为错误的观点,即我们可以从客观上认识上帝的秘密时,反讽就开始起作用了。他认为,对时人广泛持有的这一观点,值得用反讽加以批判。因此,反讽在现代世界扮演着重要角色。

在一个具有深刻煽动性的段落里,克尔凯郭尔化用了耶稣在《约翰福音》14章6节说的一句话,"我就是道路、真理和生命",但他把这话修改了一下,写作"反讽作为否定就是道路;它不是真理,而是道路"(同上)。他用这话强调了反讽的否定层面,也就是他在全书谈到苏格拉底时一贯所主张的。他似乎暗示,反讽是使人到达基督信仰的一个基本要素。人们将基督信仰想象成一个肯定的、客观的学说,要想瓦解这些错误[104]观念,就有必要采用反讽。一个人只有从这些错误观念中解放出来,才能通过内在化用的方式,拥有与基督信仰的正确联系。因此,反讽作为一种否定的力量,并不是真理本身,而是让个体预备好去自己发现真理的途径。

7　克尔凯郭尔的论文答辩与《论反讽概念》的影响

克尔凯郭尔在1841年夏初完成了《论反讽概念》,6月3日提交给哲学系。系主任是哲学教授斯伯恩(Frederik Christian Sibbern),他负责召集答辩委员会来评议这篇论文。他将论文分发给了几位古典语文学家,即马德维格(Johan Nikolai Madvig)、彼得森(Frederik Christian Petersen)和伯恩斯特(Peter Oluf Brøndsted),还有后来接任哥本哈根大学校长的物理学家奥斯特(Hans Christian Ørsted),最后是马滕森,我们已经讨论过这位年轻的神学家。

答辩委员会同意,这篇论文当然达到了学位所需求的学术水准,但他们对论文的语言有重大保留意见,甚至建议克尔凯郭尔重写,删掉他们认为风格上过于夸张的地方。他们批评论文没有学术著作当有的语气,在学术语境中,像克尔凯郭尔那样妙语连珠并不合适。奥斯特在他的报告中说:

> 事实上,我认为这篇论文[《论反讽概念》]体现出非同小可的思想力量,但我还是忍不住要否定它,因为它总体上给我留下了不愉快的印象,我尤其反感它的两个方面:冗长和做作。[①]

1841年9月29日,克尔凯郭尔的论文举行公开答辩。按照传统,口头答辩得用拉丁语而非丹麦语。答辩中,正式的辩论者或者提问者是斯伯恩和奥斯特。观众席上的人也可以提问,而且,所有七个非正式提问者也都有机会对克尔凯郭尔的论文提问。在最后

[①] 《遇见克尔凯郭尔:同时代人眼中这个人的一生》,Bruce H. Kirmmse 编译,前揭,页32。

形成的正式答辩报告中,斯伯恩和奥斯特赞扬了[105]克尔凯郭尔能够自信地回答答辩委员提出的问题。①

答辩后,克尔凯郭尔将《论反讽概念》的副本和一封友好的信件寄给了博杰森(Ernst Bojesen),他是克尔凯郭尔在市民美德学校的拉丁语和希腊语老师。②1840年博杰森在索霍学会(Sorø Academy)谋得一席职位,因此已经离开哥本哈根。博杰森收到论文以后,写了一封信给他的同事,语言学家马德维格——大概知道他是克尔凯郭尔论文审察委员会中的一员——委托他向克尔凯郭尔表达谢意。这封信成了博杰森思索《论反讽概念》的内容以及思考克尔凯郭尔个性的一个契机。他回忆起一段时光,那时克尔凯郭尔应该还是个大学生,正在研究这个课题,"他跟每个人在大街小巷到处跑,像一个现代的苏格拉底,与他们聊天,传播他的理念"。③这段描述明显刻画了克尔凯郭尔个性与活动中那个人尽皆知的面相。年轻的克尔凯郭尔似乎认同苏格拉底,并在某些方面模仿苏格拉底。

克尔凯郭尔拿到学位之后一定如释重负,但更重要的是,《论反讽概念》帮助他在大量问题上发展了自己的思想。现在,当他沉思自己的未来时,他硕士论文中的某些重要议题,难免会融入他后来的著作和人生观。

---

① 《索伦·克尔凯郭尔全集》(*Søren Kierkegaards Skrifter*),28卷本,评论卷1–28, Niels Jørgen Cappelørn等编, Copenhagen: Gad Publishers,1997–2013,卷1,评论卷1,页144。

② 克尔凯郭尔,《凯尔凯郭尔:书信与文件》(*Kierkegaard: Letters and Documents*), Henrik Rosenmeier译, Princeton: Princeton University Press,1978,书信48,页89。

③ 这封信收在《索伦·克尔凯郭尔全集》中的评论里,评论卷28,页355–356。见页356。

8 蕾琪娜·奥尔森

克尔凯郭尔写作《论反讽概念》期间,已经在与年轻的蕾琪娜·奥尔森谈那场著名的恋爱。1837年秋,他在拜访哥本哈根郊区腓斯贝(Frederiksberg)的朋友们时,遇到了年方十五的蕾琪娜。① 蕾琪娜与家人生活在一起,[106]住在博斯迦德街(Børsgade)66号,那座房子就在老证券交易所(Stock Exchange)的建筑后面(见插图5.3)。

图5.3 哥本哈根证券交易所

显然,克尔凯郭尔和蕾琪娜用了大概三年时间了解彼此,1840年的8月和9月,在克尔凯郭尔即将写完论文时,他们的恋爱到达了最关键的阶段。9月8日,他在街上遇见蕾琪娜,就陪她回家,她家人都不在,他请她为自己弹一首钢琴曲,就像她经常做的那样。

---

① 《克尔凯郭尔的日记与笔记》,前揭,卷1,页47,AA:53及AA:54。

过了一会儿,他合上乐谱,告诉蕾琪娜,他此次来访的目的并非听她弹琴。接着,他以自己与众不同的方式向她求婚,这明显使她吃了一惊。她直接站起来,迅速把他带出房门,没有给他任何明确的回应。于是,克尔凯郭尔去见蕾琪娜的父亲———一个头衔很高的市政公务员,恳求他把女儿许给自己,让他和她牵手一生。蕾琪娜的父亲也吃了一惊,但是他说,只要女儿同意,他就不会阻拦。两天后的9月10日,蕾琪娜(见插图5.4)同意了,两个人订了婚。此次婚约持续了大概一年时间。

图5.4 蕾琪娜·奥尔森(1822 —1904)

[107]订婚后不久,克尔凯郭尔和蕾琪娜在皇宫后的拱形过道见面了,就在环形骑道的旁边。① 蕾琪娜后来写道,克尔凯郭尔好像

---

① 《遇见克尔凯郭尔:同时代人眼中这个人的一生》,Bruce H. Kirmmse 编译,前揭,页44。

突然变得冷若冰霜,一副拒人于千里之外的样子。但她逐渐地理解了这是忧郁症的一种表现,这种疾病一直在克尔凯郭尔的家族中蔓延。但是,这没有阻止她想要成为克尔凯郭尔的妻子。

然而,克尔凯郭尔从某一刻起开始对婚姻生活的前景充满疑虑。1841年8月,他最终确定自己不能继续这一婚约。关于他为何如此决定,已经成了无休无止的话题,许多人给出不同的原因,试图解释他为什么改变初衷。1841年8月11日,克尔凯郭尔取消了婚约,将戒指还给蕾琪娜。他给她写了一封道别信,有些奇怪的是,他后来一字不差地将这封信收入假名著作《人生道路诸阶段》中。

> 为了不再继续预演那毫无疑问必将发生的事情,那一旦已经发生则肯定会给予人所需力量的事情——那么就让它发生吧。最重要的是,忘掉写下这段文字的人;原谅这么一个男子吧,他即便有些能耐,无疑仍没有能耐使一个女孩幸福。"原始信件已经不存在,但是克尔凯郭尔在日记里写道:"可是必须分手——我在一封信中将戒指送还给她,后来这封信一字不差地收在那本假想的心理学解释里。(《人生道路诸阶段》,"Supplement",页661)①

[108] 蕾琪娜心烦意乱,恳求他不要与她分手。她的父亲邀请克尔凯郭尔来家里,他说蕾琪娜很心烦,所有安慰都没用,请克尔凯郭尔重新考虑这个决定。克尔凯郭尔答应会尽力安慰她,但是,他在二人结婚的重要议题上毫不动摇。他与蕾琪娜聊了几句,最后一次亲吻她,然后离开,而蕾琪娜最终只能认命。

---

① 克尔凯郭尔,《人生道路诸阶段》(*Stages on Life's Way*), Howard V. Hong、Edna H. Hong译, Princeton: Princeton University Press, 1988,页329–330。

哥本哈根是一个不大的城市,取消婚约的事迅速传开,很快被视为一桩丑闻,弄得人尽皆知。奥尔森家极其愤怒,感到公开受了羞辱。克尔凯郭尔努力把自己营造成一个公开的无赖形象,以便将指责引到自己身上,以免伤害蕾琪娜的自尊心。在这种情形下,哥本哈根的氛围对他自然很不友好,因此,他决定去普鲁士的首都柏林旅行。1841年10月25日,他坐船去了柏林。

9 创造自我:现代问题

克尔凯郭尔对小施莱格尔和浪漫派反讽的批判性论述,对于现时代的我们具有极为重要的意义,尽管其间的关联或许并不显而易见。"诗意地生存",是指浪漫派反讽主义者从凝固的社会现实中释放自我,任意创造自我。他们向公众展示某种自我形象,表明他们有能力按照自己的预设去生活,摆脱中产阶级社会的约束。"诗意地生存"这个口号听起来像是某种异国情调的、不能直接理解的东西,其实,它描述的生活方式跟我们大家都有的某种现代体验差不了太多。我们所有人都试图以这样或那样的方式,展示某种公开的自我形象,体现我们所看重的正面特点和性格:我们希望让人看到我们有趣、智商高、吸引人、有才华等等。[109]我们讲述自己的故事时,无不在强化这些特征。想想在线社交网站。在脸书(Facebook)上,我们向朋友和熟人展示某种特定的自我画像。某种意义上,我们还在不断更新着这种直播着的自传。

但是,我们发在脸书上的形象,与我们的生活、阅历和个性的整体经常有偏差。我们都有特定的性格缺陷,但我们试图掩盖那些特殊的窘迫或羞耻的经历。这些东西让我们焦虑,我们不会把它们放到脸书页面上,但它们仍然属于作为个体的我们。因此,一个人想要培育的公众形象与真实的自我之间产生了分裂,可以想象,后者与公众形象会有一部分重叠,但它也包含了更多不那么讨好人的东西。

我们在这里能看出克尔凯郭尔批判浪漫派"诗意地生存"观点时的框架。有的人把他们在脸书页面传达的形象太当回事儿,以至于它成了真。他们试图忘记自己身上不符合这个形象的那部分个性。这是真实性的问题。真实的人对自己的自我诚实,就是说,他们完全知道自己正在用脸书上的个人档案构想一个虚构故事,他们知道而且真实面对自己个性中那些不那么讨好人的方面。他们对自己真诚,他们认识到自己的缺陷,视之为需要改进之处。但遗憾的是,不是每个人都如此真诚。也有些人是不真实的,他们相信了自己对自己说的谎言,因为谎言让他们在公众眼中看起来更像样些。他们表现得好像公众形象就是他们真实的存在状态,他们无法认识到自己的任何失败或缺点。浪漫派可以设法去诗意地生活,现代人可以设法像他的公众形象那样生活,可是,某种程度上这始终只是一种虚构,与他们真实的自我分离。这些例子证明,我们直观地相信我们拥有某种自我,这个自我不能仅仅通过重新解释我们的生活或更新我们的脸书页面而随意改变。总有一些事实,无论好坏,是我们无法逃避的,我们不可能真正做到视而不见。

于是我们回到了开始时的问题:什么才是那个真正的自我?什么使我成为我?好吧,假设我已经尽可能地诚实和真实,我也公开承认我的缺点、我的失败和我的负面性格,等等。可是,我完全做到过这一点吗?我能获得关于我是谁的绝对透彻的认识吗?我们都认识一些对自己过分苛刻的人,他们夸大关于他们自己和他们性格上的负面东西。他们的自我形象正好与我们刚才讨论过的形象相反:他们不是过分强调正面的东西,而是过分强调了负面的东西。

归根结底,两种人中无论哪种人,都没有准确地反映真实的自我。鉴于我们都可能自我欺骗,我们还有可能得到关于自己的准确观点吗? [110]我们都有这样的经历:别人看我们的性格或处境,比我们自己看得更透彻、更有洞见。其他人可能透彻地从局外看到我们身上的某些东西,而那对我们自己而言却是盲点。但同样地,其他人也有自己的问题和自己的自我欺骗,所以,我们为什么就要优先考虑他们的观点,甚于我们自己的观点呢?

在这里,我们看出这个议题有多么复杂。我们本能地相信,我们独一无二又特别。我们想要相信,我们能自由地按照我们的兴趣和能力创造自我。我们想要说,关于我们和我们的性格,有一些绝对的和不可缩减的东西。但是,一旦我们试图去定义这个东西是什么,问题就来了。因此,克尔凯郭尔对小施莱格尔和浪漫派反讽的批评,向现代读者问了一个问题,这个问题对我们所有人都很重要,或者说应当很重要:我是谁?

六

克尔凯郭尔的苏格拉底使命与著作的开始：1843年

[111]现代世界对我们提出了很多要求。世事飞速变化,我们被迫去适应和学会新的事情,以便有能力在这个瞬息万变的世界中生存。在一定意义上,现代社会是强制性的,因为我对这些变化碰巧抱有什么看法根本无关紧要,相反,如果我要继续作为社会一员参与其中,我就不可避免地得以这样那样的方式被迫顺应变化。但是,如果特殊的社会或政治革新到来了,而我对它严重质疑或不赞同,那么我应该怎么做呢?我应该觉得自己有义务顺应这些我并不赞同的事情呢,还是说,我应当觉得它们扰乱了我的道德良心,或者我的伦理和宗教信念呢?有一些群体感到他们与文化的某些方面格格不入,于是他们试图与主流分离,建立自己的小社会,尽可能地忽视他们周遭的大社会。这也许像一个不错的解决方法,但是,这样的群体经常因为分离和脱离主流,付出高昂的代价。他们不得不在自己所处的社会中过一种边缘化的和疏离的生活。

从黑格尔对苏格拉底在古希腊社会的角色分析,我们已经看到,统治社会的乃是传统的习俗伦理,但是关键在于,个体有权用自己的理性去评价习俗伦理,要么赞同,要么反对。这是良知的权利。克尔凯郭尔在这一点上同意黑格尔,他们都将苏格拉底视为伟大的革命者,他试图坚持个体的权利。然而,这些议题并不仅仅具有历史上的意义。[112]今天我们也会谈论公民勇气之类的东西,即个体在面对腐败的政府和制度时,试图起来捍卫自己的信念。新闻记者、政治活动家和有良知的人们,今天冒着生命、名誉、生计的风险,公开讲出他们在自己周围看到的不公正现象。

在这些情况下,个体的权利应该是什么?尽管克尔凯郭尔通常被视为一个宗教作家,但关于这类涉及政治和社会理论之类的议题,他的著作也包含富有洞见的考量。在这一章,我们来看看克尔凯郭尔在他取得学位并开始写作生涯后的早期作品中,如何在苏格拉底的启发下探索这些议题。

1 克尔凯郭尔在柏林

1841年10月25日到1842年3月6日,克尔凯郭尔待在柏林,他在大学里听课,同时开始撰写下一部著作。他在御林广场(Gendarmenmarkt)正对面的嘉格街(Jägerstrasse)57号租了一个房间。

柏林大学(见插图6.1)当时出了一件大事,就是返聘了老哲学家

图6.1　柏林大学

谢林(Friedrich Wilhelm Joseph Schelling),他是德国观念论的黄金时代唯一还在世的代表人物——费希特死于1814年,而黑格尔死于1831年。在整个19世纪30年代及40年代初,黑格尔的学生对知识分子的生活产生了深刻影响。左派黑格尔主义者,包括费尔巴哈、戴维·施特劳斯、马克思(Karl Marx)、恩格斯(Friedrich Engels)、鲍尔(Bruno Bauer),代表着一种据认为会同时摧毁宗教和政治的危险潮流,因此,普鲁士国王下决心要对付它。他决定委任谢林来与之斗争。谢林和黑格尔年轻时曾是好友,但二人逐渐分道扬镳,彼此还爆发过一场论战。

谢林已经从公众视野中消失了很多年,因此,当人们听说他接受了柏林大学的委任时,可谓一石激起千层浪。学生和教授们都热衷于看看谢林[113]会怎么说黑格尔派,黑格尔派又会如何应对。他的课堂人满为患,并且迅速成为城里的话题,甚至在当地报纸中都有报道。克尔凯郭尔也听了谢林的课,《笔记11》中就有他的课堂笔记。① 他似乎一开始对谢林充满热情,但很快厌倦,后来干脆不再做笔记。克尔凯郭尔在1842年2月写给哥哥的一封信里写道:"谢林说的都是些让人难以忍受的废话。"又说:"听课的我太老了,正如讲课的谢林也太老了。"② 这段时期,克尔凯郭尔也去听了黑格尔派神学家马海内克(Philipp Marheineke)的课。他的《笔记9》和《笔记10》中有些就是在马海内克的基督教教义学课上做的详细笔记。③ 克尔凯郭尔也去听了黑格尔派[114]逻辑学家云德尔(Karl

---

① 《克尔凯郭尔的日记与笔记》,前揭,卷3,页303-366,NB11:1-40。
② 克尔凯郭尔,《凯尔凯郭尔:书信与文件》,前揭,书信70,页141。
③ 《克尔凯郭尔的日记与笔记》,前揭,卷3,页243-273,NB9:1;页285-298,NB10:8-9。

Werder)的课程,课堂笔记也保存在上述笔记本中。①

除了这些学术上的追求,克尔凯郭尔在柏林时也去剧院,同时也在考虑他这一生到底想做点什么。他刚刚完成了论苏格拉底和反讽的论文,这给他提供了一个模型。他决定开展一系列的写作,在其中融入更多的苏格拉底元素,尤其是反讽。他要使用与苏格拉底相同的策略,去撼动当时诸多在他看来错误的观点。

在《作为一个作者对我著作的观点》(*The Point of View for My Work as an Author*)中,克尔凯郭尔综览自己的所有著作,解释了他大体上的写作策略。他说自己的写作始于《或此或彼》,也就是继《论反讽概念》之后完成的作品。也就是说,他令人惊讶地没有将自己的硕士论文算进来,他没有将《论反讽概念》作为他著作的一部分。研究克尔凯郭尔的学者往往把这解释为,克尔凯郭尔将他的硕士论文视为不成熟的早期著作,一本无足轻重的少年读物。出于这个原因,克尔凯郭尔的研究者们长期以来仅关注他视为成熟的著作,比如《恐惧与战兢》或《最后的非科学性的附言》,而无视《论反讽概念》。这实在是一件憾事,因为这部著作对理解克尔凯郭尔自认的正式作品富有启发意义。

克尔凯郭尔选择不将《论反讽概念》收入著作目录,并非因为这篇作品是个残次品,而是因为它写成于他总体上的写作观念成形之前,因而并未构成他写作策略的组成部分。然而,这篇论文对于理解他的著作具有关键作用,因为它在许多方面就是他后来的写作策略的根基。因此,《论反讽概念》虽然算不上严格意义上的他的写作,却是对他写作的准备。而这意味着此作品的重要性增加而非

---

① 同上,卷 3,页 239, NB8:50;页 239–240, NB8:52;页 274–278, NB9:2–9;页 413, NB13:50。

减少了,因为对于解释克尔凯郭尔的其余著作而言,它乃是无价的钥匙。

2 关于"调和"的论争与《或此或彼》的构思

[115]克尔凯郭尔在柏林时开始写一本新书,就是后来出现的《或此或彼》。他构思这本书时,柏林正在批判性地讨论黑格尔哲学。我们在第二章讨论过柏拉图对话中的回答之困境这一概念,当时我们曾提到,黑格尔认为苏格拉底止于否定的结果是个错误。他认为,哲学的目标是去看到否定如何必然地与肯定相联。黑格尔认为,苏格拉底否定的方法很重要,但苏格拉底没有进行同样重要的下一步,即构建一种肯定的哲学。因此,黑格尔的丹麦追随者马滕森鼓励他的学生要"比苏格拉底走得远些"。

黑格尔相信,哲学说白了就是看到对立面之间必然的和有机的联系。就如我们在第二章看到的,"有"(being)和"无"(nothingness)不是两个分离的概念,二者互相暗示、互为前提。如果一种哲学只取二分中的某一面,它就无法看到更宽广的真理。黑格尔将这种单边方法称为"教条主义"(dogmatism)。黑格尔在他的著作《哲学科学全书纲要》(*The Encyclopedia of the Philosophical Sciences*)中解释说,

> 教条主义就在于坚持理解事物时只考虑单方面的决定性因素,而排除其对立面。这正是严格的"或此或彼",照此(例如),世界要么有限,要么无限,但不会既有限又无限。①

---

① 黑格尔,《哲学科学全书纲要第一部分:小逻辑》(*The Encyclopaedia Logic. Part One of the Encyclopaedia of the Philosophical Sciences*), T. F. Gerats 译, W. A. Suchting, H. S. Harris, Indianapolis: Hackett, 1991,第32节,"Addition"。

黑格尔在这里暗指排中律,排中律宣称某物要么是X,要么不是X。换言之,房子要么是红色的,要么不是,必须二者居其一。黑格尔为此创造了一个简短的说法,直接将其称作"或此或彼"(either-or)。

1839年,在丹麦有一场关于这个问题的讨论。西兰岛的主教明斯特(Jakob Peter Mynster)批判黑格尔,认为排中律自亚里士多德以来就是逻辑(和常识)的基石之一,否定排中律是荒谬的。黑格尔派的马滕森回答说,基督教的关键教义,诸如道成肉身和三位一体,用亚里士多德的逻辑术语就说不通。按照排中律的观点,耶稣[116]要么是上帝,要么是人,不可能同时都是。因此,马滕森认为,如果要维持基督教的神人二性之说,就必须预设某种形式的调和(mediation)。他宣称,黑格尔的逻辑能够解释这种中间形式,而亚里士多德则不得不反对它。马滕森写道:

> 基督教的核心,道成肉身和神人二性的教义,恰恰表明基督教的形而上学不能局限于"或此或彼",相反,必须在排中律所排除掉的第三个(因素)那里找到真理。①

克尔凯郭尔密切关注这场讨论,还将"或此/或彼"(Either/Or)这个公式作为他新书的标题。这部著作分为两部分,有两位作者。第一部分由审美者,即匿名者A(the anonymous A)所写,第二部分由B或者威廉法官所写。这部著作的序言告诉读者,两个文本是埃雷米塔(Victor Eremita)偶然发现的,他决定将其编辑出版。克尔凯郭

---

① 马滕森,《理性、超自然主义与排中律原则》("Rationalism, Supernaturalism and the principium exclusi medii"),收于 Mynster's *Rationalism, Supernaturalism" and the Debate about Mediation*, Jon Stewart编译, Copenhagen: Museum Tusculanum Press, 2009(*Texts from Golden Age Denmark*,卷5),页130。

尔试图在书中描述两种不同的世界观。他要设法创造一场对话,在对话中,审美者为他无忧无虑的存在抗争,法官则为他四平八稳的中产阶级生活美德辩护。但是,就像苏格拉底的对话终止于回答之困境,书中这场对话也没有得出任何肯定的结论。克尔凯郭尔最后没有站出来,宣布谁赢了辩论。他只是向读者表达这两种立场,即他们时代的两种重要观点,让读者自己确定哪一个对他们更具吸引力。因此,他通过这部作品,呈现了一种"或此或彼"的情况,拒绝迈出黑格尔所要求的下一步,即越过否定,去构建某些肯定的东西。通过选择"或此或彼"作为标题,克尔凯郭尔似乎在邀请读者拥抱否定、对立和矛盾,抵抗要去化解它们的冲动。在这个意义上,他走了苏格拉底所走的路。《或此或彼》可以视为两种立场之间的一段苏格拉底式对话,一段终结于回答之困境的对话。

在著作开头,克尔凯郭尔让审美者提到这场关于黑格尔逻辑的讨论,那个小节叫作"或此或彼:一个欣喜若狂的论说"。审美者用排中律——一个给定的事物要么是X,要么不是X——[117]推导出一堆不同的陈述,其中有些看起来很荒唐:

> 结婚,你会后悔。不结婚,你也会后悔。结婚或不结婚,你都会后悔。①

这里用了二分法:要么结婚,要么不结婚。按照黑格尔的逻辑,这些对立面必须得到解决与调和,但克尔凯郭尔的审美者顽固地坚持对立。论到黑格尔式的调和,他写道:

> 但这是一个误解,真正的永恒不在"或此或彼"背后

---

① 克尔凯郭尔,《或此或彼》(*Either/Or*)(上册), Howard V. Hong、Edna H. Hong译, Princeton: Princeton University Press, 1987,页38。

(behind)，而是在它面前(before)。(同上，页39)

换言之，真理并非在二分或对立得到调和或解决时出现（"或此或彼"在这真理背后），而是在人面对对立时出现。概念性的谜题之解决只能在思想领域里发生，而不可能在生活中达到。

3　审美者A作为浪漫派反讽主义者：间奏曲

克尔凯郭尔返回哥本哈根之后，在1843年2月20日出版了《或此或彼》，与《论反讽概念》时隔两年。借助以前对德国浪漫主义的分析，克尔凯郭尔现在试图创造一个类似于浪漫派反讽主义者的文学形象——审美者。因此可以说，在《论反讽概念》中，他是以第三人称描述现代反讽主义者，但在随后的《或此或彼》中，他则转向第一人称视角，让反讽主义者自己说话。《论反讽概念》是一篇学术论文，因此广泛引用了德语和希腊语文献，而《或此或彼》的定位是一部文学著作，这使他有了更大的写作空间。

《或此或彼》第一卷表面上是审美者A写的，包括一系列不同的文本，我们从中能辨认出之前他在《论反讽概念》中分析浪漫派反讽时留下的痕迹。比如，这部分最后一节的标题是"一个诱惑者的日记"(The Seducer's Diary)，讲述一个名叫约翰尼斯的人的故事，他引诱了天真烂漫的年轻女子柯德莉亚(Cordelia)。约翰尼斯精于[118]算计，冷血无情。他似乎无视一切习俗伦理，行事为人纯粹为了满足自己的欲望。

《论反讽概念》中联系对弗·施勒格尔《卢琴德》的讨论所提出的许多议题，都出现在了《或此或彼》中。由已婚公务员威廉法官写成的第二部分讨论爱与婚姻。他试图为婚姻正名，反对审美者所鼓吹的浪漫之爱。

但最清晰地表明审美者是浪漫派反讽主义者的一段文字,还是《或此或彼》的第一章"间奏曲"(Diapsalmata)。这是审美者写下及收集的一些散乱的格言,看起来互不关联。它们漫不经心地从一个话题转到另一个话题,没有明确的结构方式和含义。审美者似乎是在有了一段经历或者读到某个文本之后,就匆匆记下他头脑里碰巧想到的任何东西。这些格言给人的第一印象是油嘴滑舌,也许还有点前言不搭后语,但是当我们继续读下去,审美者的世界观和个性就开始浮现出来。让我们举一些例子。

审美者写道:

> 我喜欢与孩子交谈,因为对于孩子,你还可以大胆期望他们也许会变成理性存在;可是那些已经变成理性存在的人——仁慈的主啊!(同上,页19)

这告诉我们关于审美者的什么呢?小孩子或许还没有变得理性,但是,他们天真的自发性比成人文化的虚假更为可取。我们已经被教导要压抑我们的情感,遵守规则。成人想出不同的方式去掩饰他们的真实情感,又利用谋略和诡计,获得他们想要的东西。但是,这破坏了诚实和敞开的人际关系,也败坏了每个个体。幸运的是,孩子不受这些事情影响,因为学会这样的事情需要时间。因此,审美者喜欢与孩子交谈,因为孩子还未远离他自己基本的人类感情和情绪。孩子对自己真实,不试图掩饰自己是谁。的确,他们还没有发展出理性能力,可能偶然受制于易怒的脾气,但甚至在他发脾气时,也有一种特定的真实,人们可以确节地知道一个孩子要什么、不要什么。相反,你永远拿不准一个成年人要什么、不要什么,因为他们经常刻意隐藏起他们真正是谁,以及他们的 [119] 真实意图。

成年人虽然已经在理性上发展成熟,却在负面地运用理性算计和欺骗别人。审美者说他喜欢与小孩交谈,这是对中产阶级文化提出控诉,后者腐蚀人,破坏了在孩童身上发现的那种真正的人类精神。

在另一个格言里,审美者叫嚷着:"我觉得我什么事也不喜欢做!"(同上,页20)继而,他又列出一连串各式各样他不愿参与的活动,其中有些活动甚至互相抵触。这告诉我们这个人的什么特点呢?浪漫派的反讽主义者是虚无主义者,他们认为任何东西都没有内在的真实性或价值。没有任何外在价值可以用来指引他生命的方向,这使他只能凭靠个人的、常常是随意的心血来潮式的一时之念。我们记得,反讽主义者如何利用这一点来杜撰他的自我。但是,这种倾向的副作用是,既然没有事情是真实或有价值的,也就没有理由去做任何事情。对于真正相信这一点的人而言,很难激发他去做任何事情。这就是审美者的观点,这使他处在一种没精打采、昏昏欲睡的状态里,根本没有意愿去做任何事情。

在另外一段格言中,审美者宣称:

> 似乎对我来说,所有可笑之事中最可笑的,就是人在世界上忙碌,为了他的一日三餐和工作忙里忙外。(同上,页25)

在这里,审美者批判人们赋予中产阶级生活以太重要的意义。他们把自己太当回事儿,他们的工作和活动仿佛成了具有世界历史性意义的里程碑式的劳作。但从虚无主义者的视角来看,中产阶级生活没有任何更深层的、可持续的意义。人们被日常生活的陈规陋习误导,变得毫无反思,无法获得更宽广的视野。他们反倒还自己欺骗自己,试图想象他们的人生具有多么深刻的重要性和意义。他们看不到,当他们死亡之时,万事皆会成空。他们甚至也许会被一块屋顶掉落的瓦片砸中,当场殒命。审美者用的这个例子初听起来很荒谬,但它强调了生命和人的存在何等脆弱。它提醒我们,无论我们的日常活动多么繁忙,都不应该忽视生命的终极问题。假装自己会[120]长生不老,把自己琐碎的追求和努力看成什么不得了的大事,会使我们变得滑稽可笑。

也许,虚无主义者的腔调在以这句话开头的那句格言中表现得最为直白:"人生是多么虚空和没有意义。"(同上,页29)审美者冥思苦想人的死亡。每次我们经历另一个人的死亡,都是唤起我们自己道德感的契机,我们劝慰自己:还有一些时间留给我们去活。但是,审美者的观点是,放到更大的图景中来看,这也算不上什么安慰。甚至一个人的长命百岁,在更大的宇宙刻度上来衡量也极其短暂。多活几年与少活几年的区别在哪里呢?况且,生命的长度并不能赋予生命意义。从这个视角来看,甚至看起来重要的事情,其实也都无足轻重。往下跳过两句格言后,他召唤说:"来吧,睡眠和死亡!你什么也不承诺,你掌管一切。"(同上,页30)

还有一个格言,也是以孩童时代与成人时代的对立为主题。审美者回想,他年轻的时候之所以没有玩世不恭,大概因为他还正在学习世界如何运转。但是,当他随后了解了人生和社会后,他能做的就只有嘲讽了。审美者给出一张冗长的列表,举出中产阶级社会视为重要的事,并声称,他如今认为这些事只配一笑而已。他写道:

> 我看到,人生的意义就是谋生,人生的目标就是成为一名议员;我看到,爱的狂喜就是得到一个富家小姐,友谊的祝福就是帮助彼此度过财务上的困难,睿智就是凡大多数人认为智慧的东西,热情就是做一场演讲,勇气就是冒着被罚十美金的风险,诚挚就是在饭饱后说"愿此事让你得益",虔诚就是一年参

加一次圣餐。我看见这些,就笑了。(同上,页34)

他的每一句话都在责令读者去设定一个更高的理想。的确,爱情必须不只是娶一个富家小姐。友谊必须不只是在需要时借贷给人。宗教虔诚必须不只是一年参加一次圣餐。审美者没有详细阐述,但是很明显,中产阶级文化把这些都变成了笑话。借助丰富的格言,克尔凯郭尔引导读者认识了[121]审美者的性格:审美者代表着相对主义、虚无主义和疏离等一大堆的现代问题。

克尔凯郭尔的《日记JJ》(*Journal JJ*)也于1843年面世,他在书中回顾了《或此或彼》,从不同方面反思这部作品。在一则标注为"我对《或此或彼》的评价"的日记里——明显是在《或此或彼》面世前写下的——他以一种奇怪的方式提到苏格拉底:

> 有一个年轻人,幸福地拥有阿尔喀比亚德(Alcibiades)那样的恩赐。他在世上迷失了方向。他在无助中四处寻找一个苏格拉底那样的人,可是同时代人里面找不到一个。于是,他祈求上帝将他自己变成苏格拉底。①

人们很难不将这段话看作某种自传性的反思。克尔凯郭尔很早就知道自己是个有"恩赐"的年轻人,这个印象毫无疑问地在成功完成《论反讽概念》之后加深了。但是,他也看到自己有一些审美者的影子,②"在世上迷失了方向"的年轻人这一描述,很可能就是他本人的自画像,尤其反映了他与蕾琪娜分手、到柏林旅行之后

---

① 《克尔凯郭尔的日记与笔记》,前揭,卷2,页146,JJ:54。
② 克尔凯郭尔以前的老师博杰森声称,许多人将克尔凯郭尔视为一个"精明的废物"或一无是处的人。见《索伦·克尔凯郭尔全集》,1—28卷,前揭,评论1—28卷,页355。

那段时间他的状况。在这个意义上,他似乎与阿尔喀比亚德同一,柏拉图《会饮》中的这个年轻人智性能力很高,却过着放荡的生活。根据日记所记,这个年轻人曾经寻求人来指引他,就如阿尔喀比亚德找到苏格拉底作导师一样。但是,克尔凯郭尔四处寻觅不得,于是就希望自己能变成苏格拉底。克尔凯郭尔似乎意识到,自己身上同时有这两个古希腊人物的特质,他希望克服像阿尔喀比亚德的那一面,而变得更像苏格拉底。这一点很重要,它似乎证实,在写作《或此或彼》的那段时间,克尔凯郭尔决心要以苏格拉底为榜样来写作和思想。

4 《或此或彼》的初期影响

今天,我们已经知道《或此或彼》是克尔凯郭尔的突破性作品,但当时的丹麦人对这部著作的反应十分复杂。它引起了丹麦黄金时代智识[122]圈的一场轩然大波。人们被古怪的假名作者维克多·埃雷米塔吸引,他们在这本书里看到了一些非常原创性的东西。但是,这部著作也冒犯了一些人。很多人认为,审美者所写的文字,即全书的第一部分,似乎显示出一种傲慢的优越感,这种东西有人在克尔凯郭尔本人的个性中也见到过。审美者似乎自视比他的同胞更聪明,他将自己置于中产阶级伦理的约束范围之外。尤其是全书第一部分中的"一个诱惑者的日记",冒犯了当时读者的感情。诱惑者约翰尼斯愤世嫉俗下的操纵行为,带来了令人不舒服的阅读体验,人们会问:什么样的头脑才会想出这么一个形象来?

当时杰出的文学批评家海伯格,1843年3月1日在自己主编的杂志《才智》(*Intelligensblade*)中对这部著作做了简短评论。海伯格读完克尔凯郭尔的《或此或彼》后似乎相当恼怒,认为它杂乱无章、

东扯西拉。他的书评很大程度上否定了克尔凯郭尔的努力。海伯格一开篇就嘲笑那部著作的冗长篇幅,他写道:

> 因此,几乎只要考虑篇幅问题,就必须把这本书称作怪物,因为在你还未知道它里面的精神以前,它的篇幅就已经令人动容了。我毫不怀疑,假如作者想过展出它来赚钱,那会抵得上把它当作书卖而赚到的钱。①

海伯格承认书中偶尔也有一些有趣的反思或构想,但他的结论是,这本书让人摸不着头脑,不知所云。他还说,文本有点啰嗦,读者想要快速往后翻,把作者甩在后面。海伯格想象一个读者读完第一部分后就失去了耐心,一边合上书一边说:"够啦,我已经读够此了,我不想读彼了。"(同上,页291)

克尔凯郭尔因这篇书评深感屈辱,从此再未原谅海伯格。1843年3月5日,他在《祖国》(*The Fatherland*)杂志发文反击,仍然假埃雷米塔之名,标题是《对海伯格教授的感谢》("A Word of Thanks to Professor Heiberg")。他采取了苏格拉底对待谈话对象的相同方法。他首先承认海伯格在文学方面知识丰富,就如苏格拉底反讽地[123]奉承他的谈话对象是专家一样。接着,克尔凯郭尔开始讥讽海伯格书评中的各处段落。海伯格从一个想象中的读者的体验出发发表他的看法,并用无人称代词"某人"(one)代指这个人。克尔凯郭尔幽默地抓住这一点,不断地提到"某人"对这本书的书评。最后,克尔凯郭尔兴高采烈地感谢海伯格富有洞见的评论。他的感谢太过热情,毫无疑问是在嘲讽。他以埃雷米塔的名义写道:

---

① 海伯格,《文学的冬粮》("Litterær Vintersæd"),载于 *Intelligensblade*,卷2,第24期,1843年3月1日,页288。

为了所有这些,我感谢你,教授! 我欣喜,学问如此快地被模仿。我感谢你,这么快就想要传达它。如果我要在文学界选一个人最先向他表示感谢,我会选你,教授!①

可以看出,这种反讽口气的感谢,是在模仿苏格拉底的较为内敛的嘲讽,例如,苏格拉底声称要向游叙弗伦学习并成为他的学生。

大多数作家在遇到别人对其作品的负面评论时,自然的反应都是努力指出书中的优点,从而尽力反驳对方的批评。但是,克尔凯郭尔没有以任何肯定的方式,试图捍卫他著作的优点。相反,他的途径是否定,就像苏格拉底所做的那样。他表面上同意海伯格的宣称正确,随后却间接以反讽否定了海伯格的看法。

5　几部后续著作

《或此或彼》开启了克尔凯郭尔一段非常多产的写作时期。在《或此或彼》出版仅仅八个月后,又有三部新的著作在1843年10月16日同时出现:假名康斯坦提乌斯(Constantin Constantius)的《重复》(Repetition),假名沉默的约翰尼斯的《恐惧与战兢》,以及署克尔凯郭尔自己名字的《三个训导讲演》(Three Edifying Discourses)。

[124]《三个训导讲演》是1843年到1844年之间克尔凯郭尔出版的一系列训导著作的开端。这两年中,他每年都会出一些单本的训导文合集,可能由两篇、三篇或四篇训导讲演构成。后来,克尔凯郭尔的出版商菲利普森(P. G. Philipsen)在1845年将这些训导文

---

① 克尔凯郭尔,《对海伯格教授的感谢》("A Word of Thanks to Professor Heiberg"),载于《海盗报事件;与作品相关的文章》,前揭,页20。

结集出版，称为《十八个训导讲演》(*Eighteen Upbuilding Discourses*)。这本书售罄之后，1852年又出版了一个类似的文集《十六个训导讲演》(*Sixteen Upbuilding Discourses*)。这些文本总体上被视为克尔凯郭尔作为基督徒作家的核心著作。它们都署克尔凯郭尔自己的名字，没有用假名。此外，克尔凯郭尔意在让它们成为比假名著作更大众化的著作。训导讲演针对一般的宗教信徒说话，没有高深复杂的辩论；里面没有直接提到希腊或德国哲学家的名字，但苏格拉底显然在书中在场，他被称为"古代的聪明人"(the wise man of old)。

克尔凯郭尔1843年5月回到柏林作短暂停留，为他第二本小书《重复》提供了灵感。这个短篇小说讲一个年轻人的故事。他问了一个问题：重复是否可能？与克尔凯郭尔一样，主人公之前去过一次柏林，他萌生了一个念头：再去旅行一次，看看是否能重复上次的体验。于是他回到了普鲁士的首都，试图走访他在第一次旅行中去过的地方。但他发现，许多事情在这期间已经改变，他已不可能找回对这座城市的最初体验。不仅城市本身改变了，他也改变了，所以，他体验这座城市的方式也改变了。他从这个实验得出的结论是：真正的重复是不可能的，因为事物一直在改变。

对克尔凯郭尔而言，"重复"是一个非常重要的概念。他在化用(appropriation)的意义上谈到重复。例如，许多抽象的伦理原则或规则，个体必须从自己的特殊处境出发来化用它。当一个人以具体的行为化用这些规则时，某种意义上他就正在重复原来的规则。倘若这里没有重复的元素，就不能说这个人遵守了规则。在这个意义上，克尔凯郭尔是在伦理的语境中探索"重复"这个概念。

第三部著作《恐惧与战兢》在同一天出版，是克尔凯郭尔最有名的著作之一。其中心主题，是旧约中上帝命令亚伯拉罕(Abraham)将儿子[125]以撒(Isaac)献为祭品的故事。这部著作分为三章，每章都以"疑问"(Problemata)命名,指的是亚伯拉罕对上帝命令的回应所引发的问题。在这部著作中,克尔凯郭尔以亚伯拉罕为例,借助他的假名作者,集中关注信仰对人提出的难以达到的要求。亚伯拉罕的处境十分特殊,因为上帝并没有每天让所有人都将儿子献为祭品。尽管如此,学者们还是经常认为,克尔凯郭尔在此处的分析提供了一个例子,说明了基督信仰所包含的困难。

6 普遍之物与单独的个体

《恐惧与战兢》里有三个疑问,第一个是:"是否有对伦理的目的论的悬置?"这一章始于普遍与单独个体的比较。克尔凯郭尔明确提到黑格尔《法哲学》中的一节,这部关于伦理和政治哲学的著作出版于1821年。我们之前看到,黑格尔热衷于探索他所谓的某个民族的伦理生活,例如古希腊人的伦理生活。这是一个由公共社会秩序中多个互相联接的元素构成的庞大领域,包括伦理、法律、传统习俗、宗教礼仪,等等。克尔凯郭尔将这种伦理概念与普遍相联。它之所以普遍,因为它是人人知道并能自然参与其中的事情。伦理责任被定义为文化的规范。按照这个观点,要知道我们的伦理责任是什么,只要看看社会传统告诉我们什么就够了。在这个意义上,伦理的定义也就是固定习俗命令我们的东西。

对捍卫这个观点的有些人而言,大罪就是行事与普遍接受的伦理相悖。当人为了自己自私的兴趣行事,而无视约束他的普遍职责时,他就是非伦理地行事。个体的需要和渴望总是服从于他或她所在文化的要求。如果我偷窃,那是因为我看重自己的欲望甚于看重我所在文化的要求,因此结果就是不道德和犯法。用哲学化的语言来说,如果我犯了这样的罪,我就是将个体(我自己的欲望)置于普遍(社会、法律、习俗)之上。这一点看起来没有任何争议。

[126]但是克尔凯郭尔引入的例子使这幅图景变得复杂起来。他试图理解《创世记》22章中亚伯拉罕和以撒故事的意义和暗示。以撒是亚伯拉罕惟一的儿子,显然注定是领导以色列百姓的下一代伟大族长。但是,上帝命令亚伯拉罕在摩利亚山(Mount Moriah)上献以撒为祭。不消说,这事必定让亚伯拉罕感到极其苦恼,因为这不仅意味着要杀掉他钟爱的儿子,也意味着家族断了香火。但亚伯拉罕遵从上帝,将以撒带到摩利亚山,并在那里预备好了献祭的一切。但在关键时刻,当他就要真的杀以撒时,一个天使出现,阻止了他,并给他提供了一只羔羊作为替代的祭品。

克尔凯郭尔指出,这个故事对我们刚才讨论过的伦理概念提出了质疑。按照普遍的伦理,杀人是错误和非法的,更不用说父亲杀死自己的儿子。从这个视角来看,亚伯拉罕行事的方式在伦理上是错误的。作为一个个体,他好像故意忽略了共同体的普遍伦理。但是,亚伯拉罕已经接受了上帝的启示,要他在这唯一一件事上抛开那些统治着他的族群伦理的普遍规则、习俗和传统。这就是克尔凯郭尔通过词组"悬置伦理"(the suspension of the ethical)要表达的意思。为了执行上帝的命令,亚伯拉罕必须悬置伦理,仿佛要基于某种更高的东西去行事。这叫作"目的论"(teleological)悬置,因为伦理因着更高的目的(tclos)被悬置。① 我们的直觉某种意义上在这里似乎要被撕裂:一方面,我们很想跟黑格尔一同说,杀害无辜是错的,没有什么比这个普遍原则更高;但是另一方面,我们也想说,人应该遵守上帝的命令。如果这两者像此时一样彼此矛盾,那人又该

---

① 克尔凯郭尔,《对海伯格教授的感谢》(*Fear and Trembling*), Howard V. Hong、Edna H. Hong,译, Princeton: Princeton University Press, 1983,页59。

怎么办呢？

克尔凯郭尔指出，按照黑格尔的观点，我们不得不将亚伯拉罕视为一个杀人犯；但是这似乎又不完全对，因为我们也想将亚伯拉罕看作忠实和虔诚的人，他只是要服从上帝的旨意。按照普遍伦理的观点，没有比普遍更高的东西，因此普遍伦理不可能承认将神圣启示作为悬置伦理的理由。这种张力是诠释此文本的关键。[127]克尔凯郭尔似乎要借助他的假名作者直接捍卫一个观点，即，在这样的情况下，可以暂时悬置伦理。显然，他是想批评普遍的伦理观点太过狭隘，无法考虑到规则之外的意外。但值得注意的是，他没有在文本中直接作出这样的声明。

克尔凯郭尔没有试图列出原因，说明为什么亚伯拉罕手中所做的事正确。相反，他直截了当地说，为此事辩解根本不可能。第三个疑问着重分析亚伯拉罕的沉默，克尔凯郭尔总结说，亚伯拉罕别无选择，他只能对他行为的动机保持沉默。如果他试图使人们相信他行事是公义的，那他就错了，因为他只是要执行上帝的命令。他不能试图做此辩解，因为此事归根结底是一件信仰的事情，而信仰是某种私人的东西。信仰关乎单个的个体，语言却由普遍构成。假如亚伯拉罕试图用语言表达他的信仰，就会不可避免地以普遍结束对信仰的描述（同上，页60）。他的描述会扭曲他真正要表达的东西。亚伯拉罕不能向任何别的人传达他自己私人的信仰。这信仰是某种非推论的和不可言说的事情。因此，亚伯拉罕必须简单地执行这个行动，并对此事保持沉默。他完全知道，即使他将被抓、被处死，他也必须接受这个结果。但是，他的个人的、不可言传的信仰，比他违抗普遍律法和责任带来的结果更重要。

7　信仰的悖论

克尔凯郭尔从《恐惧与战兢》中的分析所要得出的结论,与其说关乎伦理和政治哲学,不如说关乎宗教信仰。实际上,整本书中都在谈论一位以亚伯拉罕为榜样塑造出来的信仰骑士。亚伯拉罕和以撒的故事当然属于犹太教和旧约传统,但学者们也普遍把亚伯拉罕[128]对上帝的顺服视为基督信仰的榜样,克尔凯郭尔想向人举荐这样的信仰。

那么,克尔凯郭尔在这个语境中针对信仰说了些什么?他写下了这样的名句:"信仰是一个悖论,即单个的个体比普遍更高。"(同上,页55)学者们广泛争论过这个句子。克尔凯郭尔的要点似乎是,存在一些类似于亚伯拉罕的情况,其中个体优先于普遍,即优先于固定习俗和普遍伦理。换言之,并非所有基于个体性而牺牲普遍伦理的行为,都要简单地斥之为邪恶。

要注意的关键是,克尔凯郭尔怎样表达这一要点。我们知道,基督教护教学是神学的分支,它试图捍卫基督教的教义。它试图提供论据和妥当的理由,让人相信比如道成肉身、耶稣升天、童女怀孕这些事。基督教护教学的目标是使怀疑者或者不信基督教真理的人获得信仰,但是注意,克尔凯郭尔的途径完全不同:他没有说信仰是理性的或者可理解的,他说信仰是不可言说的悖论。他说亚伯拉罕借助"荒谬"(by virtue of the absurd)行事(同上,页56)。这不是叫人去信仰的荐书,也不是让怀疑者信服的论证。如果怀疑者要求一个坚实的理由好相信亚伯拉罕接受了来自上帝的启示,而我们的回答却是亚伯拉罕通过荒谬来信仰,这可说服不了任何人。说某事荒谬通常是一种贬低,不能理解为对一个立场的肯定性论证。

将信仰理解为一个悖论,这也就是我们之前所说的"否定的概念"(negative concept),即一个概念没有具体和肯定的内容,而是让事物保持敞开。克尔凯郭尔提出信仰的概念是一个悖论,这并未解决信仰的问题,而是将信仰议题问题化了,事实上他是邀请我们这些读者继续靠自己去探索信仰问题。在这里,我们可以看到苏格拉底的精神再一次出现在克尔凯郭尔的文本中。苏格拉底宣称自己无知,因此他不提出任何肯定的学说,相反,他只是批判其他人的观点,将这些观点还原为[129]矛盾和荒谬之说。某种意义上,克尔凯郭尔在这里做了相同的事情。他宣称,信仰不是什么肯定的或者具体的东西,而是一个悖论、一个矛盾。这跟苏格拉底的途径一样,是否定的。它并不真正解决任何问题,相反,问题仍然作为问题保持敞开。

8 法律与良心的现代冲突

克尔凯郭尔的理论将信仰看成一个矛盾或悖论,这让今天的读者经常感到困惑,甚至被他们取笑。这个有些古怪的信仰理论,与如今现代社会的我们有什么相干?归根结底,《恐惧与战兢》的核心议题是宗教信仰与世俗世界的法律、习俗、惯例的关系。亚伯拉罕是虔诚和宗教信仰的伟大榜样,但是他的行为潜在地导致他与族群法律冲突。也许有人认为,这只是一个古老的故事,与如今无关,因为如今没有人会想让人成为祭品。但你若进一步考虑这个问题,就会很快认识到,事实上,这也是我们如今的一个核心的和尚未解决的议题。

西方和欧洲的大部分国家都用法律确保公民享有信仰自由。这是来自启蒙运动的一个西方遗产。有些法律想要确保每个个体有权遵循他们的宗教惯例，而不必受任何烦扰和阻碍，无论那些惯例是多么地小众。但事情并不总是这么简单，因为这一点总会有限制。对信仰自由的限制出现在宗教惯例与国家法律产生冲突的时刻。例如，如果我的宗教告诉我去杀人献祭，那么显然，国家不会允许。有些情况下这种冲突没有如此剧烈，比如，某种宗教要求信徒在宗教仪式上吃某种特殊的迷幻药，而使用这种迷幻药是违法的。又比如，有些宗教承认一夫多妻制，而国家法律却不允许。这样的例子似乎暗示，宗教信仰自由虽然是人的一项基本权利，但并非毫无限制。相反，行使权利时必须不违背国家的法律。

　　克尔凯郭尔的观点，或者他的假名作者沉默的约翰尼斯的观点，借着这幅图景提出了一些棘手的问题。他让人感到棘手的宣称是：[130]可能存在一些情况，此时个体比普遍更高，国家和社会的既定伦理和法律规范也可以暂时悬置。大多数学者认为，克尔凯郭尔的意思是，亚伯拉罕献子为祭的行为不仅可接受，从宗教视角看甚至值得称道，尽管从国家的角度来看无法容忍。按照这种观点，克尔凯郭尔要传达的信息是：当一个人有坚定的宗教信念，或者接受了上帝的启示做某件事的时候，那么，它就是一个高于伦理和国家法律的绝对命令。人必须单纯地顺服并照做。

　　但是，这种观点似乎会导致危险的结果。我们经常听说有罪犯在他们的辩词中宣称，是上帝叫他们去做那件事的。许多恐怖主义分子也相信，他们的行为是要成就真主的旨意。大多数人通常都不会承认这可以作为那些人滥杀无辜的理由。克尔凯郭尔对亚伯拉罕的分析，为这类事情开了方便之门吗？如果克尔凯郭尔今天还活着，他会辩护说恐怖分子的行为是虔诚的吗？如果我们看得更仔细，就能看到，克尔凯郭尔的分析中有些重要的元素，使他与现代杀人者或恐怖分子截然有别。也许其中最重要的是，克尔凯郭尔强调信仰的悖论本质：信仰是某种矛盾和荒谬的东西。此外，信仰还是某种全然内在的、不能直接传递给另一个人的东西。故此，亚伯拉罕保持了沉默。相反，现代杀人者或恐怖分子却试图以宗教动机为其行为辩护。换言之，杀人者说，神明告诉他去杀某人，其重点在于解释这个行为并为之辩护。但是，根据克尔凯郭尔的观点，这是对信仰的误解。人永远不能使用这种观点为自己的行为辩护，说他接受了神明的启示或在按照神明的意愿行事。的确，人或许可以在心灵深处这样相信，或者如克尔凯郭尔所说，在他的内在这样相信；但一旦人试图向别人传讲此事，那就表明他并不理解信仰的本质。克尔凯郭尔宣称，信仰在这方面不是客观的，而是不可言说、不可交流。这就是克尔凯郭尔的观点与杀人者或恐怖分子观点之间的基本差异，后者试图用理由、论据和话语沟通，来解释、辩护并捍卫他们的行为。

[131]克尔凯郭尔对亚伯拉罕的评价，还在另一个重要方面不同于恐怖分子的辩解。恐怖分子往往拥有某种政治意图，他们宣称现存政治秩序腐败或不公义，以这种论点为他们的行为正名。他们宣称，他们其实是在为更好的世界或更公义的社会做事，而要达成目的，就必须有牺牲。这明显与克尔凯郭尔描述的亚伯拉罕图景不一样。亚伯拉罕的目标必须与一切属人的利益和好处都不相干。他不是为了改善社会的目的献上以撒。克尔凯郭尔在这一点上很明确，他将亚伯拉罕与其他著名案例对比，这些案例中也有人被要求为了国家社稷而献上他们的孩子，比如阿伽门农为了远征特洛伊的目的献上女儿伊菲革涅。在克尔凯郭尔的描述中，亚伯拉罕的行为没有任何功利的考虑，这也是不同于现代恐怖分子的地方。亚伯拉罕显然并未希望通过献祭达到什么特殊的目标，如开始一次军事远征或改善社会。他的行为不是为任何更高的利益服务，而只是单

纯地顺从上帝的命令。因此，尽管克尔凯郭尔也许看起来提供了一个可能为不法、不道德之举辩护的理论，但细看就会显示出，情况不是这样。人不能从宗教信仰的角度为自己寻求任何申诉或辩护。

所有这些提出了关于限制宗教自由的热门话题。宗教自由与国家法律的确切边界在哪里？国家法律可以或者应该规定一些特殊的例外以适应特殊的宗教习俗吗，还是说，国家法律应当规定一个一贯立场，并要求全社会人人遵守？宗教如果必须服从主流社会的规则，就必须做出妥协或采取折中方案吗？国家法律歧视了社会中的某些少数宗教吗？凡此种种都是我们今天非常重要的议题。因此，以为信仰自由的问题已随启蒙运动一劳永逸地得到解决，这是一个巨大的错误。恰恰相反，承认信仰自由带来了一系列新的议题和麻烦。

七
克尔凯郭尔的苏格拉底使命：1844—1846

[132]1844到1846年，也许是克尔凯郭尔整个人生中的波尔金诺之秋。① 在这一章里，我们要探索他在这段时期写成的一系列著名著作，尤其是其中的《哲学片断》《焦虑的概念》《序言》《人生道路诸阶段》和《最后的非科学性的附言》。这些书呈现为一系列复杂的著作，表面上由不同的假名创作，每个假名作者都有自己的议题和意图。乍看之下，也许让人完全摸不着头脑，但是在这一章，我们将尽力通过这些著作及其彼此之间的复杂关系，来弄清克尔凯郭尔的计划。

克尔凯郭尔完成硕士论文后，苏格拉底不再成为他的核心研究对象，但无疑依然萦绕在这些后来的著作里，尽管常常不那么容易看出来。尤其当我们想到这些著作研究了诸如道成肉身、救赎、信仰、罪和饶恕等重要的基督教概念时，这一点就更值得注意。很多人也许会认为，相信一个异教哲人能帮助我们理解这些基督教概念，实在是太离谱了。这里我们瞥见了克尔凯郭尔思想的激进性。他相信，苏格拉底可以为如今的基督徒贡献一些重要的洞见。在一个文本里，克尔凯郭尔认识到有反对苏格拉底的声音，"确实，(苏格拉底)不是基督徒，这我知道"。但是，随后他又作出了极具挑衅性

---

① [译注]普希金曾在波尔金诺度过一个秋天，写下了大量的著作。

的、实际上神秘难解的声明:"我也始终肯定地相信,他已经成为了基督徒。"①[133]尽管苏格拉底之生死比基督和基督教的诞生早几个世纪,克尔凯郭尔却相信苏格拉底成了基督徒。他这样说是什么意思呢?

1 克尔凯郭尔的《哲学片断》

克尔凯郭尔笔耕不辍,他在1844年6月13日出版了《哲学片断,或一个片断的哲学》(*Philosophical Fragments or a Fragment of Philosophy*)。克尔凯郭尔以假名约翰尼斯·克利马科斯(Johannes Climacus)出版这部著作,他自己的名字作为编者出现在标题页。著作的标题"片断"经常被视为对系统式哲学的抗议。

苏格拉底扮演了一个重要的角色,尤其是在这部著作开始的地方,克尔凯郭尔让他的假名作者探究苏格拉底作为教师的角色。初看之下我们也许会震惊,这与他之前所说的苏格拉底坚称自己无知并否定自己曾教过任何东西并不一致。但这里没有不一致,克利马科斯强调说,与注重构建事物和肯定性内容的19世纪哲学和神学相反,"苏格拉底缺乏肯定"。②那么,克利马科斯把苏格拉底说成教师是什么意思呢?教师不是通常都在传授某些东西,或者用克尔凯郭尔的话说,传授某些肯定的东西吗?这里,克利马科斯指的是苏格拉底的助产术或助产技艺。苏格拉底不是向学生灌输观点或思想,

---

① 克尔凯郭尔,《观点》(*The Point of View*), Howard V. Hong、Edna H. Hong译, Princeton: Princeton University Press, 1998, 页54。

② 克尔凯郭尔,《哲学片断》(*Philosophical Fragments*), Howard V. Hong、Edna H. Hong译, Princeton: Princeton University Press, 1985, 页23。

而是帮助学生在他们自己内在发现这些观点或思想。在这个意义上,苏格拉底就是一个教师,因为他是学生达到真理的契机,但苏格拉底并不教导学生真理。

《哲学片断》探讨道成肉身和基督耶稣的启示。但是,克尔凯郭尔特意不提耶稣的名字,也不用明确的基督教术语展开分析。他纯粹谈"神明"(the god),这种方式可以适用于任何启示宗教。克尔凯郭尔对比了作为助产士的苏格拉底和作为救主的基督,后者也是其门徒认识真理的契机。显然,苏格拉底不是基督徒,但他关于助产士的观念可以帮助我们理解基督信仰。

克尔凯郭尔还利用苏格拉底来引入绝对悖论(absolute paradox)的观念。他在第三章开篇详述了柏拉图对话《斐德若》中的一个段落。苏格拉底说,他可没兴趣去探索神话中的生物诸如"飞马和蛇发女怪"(Pegasus and the Gorgons)的本质,因为他主要关注于探索自己作为一个人究竟是什么。他宣称他不知道自己的本质,不确定自己是否会成为像提丰(Typhon)那样的怪物。① 克尔凯郭尔假扮的克利马科斯指出,"想去发现某个思考本身无法去思考的东西",②这是一个悖论。对于苏格拉底而言,这显然意味着理解他作为人究竟是什么,这是他从来无法完全搞懂的事。

人类理解力乃是通过认识事物中已经熟悉的方面,再去认识新的事物。因此,人没有能力把握不具备任何为人熟悉的方面且完全异质的事物。克利马科斯建议我们把那位未识者称为"神"(同上,

---

① 同上,页37。亦见《克尔凯郭尔的日记与笔记》(*Kierkegaard's Journals and Notebooks*),前揭,卷3,页393,NB13:28:"苏格拉底应该说过,他不知道自己是一个人,还是一个比提丰怪物更多变的动物。"(参柏拉图,《斐德若》)克尔凯郭尔引用了柏拉图的《斐德若》230a。

② 克尔凯郭尔,《哲学片断》,前揭,页37。

页39)。随后,尽管没有明说,分析微妙地转移到基督教语境。没有明说的议题是道成肉身的基督教教义,据此教义,上帝变成了有血有肉的人——耶稣基督,以向人启示他自己。按照克利马科斯的说法,这也涉及一个悖论。上帝是无限和永恒的,但他通过道成肉身变成了有限和短暂的。克利马科斯称之为"绝对悖论"。这个矛盾不是人的头脑所能领会或思考的,而是人类必须接受的事。

克尔凯郭尔这里的观点,回应了马滕森等黑格尔主义者的著作中的调和观念。根据黑格尔式的观点,没有绝对的二分或绝对的矛盾,一切都可调和。因此我们看到,马滕森认为,人与上帝之间,或者有限与无限、短暂与永恒之间,没有绝对的不同。[135]这些概念中的每一个都必然与另一个关联,因此也由对方调和。它们合起来形成一个更高的概念结构,因为它们必须被视为有机地彼此相属的东西。当人以这种方式理解道成肉身和基督的救赎这些术语时,就可能对其作出某种哲学化的解释。按照黑格尔的思辨逻辑,无限的上帝成了有限的人,这完全可以通过思考来理解。而克尔凯郭尔恰恰要反对这种解释。通过"绝对悖论"学说,他显然主张启示是一个不可削减的矛盾,一个不可调和的"或此或彼"。他把苏格拉底作为人的典范,这个人认识到有些事他无法认知或理解,并承认有些事只可视之为悖论。

2 克尔凯郭尔的《焦虑的概念》

克尔凯郭尔在1844年6月17日出版了《焦虑的概念》,假名作者是豪福尼恩西斯(Vigilius Haufniensis),或者称为"哥本哈根的守夜人"(Watchman of Copenhagen)。这部著作在《哲学片断》出版四天之后问世,同一天还有另一本书出版,标题为《序言》(*Preface*)。

七 克尔凯郭尔的苏格拉底使命：1844—1846

《焦虑的概念》是克尔凯郭尔最学术化的著作之一，书中研究了一系列复杂的关于个体自由和遗传之罪的议题，正是在这个语境中，出现了他关于焦虑的具有广泛影响的分析。看起来很奇怪，书中讨论的是基督教有关罪的教义，但异教哲人苏格拉底却在书中扮演了重要角色。我们再次清晰地看到，克尔凯郭尔不断地将苏格拉底视为榜样和灵感之源。

就在扉页后面，在著作的开头隽语里，出现了苏格拉底的名字。克尔凯郭尔把苏格拉底作为正面形象，与现代哲学形成对比。隽语开头一句是："创造差异的时代过去了。它已经被系统征服。"[①] 这里暗指黑格尔式的调和学说，即我们已经看见的那种联合对立面或者——如这里暗示的——消除差异的学说。对克尔凯郭尔而言，要始终让对立和矛盾处于关注的焦点，而非调和它们，这一点很关键。我们已经看到，[136]他的"或此或彼"口号强调人只能选择一边或另一边，调和是不可能的。《焦虑的概念》的隽语则诉诸苏格拉底，把他看作跟克尔凯郭尔一样坚持差异的人。接下来的隽语承认，这样做在现代显得有些怪异，因为现代人已经习惯了黑格尔的哲学。克尔凯郭尔引用了另一个苏格拉底的狂热崇拜者德国哲学家哈曼（Johann Georg Hamann）的话。哈曼写道：

> 苏格拉底是伟大的，"因为他在自己理解的东西和不理解的东西之间做出了区分"。[②]

---

① 克尔凯郭尔，《焦虑的概念》，前揭，页3。
② 克尔凯郭尔，《焦虑的概念》，前揭，页3。克尔凯郭尔引用了哈曼（Hamann）的《回忆苏格拉底》（*Socratic Memorabilia*），英译本为 *Hamann's Socratic Memorabilia: A Translation and Commentary*, James C. O'Flaherty 译, Baltimore: The Johns Hopkins Press, 1967, 页143: "苏格拉底是个绅士，绝非刻薄的批评

克尔凯郭尔以此作为著作的隽语,暗示他要追随苏格拉底这个榜样,坚持那些抗拒调和的、不可动摇的差异。

克尔凯郭尔将《论反讽概念》献给他昔日的导师穆勒,后者于1838年去世。我们在上文曾经提到,献词把穆勒称为"苏格拉底的知己"(the confidant of Socrates)。① 这似乎证实了我们之前讨论过的一个观念,即,穆勒对苏格拉底及其反讽的兴趣,在克尔凯郭尔的思想发展中扮演了重要角色,甚至有可能就是克尔凯郭尔《论反讽概念》的部分灵感来源。

在《焦虑的概念》的引言中,克尔凯郭尔表示这部的主题是"罪的概念"(concept of sin),他提到了苏格拉底。他宣称:

> 罪,不适合在学术领域谈,它是布道的主题,在布道中由单个的个体作为单个的个体,向单个的个体传讲。(同上,页16)

这个古怪的宣言震惊了神学家们,因为传统上,罪的教义属于神学学术领域,具体而言就是教义学领域。而在这里,克尔凯郭尔一开始就已经让他的假名作者暗示,他的方法和对罪的理解将是非常不同的东西,实际上,与学术化的解释大相径庭。

通常,我们认为布道是有点像讲座那样的东西,布道中,一个神父或牧师向会众解释一段特定的圣经文本或观点。但在这个问题上,克尔凯郭尔也想暗示一种不同的[137]理解。他发现,当时有些牧师已经被学术和最新的哲学潮流腐蚀,他们的布道听起来像讲座,但那并不是布道的真正本质。随之而来的是真正让人吃惊的段

家。他区分了赫拉克利特作品中他能理解的内容和他不能理解的内容,从可理解的内容非常恰当而节制地推论出不可理解的内容。"

① 克尔凯郭尔,《焦虑的概念》,前揭,页5。

落。克尔凯郭尔写道：

> 相反，讲道其实是所有艺术中最难的，而且本质上是苏格拉底赞美过的艺术，即能够与人对话的艺术。（同上）

这看来十分古怪，因为苏格拉底当然从未参加一场基督教会的礼拜，也从未在他整个人生中听过一场布道。但是，克尔凯郭尔让豪福尼西斯把苏格拉底与人对话及讨论问题的形式与基督教的布道相比较。关于二者的核心术语就是克尔凯郭尔所说的"化用"（appropriation），这不是指被动地聆听，而是以个人的和有意义的方式运用他所听到的。对苏格拉底而言，这个概念的意思就是通过他的提问及与人对话，引导个体去发现自身里面的真理。这意味着拿来一样东西，要人按照他自己的特殊情况来解释或化用。布道也是如此，牧师不是单单传讲一个外在的事实或一些零碎的知识，而是鼓励会众中的个体成员在自己里面发现基督信仰——各人用各人自己的方式。因此，异教徒苏格拉底被呈现为基督徒的典范，因为他的助产术以其特有的方式将人引向化用，讲座则做不到这一点。每一个基督的追随者都必须为自己去化用基督信仰所传的信息。因此，对克尔凯郭尔而言，这里的关键是，真理对于苏格拉底和基督信仰而言都是某种内在的东西，必须被作为个体的人化用。因此，尽管苏格拉底不是一个基督教思想家，却能带给我们关于基督教的洞见。

在《焦虑的概念》第四章，克尔凯郭尔再次让他的假名作者把苏格拉底与现代哲学做对比，尤其是与黑格尔做对比。当时的语境是在讨论否定观念及克尔凯郭尔所谓的"内闭"（inclosed reserve）。丹麦语indesluttethed字面上意味着自我与世界或他人隔绝。在这个语境中去理解否定也很自然，因为，当一个人封闭于自我里面，他就否定了外在的世界。我们看到，否定在克尔凯郭尔对反讽的理解中是何等重要。克尔凯郭尔写道：

> 于是，反讽被解释为否定，[138]黑格尔是第一个发现这种解释的人，但非常奇怪的是，他对反讽知之甚少。(同上，页134)

黑格尔对反讽缺乏理解，与苏格拉底对反讽的重要性心领神会形成了对比：

> 是苏格拉底第一次将反讽引入世界，并且给这小孩取了名字；这种反讽准确地说就是内闭，苏格拉底开始了内闭，他使自我与人隔绝，为了使自己在神圣中得到扩展而把自己封闭在自我之中……这一切竟无人在意。(同上)

在这里，克尔凯郭尔再次强调了苏格拉底引入的主体性要素。每个个体里面都拥有某种无限重要的和有价值的东西，但为了获得这个东西，个人必须偶尔离开人群，离开其他人。这样使自己与他人拉开距离，就涉及否定和反讽。个人必须转过来关注自己的内在和虔诚。克尔凯郭尔将苏格拉底视为第一个已经认识到这一点的人。这里我们再次看到，一个关于基督信仰的议题，与被克尔凯郭尔当作典范的一个异教哲人的实践，奇妙地并置在一起。由此，内闭可以视为克尔凯郭尔利用苏格拉底的否定和反讽观念发展出来的另一个重要概念。

3 克尔凯郭尔的《序言》及他和海伯格的论战

我们在第六章看到，评论家海伯格写了一篇书评批判《或此或彼》，招来了克尔凯郭尔的敌意。虽然克尔凯郭尔用一篇文章《对海伯格教授的感谢》("A Word of Thanks to Professor Heiberg")回应了他,但二人的冲突绝没有就此结束。1844年初,海伯格创办了一种称为《乌拉妮娅》(Urania)[译注:缪斯的别称。]的新杂志,其外观让人大有耳目一新之感。海伯格对天文学很感兴趣,该杂志旨在鼓励这个领域的新研究。海伯格还在他房子的第二层搞了一个自己的私人天文台。在新杂志第一期,海伯格写了一篇题为"天文年"("The Astronomical Year")的文章,讨论发生在自然界的种种循环,[139]比如行星的运动和季节的更替。他在文章中提到克尔凯郭尔的新书《重复》,并写道:

> 一本最新出版的著作甚至用"重复"这个词语作为标题,书中针对"重复"这个概念说了些十分精彩和恰当的话。但是,作者没有区分"重复"在自然领域和精神领域的本质上不同的含义。①

就像在他更早对《或此或彼》的书评中一样,海伯格首先承认克尔凯郭尔著作中肯定的东西,但随后就批判作者犯了常识性的错误。海伯格对《重复》的评论激怒了克尔凯郭尔,正如他以前对《或此或彼》的书评激怒了克尔凯郭尔一样。为了回应海伯格,他起草了几篇不同的文章,但最终从未写完并发表出来。②

---

① 海伯格,《天文学之年》("Det astronomiske Aar"),载于 Urania,1844,页77-160,97。亦见克尔凯郭尔,《重复》(Repetition), Howard V. Hong、Edna H. Hong 译, Princeton: Princeton University Press 1983, "Notes",页379-383。

② 例如,《给海伯格教授的公开信,来自丹尼堡的骑士康斯坦丁·康斯坦提乌斯》("Open Letter to Professor Heiberg, Knight of Dannebrog from Constantin Constantius"),收于《重复》,前揭,"Supplement",页283-298。《〈重复〉的作者康斯坦丁·康斯坦提乌斯的小贡献》(A Little Contribution by Constantin Constantius, Author of Repetition),同上,"Supplement",页299-319。

克尔凯郭尔将他对海伯格的回击，放到了下一本书《序言》中。这本书于1844年6月17日面世，假名作者是诺塔贝尼（Nicolaus Notabene）。这是一本颇为古怪的书，因为它是为一系列尚未出版的文本写的序言。看起来克尔凯郭尔手头写了一些从未出版过的文字，随便放在那里，但这些文字派不上什么真正用场。这些文字中就包括与他批判海伯格相关的材料。克尔凯郭尔突发奇想要地以"序言"作为书名，把它们作为单行本出版。但他必须给出某种理由，告诉人们他为什么以这样古怪的方式写这些东西，所以，他编造了下面的故事：作者诺塔贝尼是个已婚男人，他妻子对他生气，因为他花了太多时间写书而没有时间陪她。于是她禁止他写书。然而诺塔贝尼停不下来，他避开妻子的禁令，再也不写书的正文，而仅仅写序言。这样就解释了为什么这本书由一系列共八个序言组成，它们互相独立，而且并非具体哪本书的序言。

这本书数次提到海伯格，眼尖的读者在一些段落中能够看出，克尔凯郭尔同时回击了海伯格对[140]《或此或彼》的评论和对《重复》的严厉批判。事实上，诺塔贝尼在第二个序言中批判了文学批评家和书评行业的整个风气。我们在第六章中看到，在《对海伯格教授的感谢》一文中，克尔凯郭尔讽刺海伯格在《或此或彼》书评中不断使用无人称代词"某人"。在第四个序言里，他依样画葫芦地说，

> 我想知道，"某人"现在将对这本书说什么？我亲爱的读者，如果你不能以任何别的方法查明，那么我们在文学上的电报经理，海伯格教授，可以足够友善地再次成为一个税吏，并且计算选票，正如他对《或此或彼》所做的那样。①

---

① 克尔凯郭尔，《序言》（*Prefaces*），Todd W. Nichol译，Princeton: Princeton University Press, 1998，页23–24。

克尔凯郭尔《序言》的最后一篇，即"序言八"，也是对海伯格的批判，但这篇序言对于我们的目的而言特别值得注意，因为克尔凯郭尔在那里又一次使用了他从苏格拉底那里学到的策略。"序言八"表面上是诺塔贝尼要创立的新哲学杂志的序言。他一开始就提到海伯格1837年开始的哲学杂志《珀修斯》(Perseus)。《珀修斯》的副标题是"一份为着思辨性观念的杂志"(A Journal for the Speculative Idea)，暗示海伯格的意图就是在丹麦传播黑格尔的思辨哲学。海伯格的杂志只出了两期，分别是在1837年和1838年，随后就销声匿迹了。鉴于海伯格的失败，诺塔贝尼在考虑着他自己的新杂志前景将会怎样。

诺塔贝尼回忆，海伯格在他的《论哲学对现时代的重要性》(On the Significance of Philosophy for the Present Age)中宣称，哲学是时代的需要，有助于克服当时甚嚣尘上的相对主义和主观主义。① 基于如此诊断，海伯格建立新哲学杂志的尝试就大有意义，因为他相信时代需要哲学。诺塔贝尼说，他也想通过自己的杂志为哲学服务，但是，他要采取跟海伯格不一样的方法。他不会像海伯格那样向读者解释哲学，诺塔贝尼承认他不懂哲学，所以，他的杂志将邀请投稿者向他本人解释哲学。他说，自己的目标是通过请求别人教他关于哲学的东西，[141]以促进哲学的发展：

> 这个目的难道不好吗？这个目标难道不是不同于那些尝试要出版哲学杂志的人的目标吗？尽管这本杂志的目的跟那些杂志一样，是为哲学服务，但是服务方式不同：一个用聪明为

---

① 克尔凯郭尔，《序言八》("Preface VIII")，收于《海伯格的〈珀修斯〉与其他文本》(Heiberg's Perseus and Other Texts)，Jon Stewart编译，Copenhagen：Museum Tusculanum Press，2011(Texts from Golden Age Denmark，卷6)，页163。

它服务,另一个则用愚蠢为它服务。(同上,页164)

正如苏格拉底宣称自己什么也不知道,诺塔贝尼也宣称自己无知。他说到自己时态度十分谦卑、谦逊,同时他承认,海伯格是当时丹麦文学圈一个出色的文化人(同上,页161)。正如苏格拉底请求别人指教他,向他解释他们所知道的,诺塔贝尼也邀请向杂志投稿的人,请他们教导他并且向他解释最新的哲学。像苏格拉底一样,诺塔贝尼不作任何关于自己的肯定宣称,他只是聆听他人的宣称,然后批判性地作出评价。当然,海伯格因为在丹麦传播黑格尔的哲学而闻名,于是,诺塔贝尼承认黑格尔哲学已经解释了一切(同上,页169)。这也与苏格拉底的出发点一样:他总是直接承认他的对话者知道一些事情。诺塔贝尼只是声明他不理解黑格尔哲学的道理,因此,他谦恭地请求人们为他解释。苏格拉底也是如此,听到对话者给出的解释或定义后,他会宣称他没有完全理解他们的解释,然后就开始提问,通过提问揭示解释中的矛盾和不通之处。然后,诺塔贝尼也像苏格拉底一样,反讽地宣称他盼望得到启蒙,

> 因为现在在丹麦我们有好多的哲学家,他们凭着勤奋和好运理解了这种哲学,而我欢欣地盼望得到我希望的指导。(同上)

苏格拉底经常在对话开始时奉承对话者拥有知识,这使他们在接受了他的赞誉后更难拒绝回答他的问题。同样,诺塔贝尼似乎也想迫使黑格尔的丹麦拥趸回答他,因为大家都知道他们理解黑格尔的哲学,尤其他本人还首先认识到了这一点。海伯格一等人既然是这种哲学的专家,就没有理由不回应诺塔贝尼的征稿。海伯格以苏格拉底的一个对话者的角色出现,甚至还是智术师中的一员,[142]

他宣称知道一些事,并且教导人,但事实上他是无知的,他甚至不知道自己的无知。这里我们能看见,克尔凯郭尔使用了来自苏格拉底的最初灵感,随后将其置换到他自己所处的丹麦现代文化背景中。

4 克尔凯郭尔的《人生道路诸阶段》

克尔凯郭尔的下一部重要著作是《人生道路诸阶段》,于1845年4月30日问世,假名作者叫布克班德(Hilarius Bookbinder①)。这本书在许多方面是《或此或彼》的续集。像埃雷米塔一样,布克班德宣称他是偶然发现了这些构成作品的文本。全书由三大章共四个文本构成,四个文本分别属于四位作者。第一个是"酒宴记"("In vino veritas"),署名阿夫哈姆(William Afham)。接着是"关于婚姻的一些思考——答反对意见"("Some Reflections on Marriage in Answer to Objections"),署名为"已婚男人"(Married Man),即《或此或彼》第二部分的作者威廉法官。第三大章由两个文本组成:一个文本是名为奎达姆(Quidam)的人所写的"'有罪'/'无罪'"("'Guilty'?/'Not Guilty'?"),作者的拉丁语名字是"某个人"(someone)。从形式上看,这个文本让人想起《或此或彼》中的《一个诱惑者的日记》。一个年轻男子,跟克尔凯郭尔一样,与他心爱的未婚妻取消婚约,故事的标题暗示这篇文字是就此事思考自己的罪责。这篇文字为另一个冗长的文本激发了灵感,名为"给读者的信"("Letter to the Reader"),由塔茨特努(Frater Taciturnus)所写,他宣称他在一个湖底发现了《"有罪"/"无罪"》的手稿。

《人生道路诸阶段》展现了故事嵌套故事的复杂结构,这种手法

---

① bookbinder有书籍装订工人之意。

是跟柏拉图学的。就在读者已经快要将克尔凯郭尔等同于一个假名作者(如奎达姆)时,文本却又让克尔凯郭尔本人隐藏到不同的作者后面了。不仅作品是假名的,不同假名作者之间的关系也盘根错节。身为作者的克尔凯郭尔,与组成这部著作的各文本之间,以多种不同的层次拉开了距离。

克尔凯郭尔对苏格拉底或者苏格拉底策略的运用,在这里起到了明确无误的作用。事实上,所有四个文本都提到了苏格拉底。也许最显著的是"酒宴记"中的一节,在那里我们能看到苏格拉底影响的清晰印记。"酒宴记"的标题是拉丁语,[143] 意为"酒中出真理"(in wine, the truth),人们饮酒时会冲破压抑而说出真话。这个文本记录了某次宴会上以爱为主题的一系列演讲。参加宴会并发表演讲的人都是克尔凯郭尔著名的假名作者:诱惑者约翰尼斯,埃雷米塔,康斯坦提乌斯,以及《重复》中的那个年轻人。这个文本明显地模仿了柏拉图的对话《会饮》,后者也呈现了某一次有苏格拉底在场的宴会场景,并记录了一系列关于爱的主题的演讲。

在《人生道路诸阶段》临近结尾的"给读者的信"(Letter to the Reader)里,塔茨特努斯讨论了罪和救赎这两个宗教问题。他将人类的原初状态理解为直接性(immediacy)的状态,即,生活在与自然和世界的直接的和谐里。罪打碎了直接性,带来了反思阶段(reflection)。宗教的问题就是如何回到直接性,消除罪带来的损害。塔茨特努斯提出,还有第三个阶段,即罪得赦免的阶段,他称之为"第二直接性"(second immediacy)。人类与世界之间的和谐被重建,但这种和谐不再是与起初相同的那种和谐。显然,这里的议题是靠耶稣基督罪得赦免的基督教教义。

正是在这个语境中,塔茨特努斯呼唤苏格拉底的名字。塔茨特努斯警告那些宣称理解这个教义的人,并强调要理解它其实很困难;这里他大概在隐射当时的学术性神学家或者受到良好教育的神职人员。他预料到在这些人眼中,他将被视为一个问"愚蠢问题"的"愚蠢"的人,①但他说,他并不介意,因为许多人也以同样的方式回应过苏格拉底。塔茨特努斯想象苏格拉底在罪和救赎的议题上会怎么说,并想象19世纪的人会如何回应他。他笔下的苏格拉底说:

> 当然,你问的是一件难以理解的事情,我总是惊讶,如此多的人竟会相信他们明白那样的教导,但更使我惊讶的是,有些人明白得甚至还更多。(同上)

在这里,我们能看见,克尔凯郭尔借助他的假名,再次摆出一副苏格拉底的姿态,来对抗他的同时代人。他认识到这个议题的困难和复杂,其他人则无法看到。我们的罪被基督赦免意味着什么?克尔凯郭尔[144]安于继续对这个问题处在无知和不确定的状态中,即使这意味着被人嘲笑,那些人不能体会基督信仰的矛盾、悖论和荒谬本质。由此,克尔凯郭尔借助塔茨特努斯虚构的苏格拉底,批判同时代人的妄自尊大和自以为是。

5 与《海盗报》的冲突

克尔凯郭尔一生中最突出的插曲之一,就是他与讽刺杂志《海盗报》(*The Corsair*,见插图7.1)之间的冲突。这是当时一份流传甚广的出版物,其特色是用幽默文章取笑知名人物。这些文章经常配有漫画和滑稽的插图,让读者捧腹大笑。该杂志由一位富有才华的

---

① 克尔凯郭尔,《人生道路诸阶段》,前揭,页482。

图7.1 《海盗报》书名页

作家哥德史密斯(Meir Goldschmidt)出版,他不断地陷入法律纠纷,因为这本杂志常常与丹麦审查机构发生冲突。哥德史密斯最终不得不雇佣若干个代理编辑,在发行栏印上他们的名字,而他自己则在背后运筹帷幄。于是,当官方试图采取法律行为控诉《海盗报》时,他们没有别的证据,而只能惩罚作为法人代表的代理编辑。在哥德史密斯杂志的团队里,还有一位天赋异禀的年轻作家和评论家缪勒(Peder Ludvig Møller),他在与克尔凯郭尔的冲突中扮演了关键角色。①

众人皆知克尔凯郭尔对哥德史密斯和《海盗报》怀有深仇大恨,其实并非向来如此。在真正发生冲突之前,克尔凯郭尔和哥德史密斯已经相识十年,事实上二人关系还相当不错。② 1841年,《海盗报》刊登了关于克尔凯郭尔《论反讽概念》的一篇书评,当时并没有出现什么问题或冲突,尽管那篇书评讽刺了该书的语言。③ 类似地,1843年,《海盗报》还发表了一篇关于[145]《或此或彼》的评论,评论作者将克尔凯郭尔视为一个天才作家。④ 真正的矛盾开始于1845年末,导火线是缪勒对《人生道路诸阶段》的书评。这篇书评没有发表在《海盗报》上,而是发表[146]在他自己的名为《地神》(*Gæa*)的出版物上。那时候,学者和文学家们以这种方式出版自己的杂志很是稀松平常。确实,我们只需要回想一下,克尔凯郭尔几年后也有过自己的出版物《瞬间》(*The Moment*)。缪勒的杂志

---

① 见K. Brian Soderquist,《彼得·路德维格·缪勒:"如果他曾经在某种程度上是更重要的人……"》("Peder Ludvig Møller: 'If he had been a somewhat more significant person…'"),收于《克尔凯郭尔与他的丹麦同时代人》,第三册《文学、戏剧与美学》(*Literature, Drama and Aesthetics*), Jon Stewart编, Aldershot: Ashgate, 2009(*Kierkegaard Research: Sources, Reception and Resources*, 卷7),页247-255。

② 《遇见克尔凯郭尔:同时代人眼中这个人的一生》, Bruce H. Kirmmse编译,前揭,页65-66。

③ 见《海盗报事件;与作品相关的文章》,前揭,"Supplement",页92-93。

④ 同上,"Supplement",页93-95。

《地神》与《海盗报》不同,这是一本严肃的文学和文学批评刊物。

导火索是一篇名为《拜访索霍》("A Visit to Sorø")的文章,文章作者批判了克尔凯郭尔的《人生道路诸阶段》。索霍是丹麦的一个小镇,是著名的索霍学会所在地,学会聘请了一批著名的学者和作家,其中有一位诗人兼小说家豪池(Carsten Hauch)。缪勒在他的文章里创造了一段虚拟的对话,并说对话发生于豪池在索霍的家中。对话以克尔凯郭尔的《人生道路诸阶段》为中心话题。他们批判克尔凯郭尔风格笨拙,还批评克尔凯郭尔如何炫耀他自己道德上的成长经历。文章腔调诙谐,充满玩笑话,不能看作一篇真正严肃的文学评论。

克尔凯郭尔写了《一个旅行中的美学家,以及他如何凑巧付了晚餐钱》("The Activity of a Traveling Esthetician and How He Still Happened to Pay for the Dinner")一文作为回应,这篇文章于1845年12月27日发表在《祖国》杂志上,署名是他的假名作者塔茨特努斯,即《人生道路诸阶段》的假名作者(同上,页38-46)。与其说克尔凯郭尔此文是在回应缪勒的批判,不如说他是在暗示缪勒试图将自己与当时的文学精英扯上关系,包括将讨论地点放在豪池的家中,以此博得公众喝彩。因此,在文章末尾,克尔凯郭尔将缪勒与《海盗报》联系起来,他呼吁缪勒现出其真面目,把他的评论发表到《海盗报》上。克尔凯郭尔其实旨在表明,缪勒装作与国中的文坛精英老手结交,事实上却是为一本臭名昭著的杂志写作的家伙。

克尔凯郭尔的行为严重触犯了当时的学术伦理。[1] 他对缪勒参与《海盗报》这件事的披露,让缪勒陷入了麻烦,因为缪勒本想保守

---

[1] 《遇见克尔凯郭尔:同时代人眼中这个人的一生》,Bruce H. Kirmmse 编译,前揭,73。

他在与哥德史密斯合作这一秘密。缪勒一直希望得到哥本哈根大学的委任,因此他很小心地将自己表现为一个严肃的文学学者,而非某个声名狼藉的杂志的写手。[147]在私底下的交谈里,哥德史密斯向克尔凯郭尔保证,是他单独为《海盗报》负责;他警告克尔凯郭尔不要将缪勒牵连进来,但是,他的恳求无济于事。这给缪勒的职业生涯造成了严重后果,也许葬送了他走学术道路的各种机会。但是另一种解释说,缪勒无缘教授职位并不是因为他与《海盗报》的联系,而是因为大家都看到克尔凯郭尔在辩论中胜过了他(同上,页71)。

两天后,缪勒试图回应克尔凯郭尔的文章,他也在《祖国》杂志,即克尔凯郭尔文章面世的刊物上发文。① 缪勒试图转移克尔凯郭尔对他人身攻击式的批评,他说自己文章中呈现的对话是虚构的,因此自己并未试图去巴结豪池这样的文坛精英。克尔凯郭尔很快作出回应,撰文名为"书刊审查行动的辩证结果"(同上,页47-50)。文章的假名作者塔茨特努斯将《海盗报》比喻为一个妓女,并指出其目标是毁谤他人以赚取钱财。这是对《海盗报》的严厉攻击,让缪勒大为光火,②他看到自己的名誉已永远无法恢复。这是克尔凯郭尔在冲突中的最后一篇文章,彻底重创了缪勒。

接下来一些年里,《海盗报》频频以讽刺的方式提到克尔凯郭尔。[148]更糟的是,他的样子也被巧妙地绘成卡通素描,以同时取笑他本人和他的著作(见插图7.2和7.3)。克尔凯郭尔发现自己成了公众嘲笑的对象,他感到被羞辱。他向来非常谨慎地维护自己的公

---

① 见《海盗报事件:与作品相关的文章》,前揭,页104-105。
② 《遇见克尔凯郭尔:同时代人眼中这个人的一生》,Bruce H. Kirmmse 编译,前揭,页75。

图7.2和7.3 《海盗报》中讽刺克尔凯郭尔的漫画

众形象,维持他与读者的关系,但是,现在他看到这些事情完全超出了他的控制。他认定《海盗报》是有意损害他的名誉,因此他开始将自己视为不公正的公共舆论的牺牲品。虽然他喜欢在文中反讽和挖苦别人,但他不能忍受自己成为这种批判的对象。由于哥德史密斯在这个事件中扮演的角色,他生发出了主要针对哥德史密斯的不可动摇的仇恨。克尔凯郭尔的日记中充满了对缪勒、哥德史密斯和《海盗报》的愤怒。[①] 至于哥德史密斯,甚至当这段材料在克尔凯

---

① 见 Johnny Kondrup,《梅尔·歌德史密斯:斗鸡眼的驼背》(Meïr

郭尔死后出版时,他在这件事上也表现得极为大度,他不肯批判克尔凯郭尔,尽管克尔凯郭尔曾不客气地将辱骂投掷到他身上。① 无论如何,这毫无疑问是丹麦文学史上的大规模论战之一,三个卷入其中的主人公都伤痕累累。

图7.2和7.3续 《海盗报》中讽刺克尔凯郭尔的漫画

Goldschmidt: The Cross-Eyed Hunchback),收于《克尔凯郭尔与他的丹麦同时代人》,第三册《文学、戏剧与美学》,前揭,页105-149。

① 《遇见克尔凯郭尔:同时代人眼中这个人的一生》,Bruce H. Kirmmse 编译,前揭,页79以下。

6 克尔凯郭尔的《最后的非科学性的附言》导论

[149]克尔凯郭尔在1846年2月28日出版了《最后的非科学性的附言》,很多人将其视为克尔凯郭尔最伟大的杰作(magnum opus)。克尔凯郭尔本人也暗示,对他而言,这本书在自己的写作成长过程中扮演了[150]十分特殊的角色。这本书完整的标题是《针对〈哲学片断〉的最后的非科学性的附言:模仿的、感伤的、辩证的汇编:一个有关存在的贡献》(*Concluding Unscientific Postscript to Philosophical Fragments: A Mimical–Pathetical–Dialectical Compilation: An Existential Contribution*)。这部著作是《哲学片断》的续集,署名仍是假名作者克利马科斯。

克尔凯郭尔喜欢在腓斯贝花园(Frederiksberg Garden)散步,花园坐落在哥本哈根郊区,从老城走过去大概要30分钟。在《附言》中,假名作者克利马科斯叙述道,四年以前,他在一个礼拜天的下午来到这里,坐在咖啡屋的外面抽起一根雪茄。[①]他说,那时他自己正在考虑成为一名作家。人们倾向于将克利马科斯的这段故事解读为克尔凯郭尔本人的经历。我们知道,《附言》出版四年之前,即1842年,克尔凯郭尔刚从柏林回来,事实上那时他也正在思考这一生到底想要做什么。大概就是在那个时候,他突然萌生了一个念头:他要成为一名作家,他要用一系列署假名或真名的著作来构建自己的作者身份。

无论如何,约翰尼斯讲述他写作生涯的开端和最初的灵感之

---

① 克尔凯郭尔,《最后的非科学性的附言》,前揭,卷1,页185。亦见同上,页161。

源,要旨是以一种幽默的方式来对比海伯格关于他自己如何转向黑格尔哲学的讲述。我们在第四章讨论过,海伯格旁听了黑格尔在柏林的讲课,他以兴奋和颇具浪漫色彩的笔调,描述了他对黑格尔哲学的第一次伟大洞察,这成了他后来许多著作的灵感之源。他将这描述为从柏林返回基尔途中经历的一次顿悟:

> 我回家的路上途径汉堡,在那里待了六个星期,然后回到基尔,在那段时间,我在不停地思想对我而言依然模模糊糊的东西。有一天,发生了一件事,我坐在英格兰之王旅馆(the inn, the König von England)的房间里,黑格尔的书就在我桌边,也在我的思想里,与此同时,我听到了美丽的赞美诗,听起来像是不绝于耳的圣彼得教堂的钟声。突然,某种空前绝后的体验临到我,某种瞬间出现的内心异象抓住了我,好像一道闪电,照亮了我的整个区域,唤醒了[151]我里面从前一直隐藏着的核心思想。从这一刻起,我清晰地看见了系统的主要轮廓,我完全相信,我已经抓住了它最内在的核心,尽管还有许多细节我尚未自己领悟,并且也许永远不会领悟。①

克尔凯郭尔让克利马科斯讽刺了这段叙述,将海伯格称为大独木船博士(Dr. Hjortspring)。他取笑这次发生在汉堡斯特莱特宾馆(Hotel Streit in Hamburg)的海伯格皈依黑格尔哲学的奇迹。② 相较之下,克利马科斯描述自己写作的开端以及对丹麦文学的有限贡

---

① 海伯格,《自传的碎片》(Autobiographiske Fragmenter),收于《海伯格的〈论哲学对现代的重要性〉和其它文本》(Texts from Golden Age Denmark,卷1),前揭,页65。

② 克尔凯郭尔,《最后的非科学性的附言》,前揭,卷1,页184。

献时,语气则很谦逊。他描述自己在腓斯贝花园决定成为一名作家时,笔下不带任何浪漫色彩。

克利马科斯解释说,那时他坐在咖啡馆里抽着雪茄,想到自己人已渐渐变老,却仍然没有从事任何职业。他看到别的男人都在不同领域运用他们的天赋,生活过得越来越好(同上,页186)。他还想到当时的各种技术发展,诸如蒸汽船和铁路。海伯格也类似地通过普及黑格尔的哲学,使人们更容易理解这位德国哲人艰深的哲学体系。当克利马科斯思考别人正在人生中做着什么并且如何从时代受益时,他不可避免地开始问自己的人生究竟要做什么。随后,他突然有了他的职业应该是什么的念头,他断定,自己能做的最大贡献就是让事情变得更困难,而非让事情变得更容易。他指出,事情变得太容易对一个时代会有危险,因此重要的是有一个人能警惕这种危险,向人们指明困难。①

这些段落中有一种反讽或讽刺的腔调,但也有某种非常严肃的东西。他提到了《哲学片断》,克利马科斯写的第一部著作。某种意义上,那本书的目标之一就是通过分析"绝对悖论",使基督信仰变得更加困难。因此,当克利马科斯在这里说,他规划的人生使命是要使事情变得困难时,[152]这尤其指他要匡正当时人们对基督信仰的理解,使信仰变得更为困难。这似乎就是克尔凯郭尔对自己使命的理解,他显然将苏格拉底视为典范。跟苏格拉底一样,克尔凯郭尔相信他能作出的最大贡献就是成为一只牛虻,更新他身边的文化。

---

① [译注]海伯格的任务是普及黑格尔的哲学,让困难的事情变得简单,人人都能听懂;克尔凯郭尔的任务是追问如何才能成为基督徒,让简单的事情变得困难。

7 克尔凯郭尔的《〈哲学片断〉的议题》

克利马科斯继续解释他之前的著作《哲学片断》的目标和策略。在讨论的末尾,他把基督与苏格拉底作了有趣的比较。克利马科斯声明,他的意图不是阐述基督教教义或教条,而是回答一个人如何成为基督徒的问题。在此语境下,他说了一些完全违背直觉的话。基督教的宣教传统已经确立了人人都知道的模式,它告诉基督徒如何向非基督徒解释基督教是什么。宣教的目标是让非信徒归信基督教,而引人归信的方法通常是用论据和各种形式的说服。宣教就是设法表明非信徒世界观的混乱和矛盾,同时证明基督信仰的一致性和合理性,其最终目的,是要证明成为一个基督徒值得向往,而作一个非信徒则没有前途。在这种大背景下,克利马科斯说他的目标不是使成为基督徒和做基督徒变得容易,而是使之变得更困难,这就显得非常古怪。他写道:

> 按照自己贫乏的能力,我斗胆承担起让它变得困难这一重任——越困难越好。(同上,页381)

这么说听起来太古怪了。这意味着克利马科斯是反对宣教的人吗?难道他的目的不是说服人们成为基督徒,而是恰恰相反,要策动他们反对基督信仰吗?这里的关键在于理解他所说的基督信仰意指什么。基督信仰许诺人以救赎和永恒的福乐,确信这一点是至关重要的事情。如果一个人相信自己是基督徒,[153]事实上却弄错了基督信仰是什么,那将带来灾难性的后果。克尔凯郭尔相信,他自己时代的人对基督信仰的理解和实践很大程度上都来自错误看法,从根本上偏离了耶稣所教导的原初基督信仰。因此,当克利马科斯说,他的目标是使成为基督徒变得困难时,他不是说他要摧毁基督信仰本身,而是说,他想挑战那种使一切变得太轻易的、错误版本的基督信仰。

克利马科斯认为,基督信仰关注每个个体的内在,而非关注推论性的论证或证明。他反对基督信仰是一套学说的观念(同上,页382)。这也是一个激进的和违背直觉的宣称。纵观基督教历史,会看到不断有人努力将基督的教导形式化,使之变成固定教义。从第一次教会会议开始,整个历史都是如此,无数的神学家和学者发展出他们自己的基督教教义体系,即,发展出试图理解不同教条的神学领域。此外,教会史上导致了教会分裂的宗教论争,也重在争论对特定教条或教义的解释。在宗教战争中,人们为心目中特定的教义真理战斗至死。类似地,人们也因为不相信某些教义而遭受迫害和折磨,甚至被处决。有见于这一切,克利马科斯暗示将基督信仰理解为一个学说是错误的,就更是古怪得让人吃惊。他写道:

> 我主动承担的引导任务,在于通过抵制的方式使成为基督徒变得困难,在于不将基督教理解为一个学说,而是理解为存在-矛盾(existence-contradiction)和存在-交流(existence-communication)。①

《哲学片断》认为,基督信仰建立在一些悖论之上,[154]比

---

① 克尔凯郭尔,《最后的非科学性的附言》,前揭,卷1,页383。亦见《克尔凯郭尔的日记与笔记》,卷7,页188,NB17:33:"下面这个苏格拉底命题对基督教至关重要:美德不可教,它不是一个学说,它是一种能力、一种锻炼、一种生存、一种生存的转化,因此学起来很慢,不像死记硬背地学习一种新的语言或新的体系那么简单容易。不,关于美德,总是有一种对里面、内在和'单独的个体'的特殊的强调。"

如上帝成为人,无限成为有限,永恒成为暂时。这些观念内在地互相矛盾,所以只会阻止而非导向肯定教义的建立。克尔凯郭尔相信,基督信仰永远不能被人的头脑理解,也永远无法向另一个人解释。它必须依赖信心,单纯地靠人自己的内在心灵,基于信心去接受。克利马科斯在这段话里所谓"存在-交流"(existence-communication)似乎就是这个意思,它与客观、直接或明确地交流某个关于世界的事实截然对立。存在-交流关注某些悖论性的、矛盾的和荒谬的事情——这种交流是基于活生生的经历,而不是基于耳听口说。

在接近讨论的结尾,克尔凯郭尔让克利马科斯讨论了柏拉图的对话作品《希琵阿斯前篇》(Greater Hippias),这部对话讨论美的概念问题。正如克利马科斯想要引导人们走向基督信仰,柏拉图对话的目标也是引导人们去找到美的概念。这是柏拉图所谓的陷入回答困境的对话之一,在多次定义美的尝试失败后,讨论以没有结论结束。最后,苏格拉底只是声明他"已经从交谈中受益",因为他发现定义美这个议题是如此困难。① 克利马科斯认为这类似于他对基督信仰的理解。他没有尝试教授任何关于基督信仰是什么的肯定教义,正如苏格拉底没有试图教导一个关于美的明确定义。相反,基督信仰的观念和美的概念本身已是问题。克利马科斯认为这很重要,并且确实对他所处的时代有益,在他看来,关于基督信仰的混淆的和错误的定义,已经支配了那个时代。因此,如果读者读完他文

---

① 克尔凯郭尔,《最后的非科学性的附言》,前揭,卷1,页384。应当注意,克尔凯郭尔从《希琵阿斯前篇》中引用了一小段作为《最后的非科学性的附言》的格言:"但我必须问你,苏格拉底,你认为整个儿这些算是什么?就像我不久前说的,是论证的刮屑与刨花,都被割成一小块一小块的。"同上,页3。引自《希琵阿斯前篇》304a。

本中的质疑而开始怀疑自己对基督信仰的看法,他们就会受益了,即使他并没有教授他们一套肯定的学说。再一次,我们在这里看到苏格拉底为克尔凯郭尔的方案提供了一个典范。就像《希琵阿斯前篇》中的苏格拉底使美的概念这一问题变得更加困难,克尔凯郭尔也把理解基督信仰这件事情变得更加困难。

8 克尔凯郭尔的《最初和最后的解释》

[155]为什么克尔凯郭尔将《最后的非科学性的附言》看成一部如此重要的著作?关键在于标题中的"最后"二字。对这一表达的直白的解释是,这本书意在作为《哲学片断》的续集,来总结或结束《哲学片断》。但是,还有一个更深的、带有传记意味的解释。我们之前曾经提到,克尔凯郭尔所有的弟兄姊妹,除了他的哥哥,都夭折了。这种境况对他产生了深刻的影响,并使他萌生出一个想法,即他也会在年满34岁之前死去。布罗讷(Hans Brøchner)在回忆克尔凯郭尔时提到,

> 克尔凯郭尔有次告诉我……作为一个年轻人,他在许多年里都坚定地相信,他会在满33岁时死去(耶稣的年龄也要成为模仿耶稣之人的标准吗?)。①

克尔凯郭尔在1847年写给哥哥的一封信中写道:

> 你给我庆贺了生日,你说"这些天它时不时地出现在你的

---

① 《遇见克尔凯郭尔:同时代人眼中这个人的一生》,Bruce H. Kirmmse 编译,前揭,页240。

脑海里",这个生日很长一段时间之前也曾频繁浮现在我的脑海里。我满34岁了。在某种意义上,这完全出人意料。在你满34岁的时候,我就已经非常惊讶了——没错,现在我可以说这话而不用担心让你紧张了。父亲和我都有一个念头,就是我们家没有人能活到34岁……因此,34岁就是大限,父亲将比我们几个活得都长。事实证明不是这样——现在我已经在35岁里头了。①

但他满了34岁后仍然活着,而且安然无恙。克尔凯郭尔简直不敢相信这件事情,甚至去查看了官方户籍,以确认上面记录的是不是他的真实生日。②他说:

> 多么奇怪,我已经满了34岁。对我而言,这完全不可思议。我曾如此确定我会在这个生日之前死去,或者当天死去,以至于事实上我会不由自主地猜想我的生日是否被记录错了,我在34岁的那一天还是要死去的。③

无论如何,这意味着,当克尔凯郭尔写他的这部著作时,他头脑里总有一个念头:他只剩少许年月可以活了。他策略性地规划了他的所有著作,并让这些著作以一本终结之作来结束,而那就是《最后的非科学性的附言》。这将是一部把他整个写作的不同脉络收束起来的作品。

---

① 克尔凯郭尔,《书信与文件》,前揭,书信149,页211。
② 布罗讷在他的叙述中补充说:"这个念头在他心里如此根深蒂固,以至于他到了这个年龄时,甚至去查对官方记录,看看上面的生日是不是针对;也正是由于这个缘故,他才对自己活过了34岁感到难以置信。"(《遇见克尔凯郭尔》,Bruce H. Kirmmse编译,前揭,页240)。
③ 《克尔凯郭尔的日记与笔记》,前揭,卷4,页123,NB210。

[156]克尔凯郭尔深信,他在1846年出版《附言》后就活不成了,于是决定在书的结尾为他所有的著作做一个说明,大概他认为这是他做这事的最后机会了。他一写完那本书,就在最后面补上一个叫做"最初和最后的解释"的小节(见插图7.4)。它出现在没有页码的页面,与书的主体部分区别开来。

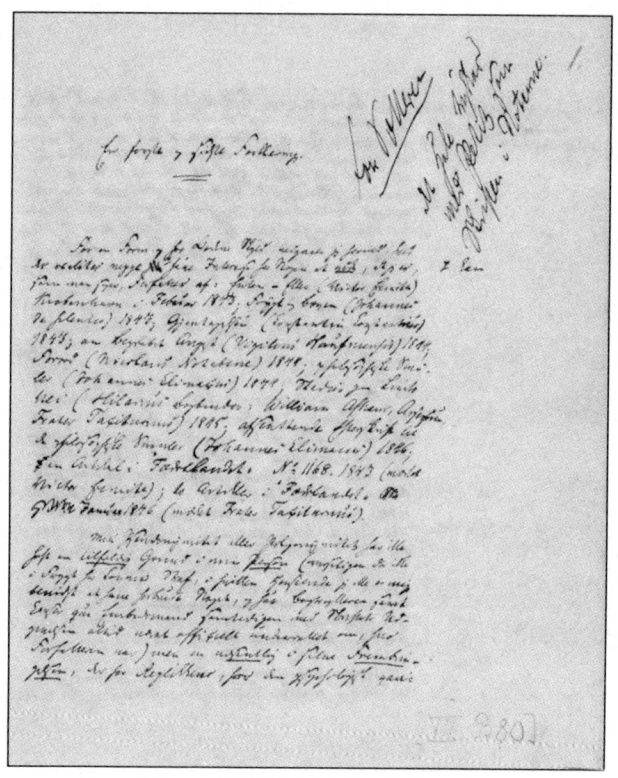

图7.4 《最初和最后的解释》手稿

在这之前的所有岁月,克尔凯郭尔一直小心翼翼地隐藏在虚构的假名作者背后。他费了很大力气使自己与著作[157]保持距离,确保这些作品被归给那些虚构出来的作者。他从来不会亲自跟印刷商或出版商谈这些假名作品的合同,而是让朋友基尔瓦(Jens

Finsteen Giødwad)代劳,以便自己可以继续隐藏在假名作者的名字背后。我们已经看到,当海伯格批判《或此或彼》时,克尔凯郭尔以《公开的忏悔》一文作出回应,但也不是以自己的名字,而是以那部著作的假名编者的名字:维克多·埃雷米塔。

当时文学界的习俗帮了克尔凯郭尔的忙,使他可以将假名作者呈现为真实作者。在黄金时代的丹麦,用假名写作不是什么新鲜事或什么原创之举,许多大人物也使用过假名,如海伯格和明斯特。当时学术界的礼节要求,无论是读者还是批评者,都应尊重假名,即使知道真正的作者是谁,他们也不会戳穿对方。因此,在海伯格对《或此或彼》的批判里,他小心地从来不提克尔凯郭尔的名字。

在"最初与最后的解释"中,克尔凯郭尔迈出了不寻常的和前所未有的一步:披露自己就是统领一系列假名著作的作者,包括《附言》本身。表面上,他的主要目标似乎仅仅是让人们知道他是《或此或彼》《恐惧与战兢》等著作的作者,以免他死后人们无从知晓。在这个意义上,很多方面看来似乎也自然,因为他想要表明自己多年努力写作的功劳。但事情并非如此简单,因为紧接着这个声明,他就要求读者提到某部著作时不要把它归给他,而要归给假名作者。因此,虽然克尔凯郭尔宣称在法律上对这些假名著作负责,但他似乎又想保持一定距离,这显然是他一开始就用假名写作的目的之一。他要求读者把这些假名著作当作假名作者所写,这就暗示读者,假名作者表达的观点未必就是他本人的观点。近年来研究克尔凯郭尔的学者们在这一点上争论不休。有人认为,假名作者只是一种文学手段,克尔凯郭尔出于不同的原因采用假名,但归根结底假名对作品的内容没有影响,就算忽略它们也没有问题。还有些人认为,这些假名作者绝对重要,我们应该相信克尔凯郭尔的话,谨防将假名作者的观点与克尔凯郭尔本人的观点联系起来。

9　交相辉映的两类著作

[158] 1848年,《最后的非科学性的附言》出版两年后,克尔凯郭尔写了《作为一个作者对我著作的观点》(The Points of View for My Work as an Author),追溯性地概述了自己的作品。他决定只在1850年出一个简短的版本,书名定为《作为一个作者论我的著作》(On My Work as an Author)。但在克尔凯郭尔死后,他哥哥彼得在他的遗稿中发现了完整版,并在1859年将其出版。在这些文稿里,克尔凯郭尔反思了他的许多作品以及这些作品彼此之间的联系。

在1849年日记的一个条目里,克尔凯郭尔暗示他的文学著作可以理解为"一个统一的项目"(a unified project)。他提到了他所谓的"所有著作中的一个综合计划"(comprehensive plan in the production as a whole)。① 这使有些读者感到吃惊,因为我们知道,克尔凯郭尔是反对任何形式的系统思考的、直言不讳的批判者。那么,当他似乎将他所有的文学著作视为一个统一的体系时,可能意味着什么呢?这正是《观点》要解释的问题。

克尔凯郭尔同时以不同的假名和他自己的真名出版著作。假名著作研究不同的主题,诸如美学、哲学和心理学,而真名著作主要是宗教讲辞,非常类似于布道。克尔凯郭尔将假名著作称为"审美著作",将真名著作称为"宗教著作",但是明显地,有的假名著作如《恐惧与战兢》《哲学片断》《焦虑的概念》也是在探讨宗教主题。有一种解释认为,假名著作面向层次较高的读者,因为书中不时用外国文字提到某些学术争论或引用外文文献,相反,训导著作

---

① 《克尔凯郭尔的日记与笔记》,前揭,卷5,页286,NB10:38。

似乎直接面对普通信徒,他们不一定受过什么学术训练。克尔凯郭尔似乎想通过这种策略,分别以最适合的方式与这两类人都有接触。

克尔凯郭尔在描述这两种不同的著作时,把自己刻画成是在仿效苏格拉底的助产术。①[159]他解释说,他打算用审美著作实施助产的策略,引领他的读者不知不觉地走向基督信仰。这样,读者就能理解训导著作及其所传达的宗教信息。乍看之下,我们并不清楚克尔凯郭尔何以能够宣称他在做苏格拉底做过的事情,因为他的著作看起来与苏格拉底的不断提问如此不同。这里的重点似乎在于,克尔凯郭尔的假名著作之所以是苏格拉底意义上的助产术,是因为这些著作把读者以为自己已经理解的东西重新变成了问题。克尔凯郭尔的著作质疑他们的观点,要求他们在自己里面寻找新的答案。他小心地不让假名作者去解答提出的问题,从而把解答问题的任务留给读者,让他们在自己里面找到真理。这也意味着,他的假名著作不是针对一群读者或"群众",而是针对每个个体及该个体的宗教心性说话,正如苏格拉底的提问也是直接针对某个特定的人(同上,页9)。从克尔凯郭尔在这里的说法来判断,可以说,苏格拉底的助产术观念,为克尔凯郭尔的所有假名著作提供了一个模式。

在《作为一个作者对我著作的观点》里,克尔凯郭尔解释说,他计划写两类不同的、彼此平行但又交相辉映的著作。因此,他的想法是,每当他出版一个假名著作,就会同时出版一本署真名的著作。

---

① 克尔凯郭尔,《观点》,前揭,页7:"以助产术的方式,一开始是美学作品;所有的假名作品本质上都是助产术。因此,这部作品也是假名的,而直接宗教性的作品——一开始就表现在微弱的暗示中——则用我的真名。"

两类不同的著作如此相互穿插(见插图7.5)。如果我们去看看克尔凯郭尔著作的出版日期,确实,他关于作者身份的这种构想在大多数情况下都实现了。①《或此或彼》出版于1843年2月20日,与其对应的著作《两个训导演讲》出版于几个月之后的1843年5月16日。类似地,假名著作《恐惧与战兢》和《重复》出版于1843年10月16日,而就在同一天,真名著作《三个训导演讲》问世了。这些平行关系可以继续追溯,一直到1846年《最后的非科学性的附言》的出版。

[160]这个作品体系也显示出《最后的非科学性的附言》的重要性,因为这本书把两条线联结起来。克尔凯郭尔在《观点》中

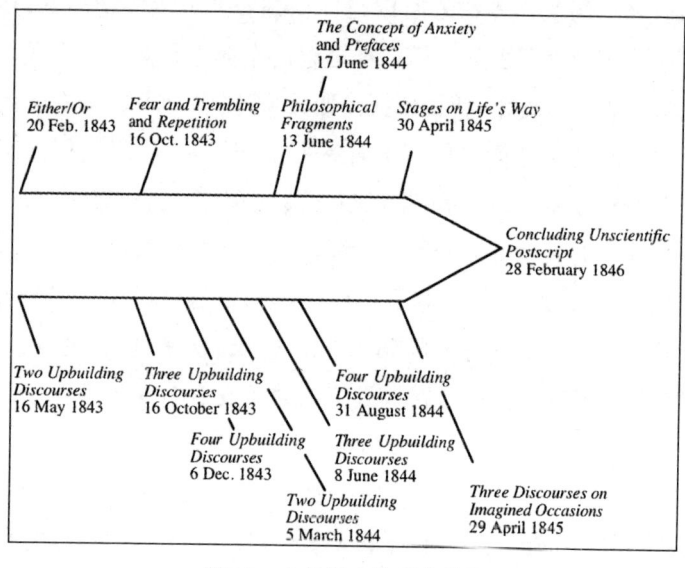

图7.5 交相辉映的两类著作

---

① 见Niels Jørgen Cappelørn,《对索伦·克尔凯郭尔所有作品的回溯式理解》(The Retrospective Understanding of Søren Kierkegaard's Total Production),收于 Kierkegaard: Resources and Results, Alastair McKinnon编, Montreal: Wilfrid Laurier University Press, 1982, 页18–38。

写道:

> 这些著作的第一部分是审美著作,第二部分是专门的宗教著作——《最后的非科学性的附言》作为转折点位于二者之间。①

克尔凯郭尔将《附言》称为他作品的"转折点"意味着什么呢?② 克尔凯郭尔并没有像他预期的那样在1846年死去,但他也发现自己无法在写完《附言》以后就此停笔。既然《附言》已经完成了他原来的计划,接下来的著作就只能另起炉灶。学者大体上将克尔凯郭尔的生平和著作分为两大阶段——第一阶段为《附言》作准备并以《附言》结束,第二阶段从《附言》之后开始,以攻击国教及他的去世结束。据学者们说,第一阶段[161]主要以假名的审美作品为主,第二阶段扭转了这一点,集中放在宗教写作上。

10 日记与笔记

从克尔凯郭尔的日记也能看出相应的转变。③ 克尔凯郭尔是一

---

① 克尔凯郭尔,《观点》,前揭,页31。

② 见同上,页31、55,亦见《克尔凯郭尔的日记与笔记》,前揭,卷5,页289,NB10:40。

③ 迄今为止,对克尔凯郭尔日记及笔记最好的介绍当属Niels Jørgen Cappelørn等编,《写就的图画:索伦·克尔凯郭尔的日记、笔记、小册子、稿纸、纸片与小文章》(*Written Images*: *Søren Kierkegaard's Journals*, *Notebooks*, *Booklets*, *Sheets*, *Scraps*, *and Slips of Paper*), Bruce H. Kirmmse 译, Princeton and Oxford: Princeton University Press, 2007。对这类材料的相当有趣的研究,见Henning Fenger,《克尔凯郭尔,神话与它们的起源:对克尔凯郭尔文章与书信的研究》(*Kierkegaard*, *The Myths and Their Origins*: *Studies in the Kierkegardian*

个狂热的日记作家,毕生一丝不苟地坚持写日记。人们常常将他的日记想象成私人日记,但这完全是误解,因为克尔凯郭尔的日记还有许多其他用途,不仅仅是记录他日常生活中的事件。事实上,他会用日记匆匆记下脑海中浮现的只言片语或思想,记下他刚读到的一些有趣的东西,记下他可在日后拾起并在著作中使用的东西。

他的日记也分为两大类,时间上与著作的两个阶段相关联。日记的第一部分以双写字母命名,从AA、BB、CC直到KK。克尔凯郭尔在1835年开始写《日记AA》(*Journal AA*),那时他还是哥本哈根大学的学生,一直写到1846年的《日记JJ》(*Journal JJ*)。与早期日记大致同时,克尔凯郭尔还写了一系列笔记,后世的编者索性以数字为这些笔记命名,从《笔记本1》(*Notebook 1*)、《笔记本2》(*Notebook 2*)等等,直到《笔记本15》(*Notebook 15*)。我们在这里发现了很多东西,比如他听谢林讲课的笔记,还有他的读书笔记。这些早期的日记和笔记与他写作的第一阶段大致吻合。

第二系列日记,就是所谓的"NB系列日记",与第二阶段的著作时间上重合。克尔凯郭尔看到自己并没有如期死去,就继续写日记。在"最初与最后的解释"明确声明了他的作者身份之后,随着时间的推移,他仍然觉得需要[162]再说些什么,因此,他开始将《附言》出版之后的第一本日记直接命名为NB。首写字母NB代表着拉丁语nota bene,即"好好记录"的意思(参插图7.6)。这些日记似乎是关于他作者身份的补充评价或思考。甚至到1847年,他仍然不确定自己是否会死,因此继续写NB系列的日记,最后发展成很长

Papers and Letters), George C. Schoolfield 译, New Haven and London: Yale University Press, 1980。

七 克尔凯郭尔的苏格拉底使命:1844—1846   **195**

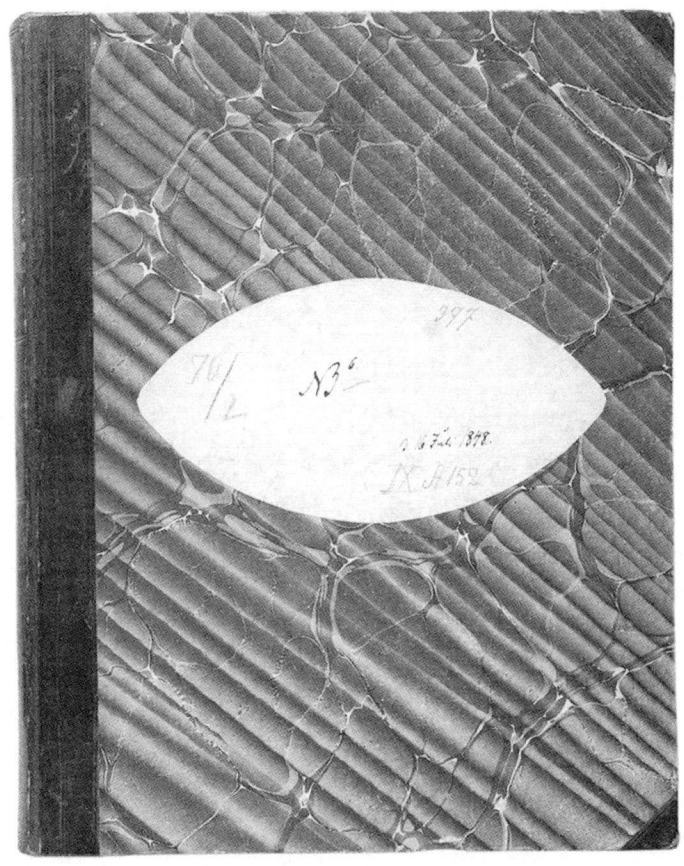

图7.6　克尔凯郭尔的《日记NB6》封面

的篇幅。在某种程度上,他认识到,事实上他将继续活着,因此他继续写一本新的日记,他称作NB2。这些NB系列的日记他一直写到离世之前,最后一本日记的编号是NB36。

[163]NB系列日记与第二阶段的著作时间上平行,其特点有些不同于早期的日记。早期的日记包含非常多样的材料,并且非常快速地从一个话题跳到另一个话题,NB系列日记则呈现出更大程度的连续性。日记中包含克尔凯郭尔对自我的理解,以及对他与别

人之间复杂的、通常是敌对关系的无尽反思。无论如何,日记构成了理解克尔凯郭尔的生活和著作的丰富资源,提供了各种有趣的视角,这些并不总是出现在他公开出版的著作里。

11 苏格拉底与作为主观真理的基督信仰

在本章开头,我们提到克尔凯郭尔作出了一个古怪宣称,即,他相信苏格拉底已经成为一个基督徒。现在,在看过克尔凯郭尔从1844到1846年的一些重要著作后,我们也许可以有几分领会到他这样说的含义。我们通常把基督信仰跟一系列教义和学说相连,这些教义和学说出现于苏格拉底死去几百年以后。如果这些就是基督信仰,那么我们肯定不能在任何意义上说苏格拉底是一名基督徒,或者已经成为一名基督徒,因为他从来没听过这些教导,根本没有机会赞同它们。但我们已经看到,克尔凯郭尔总结说,将基督信仰简化成一系列教义或者学说是一个错误。神学家、哲学家或其他各派学者往往都这样理解基督信仰,但克尔凯郭尔认为,他们心目中的基督教观念是有偏差,甚至是败坏的。

那么,克尔凯郭尔对基督信仰的理解是怎样的呢?这与苏格拉底又有什么关系?要清晰地确定或描述这个问题并不容易,因为克尔凯郭尔似乎非常坚决地避免在这方面给读者任何直接的信息。不过,回想本章所探究的克尔凯郭尔的种种分析,也许可以管中窥豹,大致得出问题的答案。克尔凯郭尔的假名作者们不断地宣称,基督信仰关注激情,关注内在的、个人的决定,而这个决定关乎一些悖论性的和矛盾性的观念。这恰好与当时学者心目中的基督教观念相对立,后者试图理解并解释关键教义中的悖论和荒谬因素。克尔凯郭尔相信,[164]苏格拉底能在这里扮演一个重要的否定角色。

七　克尔凯郭尔的苏格拉底使命:1844—1846

他相信,凭借苏格拉底的批评策略,他能够帮助人们推翻关于基督信仰的各种肯定教义。他能帮助人们回到基督信仰固有的悖论、荒谬和矛盾。

不用说,这是非常具有挑衅性且大有争议的立场。一方面,克尔凯郭尔把基督信仰看作某种根本上系于个别主体的东西,这对今天的许多人也非常有吸引力。当我们谈论基督信仰或是其他任何宗教时,关注个体的内在与主体性从直觉上看似乎都正确。认为人可以相信他内心的信念,而无需说服别人也去相信,这一观点也颇有吸引人之处。克尔凯郭尔认为,试图说服别人相信基督教,会扭曲基督信仰的内在本质。每一个个体都必须自己来到基督信仰面前。

另一方面,克尔凯郭尔对个体主体性的激进强调,其中也有一些让人不安的东西。一些学者表达了他们的忧虑,认为克尔凯郭尔打开了独断性和相对主义的大门。如果基督信仰仅仅关乎我的内在、我的主观激情,以及我的不可向人言传的抉择,那么它与任何客观真理还有任何真正的联系吗? 通常,基督教是基于某些特定的教义来定义的,例如上帝成为人,耶稣行神迹,他被钉死在十字架上然后复活。人们通常假设,除非这些事情不是真的,才会摧毁基督信仰,至于我个人内在或我的私意如何思考这些事,则无关紧要。正是出于这个原因,批评基督教的人总是攻击这类教义,证明其根本不可信;拥护基督教的人则竭力为其辩护。但双方一致认为,这些教义的真假乃是头等大事。一些人认为,克尔凯郭尔将信仰定位于个体内在,也就忽视了基督信仰的这一另外的客观维度。成为一名基督徒,难道不是意味着与这些外在的客观事物有联系吗? 一个人有可能纯粹关注自己的内在,忽视所有这些传统上与基督教相关的东西,而真正成为一个基督徒吗?

[165]这里的关键不是去赞美或者批判克尔凯郭尔的观点,而

是弄懂这些观点,理解其独特性和激进性。克尔凯郭尔提出了至今依然与我们所有人都相关的议题,即便你并不是基督徒,甚至没有任何信仰。他提出了自苏格拉底就已提出的根本问题:什么是真理?真理是某种外部世界的东西,一个事实吗?当我看向外面并说太阳在此时此地照耀时,这难道不真实,不是并非依赖于我的主观倾向吗?难道没有一些事的确是客观真实的,我也能给出论据和理由来支持它们是真实的吗?比如,地球是离太阳第三近的行星,一个水分子包含一个氧原子和两个氢原子,二加三等于五。真理难道不是客观的,难道不比个人意见或个体倾向更大吗?个人很可能会混淆、犯错、受骗,不是吗?

还是说,真理是某种主观的、在我里面的东西?当我读一首诗、看一幅画、听一段音乐时,我得到某种感觉,我可以不必用文字来描绘或表达这感觉,就算其他人不同意我,我反正也可以确定这种感觉。即使看起来似乎无人同意我的感觉,我也相信,那首诗、那幅画、那首乐曲抓住了某种真实和美丽的东西。在伦理方面,我也许认定自己对朋友有所亏欠,即使其他人或我的朋友并不认为我亏欠了他们,只有我自己对此确信不疑。当我听一场布道,或者阅读一段圣经经文时,我也许感到自己与上帝有一种个人的、特殊的关系,也许感到自己对信仰有着深深的确信,即使其他人也许认为我愚蠢、过时又迷信。我不能指望世界上的任何东西来证明这些事情为真,但我似乎在心里就是知道它们是真的。我确定我正确,这一点不能因为我不能向其他人证明我正确就被抹杀。那么,难道没有一些真理,就像克尔凯郭尔宣称的那样,是个人的或者主观的吗?

许多人的直觉都在这两种观点之间摇摆。真理是客观的东西,还是主观的东西?真理是关于我这个个体的呢,还是说,它只是关于世界的,与我一点关系都没有?

八

克尔凯郭尔的苏格拉底使命与著作的第二阶段：
1846—1855

[166]从许多方面来说，克尔凯郭尔人生的最后十年都是最富于戏剧性的时期。这是1848年革命的年代，也是克尔凯郭尔人生的最后岁月，是他公开攻击丹麦国教的年代。我们在上一章看到，这段时期代表了研究克尔凯郭尔的学者们提到的著作的第二阶段，即从1846年《最后的非科学性的附言》出版后到1855年克尔凯郭尔去世。在这一章，我们要探索克尔凯郭尔在这些岁月中的一些主要著作，例如《对〈两个时代〉的文学评论》(*A Literary Review of Two Ages*)、《不同精神里的训导讲演》(*Upbuilding Discourses in Various Spirits*)、《致死的疾病》(*The Sickness unto Death*)、《基督教中的实践》(*Practice in Christianity*)和《瞬间》。我们将看到，我们已经探究过的一些主题和观念在这些著作中重新出现。我们探索这些文本时发现，很明显，随着克尔凯郭尔年岁渐长，他继续回到苏格拉底这个人物，从未放弃他年轻时心目中的伟大英雄。

1 克尔凯郭尔的社会观以及他与克里斯琴八世的来往

1846年3月30日，《附言》面世仅一个月之后，克尔凯郭尔出版了一本名叫《对〈两个时代〉的文学评论》的著作。这部简短的著作是对吉勒姆堡(Thomasine Gyllembourg)的一部小说《两个时代》(Two Ages)的评论,她是海伯格的母亲。吉勒姆堡的著作对比了两个历史时期:浪漫主义和拿破仑的时代与后来的[167]复辟时期(Restoration)。这个对比,通过生活在哥本哈根的一个家庭中几代人的故事来描摹。克尔凯郭尔抓住这部小说,铺陈出他自己对社会的一些看法。学者们常常将这部著作视为克尔凯郭尔社会–政治思想的最重要的声明。

其实克尔凯郭尔算不上社会–政治哲学领域的主要人物,你无法谈论他像谈论洛克(John Locke)、卡尔·马克思或者密尔(John Stuart Mill)那样。克尔凯郭尔从未写下任何关于政治哲学的大部头专论,而他的《对〈两个时代〉的文学评论》也很难与政治哲学的经典作品相提并论,例如洛克的《政府论 下篇》(Second Treatise of Government),或者卢梭的《社会契约论》(The Social Contract)。从某些方面来说,克尔凯郭尔之所以显得对政治没有太多兴趣,是因为他大力强调个体内在的宗教本质。强调这一方面似乎会在许多方面削弱社会或政治理论的根基。尽管如此,克尔凯郭尔无疑有一些洞见,可用于社会–政治哲学的语境中,近年来研究克尔凯郭尔的学者们对于他思想中这一维度的关注亦日见增多。

其中有一个洞见是"夷平"(leveling)的概念。这是克尔凯郭尔在《文学评论》中探讨的一个重要观念。克尔凯郭尔内心是一个保皇主义者,他警惕开始发生的变化,这场变化在1848年大革命中达到了高峰。他也不信任民主潮流和形形色色的选民。民主的基本观点是,每个人都拥有相同的投票权,每个人都有发言权对政府该如何运行发表意见。克尔凯郭尔对这种局面感到忧心忡忡,他担心这会造成一个以大众为基础的公众舆论,如此,公众舆论就会摧毁每个人的个体性,因为那种舆论将是更大群体的投射。

"夷平"的概念就出现在这样的背景下。克尔凯郭尔关注的是,民主大潮将不利于任何敢于与大多数人不同的人。由贵族支撑的旧体制让他更感放心,他害怕民主有碍于个体的天才和成就。公众舆论鼓励人们成为附和者,谁也不想表现得与别人不同。如果有人标新立异,公众舆论可以轻而易举地针对他,让他受到讥笑嘲弄。[168]在克尔凯郭尔看来,这就是他与《海盗报》唇枪舌剑期间发生在自己身上的事。他相信自己遭到了《海盗报》不公正的迫害,对方设法鼓动大众舆论与他为敌。克尔凯郭尔相信,这种现象是现代生活的弊端。任何敢于与众不同的人或者拥有很高天赋的人,都会遭到平庸大众的嫉妒,成为批判和嘲笑的对象。鹤立鸡群之辈,将被拽低到大众的普通水平上。这就是克尔凯郭尔对所谓"夷平"的理解。现代民主文化不是鼓励人们培育和发展个体的才华,而是积极摧毁、打击之。出于这种考虑,他相信旧秩序更好,旧秩序时代的人们会认同比如贵族的观点,而公众舆论则无足轻重。在那个旧的世界,人们更容易出类拔萃,而不会遭到大众或公众舆论的迫害。

克尔凯郭尔尽管是一个保皇主义者,却刻意与国王保持距离。那时的丹麦国王是克里斯琴八世(Christian VIII),他从1839年开始执政。国王和王后对克尔凯郭尔很感兴趣,曾三次召见他。第一次是在1847年3月13日,克尔凯郭尔去了阿美琳堡宫(Amalienborg Palace)。克尔凯郭尔在他的《日记NB9》中记录了这次相遇。[①] 国王似乎颇有意将克尔凯郭尔作为某种顾问,向他咨询国中关于知识分子生活的事情。他知道克尔凯郭尔去过柏林,听过谢林的课。我们在第六章讨论过,普鲁士国王曾指派谢林与左翼黑格尔派抗衡,那

---

① 《克尔凯郭尔的日记与笔记》,前揭,卷5,页229–236,NB9:41–43。亦见《遇见克尔凯郭尔》,Bruce H. Kirmmse编译,前揭,页211。

时许多黑格尔的学生成了政治积极分子,并逐渐在1848年革命中扮演重要角色。克里斯琴八世大概想听听谢林都做了些什么,以及委任他从事这项工作又在何等程度上成功遏制了左翼黑格尔派。克里斯琴八世有意给克尔凯郭尔在索霍学会安排一个学术职位,大概他也在考虑与普鲁士国王类似的策略。

[169]但是,克尔凯郭尔拒绝这样卷入政治。事实上,他甚至都不想见国王,他害怕与国王有任何更密切的接触。① 例如,当国王昭告国人要见他时,克尔凯郭尔起初找了个托辞,说他没有合适的装束,因此不能前来。但因国王坚持,克尔凯郭尔不得已拜访了皇宫。在他们谈话的过程中,国王没有征询克尔凯郭尔的意见,就告知仆人克尔凯郭尔会留下来用晚餐。对于大多数的人而言,这当然会被视为极大的荣耀,但是克尔凯郭尔相当薄情地拒绝了,他坚持说他不可能留下来吃晚饭(同上,页211-212)。国王继续邀请他,克尔凯郭尔只说了一句话:他是个喜欢安静的人。他以此暗示国王,这样的接触并不是他想要的。

因此,虽然我们可以说,克尔凯郭尔政治上是个保皇主义者,但这个说法应当加上限制条件。克尔凯郭尔并非对皇权毫无批判,而且,他喜欢取笑占高位的人和享有贵族名誉的人。他虽然对引发了1848年大革命的那种民主态势感到担忧,但他也不愿被迫充当任何直接的政治角色。他只想保持他对个体内在生活的首要关注。

2 《在不同精神里的训导讲演》和《爱的作为》中的苏格拉底

在《最后的非科学性的附言》和《文学评论》出版后的岁月里,

---

① 《遇见克尔凯郭尔》,Bruce H. Kirmmse编译,前揭,页211。

八　克尔凯郭尔的苏格拉底使命与著作的第二阶段:1846—1855

克尔凯郭尔继续多产,出版了大量作品。1847年,《在不同精神里的训导讲演》和《爱的作为》(Works of Love)以他的真名出版。在这两部著作中,克尔凯郭尔提到了苏格拉底,但不是直呼其名,而是称他为"古代单纯的智者"(simple wise man of antiquity)和"旧时代那个单纯的智者"(the simple wise man of old)。① 克尔凯郭尔在《在不同精神里的训导讲演》(Upbuilding Discourses in Various Spirits)里高举苏格拉底,把他作为正面人物,[170]与所谓的"群众"(the crowd)相对,②后者也就是他在《文学评论》中曾经为之表达过忧虑的大众。我们刚刚看到,克尔凯郭尔对作为集体的人持消极看法,比如一个政党、一个政治游说团体或利益团体,或者公共舆论。他相信,这些集体的人会扭曲甚至破坏个体的声音。一个人不敢反对大多数人的声音,因为害怕成为后者批判的对象。出于这个原因,克尔凯郭尔向苏格拉底致敬,因为苏格拉底倔强地捍卫个体。真理应在每一个特定的人身上去发现,而非在集体中。

克尔凯郭尔的《爱的作为》探索了圣经中"爱邻舍"这一诫命的含义。这本书的副标题是"讲演形式下的一些基督教沉思"(Some Christian Deliberations in the Form of Discourses),克尔凯郭尔在一段手稿中解释了"沉思"的本质和目标。沉思不同于训导讲演之

---

① 克尔凯郭尔,《爱的作为》(Works of Love), Howard V. Hong、Edna H. Hong译, Princeton: Princeton University Press, 1995,页371-373。《〈基督教讲演录〉,〈危机,一个女演员生活中的危机〉》(Christian Discourses. The Crisis and a Crisis in the Life of an Actress), Howard V. Hong、Edna H. Hong 译, Princeton: Princeton University Press, 1997,页133。

② 克尔凯郭尔,《在不同精神里的训导演讲》(Upbuilding Discourses in Various Spirits), Howard V. Hong 、Edna H. Hong 译, Princeton: Princeton University Press, 1993,页95-96。

类的其他文体。他解释说：

> 沉思不把定义预设为既定的和已被理解的；因此，沉思必定不会那么多地感动、安慰、说服人，而是唤醒和激发人，使思想更加敏锐。①

这里已经能看见苏格拉底的影子，他宣称什么也不知道，然后他不从任何预设开始，而是继续检审人们的意见，让他们更严谨地思考。这当然可能激怒人，因为人们总是陷入许多幻觉，以为自己真知道他们自称知道的很多东西。沉思的目标是将人们从种种关于爱的预设观念中摇醒。然后，克尔凯郭尔用另一个来自苏格拉底的象征谈到沉思："沉思应该成为一只'牛虻'。"（同上）此外，正如苏格拉底试图利用反讽达到真理，同样地，在沉思中"反讽[也]是必需的"（同上）。克尔凯郭尔似乎在说，《爱的作为》是紧跟苏格拉底式哲学思考的一种写作形式。

在一个段落中，克尔凯郭尔把苏格拉底的做法与基督徒的爱比较，②他认为，真正的爱是帮助其他人靠自己站起来，从而获得自由，就像苏格拉底向人提问时所做的那样。事实上，苏格拉底方法的目标，是让对话者[171]看到他并不知道他自以为知道的东西。对方的观点被还原成荒谬和矛盾。苏格拉底并没有试图告诉别人什么是真理，而是通过他的提问，将真理从这人身上"榨取"出来。我们知道，这就是苏格拉底所说的他的助产术或助产技艺。苏格拉底以这种方式宣称，他不是任何新知识或新信息的作者，他只是协助新知识来到世界，正如产婆给婴儿接生。

---

① 克尔凯郭尔，《爱的作为》，前揭，"Supplement"，页469。
② 克尔凯郭尔，《爱的作为》，前揭，页276–278。

八 克尔凯郭尔的苏格拉底使命与著作的第二阶段:1846—1855

克尔凯郭尔强调,虽然苏格拉底其实是在以这种方式帮助人,但他必须尽可能地保持无私和匿名。克尔凯郭尔在1851年的一则日记中,在这一点上反对了有些人对苏格拉底的批判:

> 指控苏格拉底受自爱驱使而间接以助产术的方式行动,以反讽的方式把自己隔离开来,这纯粹是天才般的胡话。不,按照苏格拉底的思考方式,准确地说,这才是爱。如果人人都必须自己帮助自己是真的,如果人的理想情况乃是自立于世间,那么防止一个正得到帮助的人变得依赖于他的帮助者,就完全正当——因为在那种情况下他将得不到帮助。这就是苏格拉底的理念……①

苏格拉底的行为可以看作一种自我牺牲,因为,他这样试图帮助别人,反倒常常引得别人生他的气。没有人喜欢发现他们以为真实的东西事实上是混淆的和错误的,在古代雅典,这一点导致的羞辱感,成了人们对苏格拉底的巨大敌意的来源。正是出于这个原因,苏格拉底不能大肆宣扬他要帮助别人,相反,他必须淡化自己的角色,而夸大一个事实,即那些人正在凭他们自己到达真理。克尔凯郭尔有些奇怪地将苏格拉底的这种做法称为"诱骗他人进入真理"(deceiving the other into the truth)。② 苏格拉底的对话者与苏格拉底说话时,并不知道苏格拉底是在帮助他清除自己错误的信念和幻觉,然后引导自己站立起来。最终,对话者获得自由应归功于苏格拉底,但他们也许永远不会意识到这一点。

这似乎明显正是克尔凯郭尔的榜样,他也通过自己的写作在

---

① 《克尔凯郭尔的日记与论文》,前揭,卷1,页45-46,编号109。
② 克尔凯郭尔,《爱的作为》,前揭,页277。

做同样的事。从否定的一面讲,他正在与关于基督信仰的错误理解斗争,这些错误理解来自国教、学术型神学家和哲学家,或者主流文化。而从肯定的方面讲,他就像助产士苏格拉底一样,嘱咐每个个体找到自己通往基督信仰的个体化方式。[172]他相信,这样做是在帮助其他人自己站起来,变得自由。

1847年,也就是《爱的作为》出版的同一年,克尔凯郭尔在一节日记中直接声明,他是在效法苏格拉底,利用助产术对付关于基督信仰的错误理解。他写道:

> 现在人们可以对我做任何想做的事情:羞辱我,不再阅读我的书,用手指着我的头,杀害我。但他们永远不能,永远不能否认我的观念和我的生活,这个观念、这种生活代表着许多年以来最具原创性的思想之一,也是丹麦语中最具原创性的思想,即,基督信仰需要一个专门的助产士。而我知道如何去做这样一个人——尽管无人知晓应如何理解这一点。①

因此,克尔凯郭尔将苏格拉底视为一个被其时代误解的人,他激起了同时代人的愤怒。更重要的是,他把在基督教语境中实践苏格拉底的助产术描述为"我的观念和我的生活"(my idea and my life)。接着,他解释了这个说法更准确的意思。他说,助产术的实践"认为人们拥有至高真理,但是它想要帮助他们知道自己拥有什么"。②问题是,在基督教界,人们所接受的关于基督信仰的观念真假混淆,与宗教的真正本质背道而驰。尽管人们不断地接触这些错误的观点,他们仍然有可能凭自己的内在和主体性达到正确

---

① 《克尔凯郭尔的日记与笔记》,前揭,卷4,页102-103,NB154。
② 《克尔凯郭尔的日记与笔记》,前揭,卷4,页103,NB154。

的信仰形式。因此,克尔凯郭尔所谓的"专门的助产士"(maieutic practitioner),其任务就是让人们从常常听到的错误观点中醒悟过来,触摸到自己的内在和激情。

3 克尔凯郭尔的《观点》

在上一章,我们提到了克尔凯郭尔死后出版的书《作为一个作者对我著作的观点》。就我们现在的语境而言,有一个事实特别重要:他数次提到苏格拉底,并清楚表明自己在某些方面效法这位[173]希腊哲人。比如,在著作导言中,克尔凯郭尔向读者解释说,《观点》并不是为他本人著作的辩护,他还将其与苏格拉底受审时的行为加以对比。他写道:

> 就算再没有什么相似之处,但在这一点上,我真的相信我与苏格拉底有某种达成共识的东西。①

他回忆起,苏格拉底在受审末了提到,他的命神完全没有试图拦阻他在受审中的那些言行,因此苏格拉底认为,这表示他没有什么危险,因为假如他要做什么错事,他的命神必像惯常所做的那样提醒他了。② 克尔凯郭尔解释说,这意味着在受审中苏格拉底从未真正试图为自己辩护,或者不如说,他的神圣的命神阻止他为自己辩护。克尔凯郭尔相信这样一种辩护将是个矛盾,大概因为苏格拉底的所行总是否定的,他若为自己辩护,也就等于要作出一些肯定的宣称。

---

① 克尔凯郭尔,《观点》,前揭,页24。
② 克尔凯郭尔已经在《论反讽概念》中提到这一点,以阐明命神的否定本质。见《论反讽概念》,前揭,页159–160。

在这里,或许我们可以讨论克尔凯郭尔以上解释的有效性,因为苏格拉底的确试图向评审团解释他的行为并为之辩护;但是,随后的事实却对克尔凯郭尔有利:当苏格拉底有机会提议其他的判决时,他并没有真的认真尝试去获得较轻的惩罚,他只是提议让他在巴台农神庙得到免费的饭食。无论如何,克尔凯郭尔认为,他拒绝为自己所做的事辩护,这是在效法苏格拉底,

> 在我里面,在我的辩证的关系中,存在一些东西使我不可能为自己的写作"辩护",而且这种辩护本身就不可能。①

在这一点上,克尔凯郭尔显然能设身处地理解苏格拉底的命运,他认为自己也受到了他所谓"群众"的不义迫害。

在另外一处文本中,克尔凯郭尔再次对越来越高涨的民主政制的呼声表示忧虑,他相信,民主在某种程度上消灭个体。在民主政制中,重要的不是作为个体的个体,而是由一群人集合起来的更大群体,即政党。一个人作为个体的声音,只有与大量别的声音一致时才会被听见。克尔凯郭尔由此 [174] 提出大量的概念,诸如"群众"、"大众"(the masses)、"公众舆论"(public opinion) 等,他用这些概念来描绘他眼中自己那个时代极其危险的趋势。相较之下,他本人的着重点则是坚持个体的不可削减的价值。他相信,即使一个人抱有不能与他人共有的观点,从而不得不作为个体孑然独立,这也应该得到尊重,并应在某种程度上具有合法性。但是在民主社会,这种属于个体的观点绝不可能真正作数,直到被一个更大的群体吸纳为止。

在这一点上,克尔凯郭尔同样相信他与苏格拉底是英雄所见略

---

① 克尔凯郭尔,《观点》,前揭,页24。

同。克尔凯郭尔解释了他对"单独的个体"的强调如何被人视为古怪,并指出,苏格拉底也因同样的缘故在他的时代被人视为古怪(同上,页68-69)。克尔凯郭尔指出,黑格尔将苏格拉底描述成伦理的发明者,是指后者发明了主观自由的观念,而他认为自己在那个时代重新引入了主观自由。在现代民主掌权的时代,邪恶的是群众,因此他认为,自己的使命之一就是通过关注个体与民主潮流作斗争。

在这部克尔凯郭尔反思自己著作的作品中,他为苏格拉底保留了一个特殊的位置,他承认后者是他的老师(同上,页55)。这就证实,克尔凯郭尔对苏格拉底的理解,并不是他少年时在硕士论文中一闪而过的兴趣,而是他全部著作中绝对的决定性因素。

4 1848年革命与《致死的疾病》

1848年,革命席卷全欧洲。人们反抗绝对君主制,要求制定宪法限制国王的权力。这是1789年法国革命以来欧洲最为激进的政治变革时期。革命始于法国,然后快速传播到包括德意志联邦、意大利联邦、哈布斯堡王朝、波兰、比利时、罗马尼亚在内的广大地区。丹麦也爆发了革命。1848年3月21日,国家自由党人游行到皇宫,[175]要求新任国王弗里德里克七世(King Frederick VII)创建一个新的民主宪政。国王同意了,双方开始谈判,谈判持续了一年多,最终新宪法获得一致通过,并在1849年6月5日签署生效。

《致死的疾病》出版于1849年7月30日,即丹麦宪法引入之后不久,因而也就是在不流血革命刚刚完成之时。克尔凯郭尔引入了一个新的假名作者,名字是反克利马科斯(Anti-Climacus),这个反克利马科斯把人类遭遇的不同形式的绝望划分了类别。他把绝望理解为罪的一种形式,最后,他建议人拥抱基督信仰,作为解决绝望的方法。有人可能认为,这部著作与克尔凯郭尔关注苏格拉底没什么相干,但事实上,反克利马科斯也高举苏格拉底,作为他所在时代需要的典范。

在一个简短的小节中,反克利马科斯对比了苏格拉底与基督徒对罪的理解。这段讨论必须放在丹麦当时动荡的政治环境下来看。在立宪会议的谈判过程中,当然有许多不同的声音,每个人似乎都对时代需要什么有自己的明确观点。在《致死的疾病》中,克尔凯郭尔以有点古怪的方式提到这一点。他没有提到任何特定的政治领袖、政党或者现代事业,而是重新聆听苏格拉底的教诲。他写道:

> 苏格拉底!苏格拉底!苏格拉底!是的,我们最好三次呼唤你的名字:甚至呼唤十次也不算太多,如果这有什么帮助的话。流行的看法认为,世界需要共和,需要一个新的社会秩序和一个新的宗教。但是,没有人考虑到,世界只是被太多的知识搞乱了,世界所需要的是一个苏格拉底。①

为什么他认为,在欧洲的1848年革命之后,在一切人中,恰恰是古代哲人苏格拉底有着如此迫切的重要性呢?

克尔凯郭尔提出,他的时代需要的是"反讽的-伦理的纠正"(ironic-ethical correction,同上)。这正是苏格拉底为其同时代人提供的东西。[176]苏格拉底借助反讽纠正其同胞的愚蠢,他宣称自己一无所知,并假装相信别人知道一切他们自诩知道的事。在克尔凯郭尔的时代,人们也满以为他们知道国家需要什么。每个人都有自己关于宪法本质或者政府架构的观点。克尔凯郭尔似乎在这段话

---

① 克尔凯郭尔,《致死的疾病》(*The Sickness unto Death*), Howard V. Hong、Edna H. Hon译, Princeton: Princeton University Press, 1980, 页92。

里暗示他们搞错了,他们实际上并不知道。现在需要的是一个人站出来,借助现代版本的苏格拉底式反讽,来让人们看到他们自己并不知道。他注意到,人们急于超越苏格拉底,构建一些肯定的学说,或者提出一些解决当前政治乱局的方法。但克尔凯郭尔宣称,现在需要的不是克服苏格拉底的无知并超越苏格拉底,而是回到苏格拉底,即回到苏格拉底的无知。

我们已经看到,克尔凯郭尔的目标是指出基督信仰不能作推论式的理解,因为它乃基于悖论、荒谬或矛盾。因此,试图理解它只能歪曲它真正的本质。克尔凯郭尔写道:

> 我将这视为一个完全伦理性的任务。在这个所有"他者"(the others)都在忙于理解(基督信仰)的非常思辨的时代,完成这个任务所需要的也许不只是一点点自我否定。此任务即,承认一个人既没有能力也没有义务非得理解基督信仰。毫无疑问,我们的时代和基督教界所需要的,恰恰是在基督信仰方面有一点点苏格拉底式的无知。(同上,页99)

因此,苏格拉底被高举为一个能够纠正19世纪错误的哲学和神学观念的人。苏格拉底的无知,是纠正对基督信仰的错误观念的工具。

克尔凯郭尔回顾说,苏格拉底基于神谕,将自己的行为视为神明所允准的。苏格拉底相信,凭着神谕曾说他是最有智慧的人,他已经被授命去探究其他人自诩拥有的智慧,并在这种智慧被证明缺乏根基时摧毁它。克尔凯郭尔认为自己的使命与苏格拉底的使命类似,只是,他要追究的问题不是知识,而是基督信仰的本质。克尔凯郭尔走遍哥本哈根,探索对基督信仰的不同观念,而他认为那些观念都错了。在他的著作里,他试图指出这些观念的矛盾和问题,以[177]便摧毁这些观念,正如苏格拉底处理他遇到的各种关于拥有知识的宣称那样。但是,克尔凯郭尔克制了冲动,没有提出一种不同的针对基督信仰的肯定观念,好与他所批评的那些观念唱对台戏,正如苏格拉底也拒绝提出关于真理本身的任何肯定学说。两个人都安于否定。因此,克尔凯郭尔是运用苏格拉底式的无知捍卫基督信仰,对抗当时哲学和神学中种种错误的肯定性宣称。

5 克尔凯郭尔的《基督教中的实践》

1850年,克尔凯郭尔出版了《基督教中的实践》,署名仍是《致死的疾病》的假名作者——反克利马科斯。这部著作被分为三节或者三个编号。第一节研究《马太福音》11章28节,在那里耶稣说:"凡劳苦担重担的人,可以到我这里来,我就使你们得安息。"克尔凯郭尔之前在圣母教堂(Church of Our Lady,见插图8.1)的周五圣餐礼上做过一场关于这节圣经的布道,那是1847年6月18日,布道文在1848收入《基督教训导讲演》出版,是全书的第四部分。克尔凯郭尔这篇分析的灵感,很可能部分来自丹麦著名雕塑家托瓦尔森(Bertel Thorvaldsen)为圣母教堂圣坛创作的耶稣雕像。

在这部著作的第二部分,克尔凯郭尔讨论了《马太福音》11章6节,在那里耶稣说:"凡不因我跌倒的,就有福了。"克尔凯郭尔试图借助他的假名作者,带我们回到耶稣的时代,去捕捉当时人们看到耶稣并听耶稣传道时的体验。他指出,那时人们并非看见了一位上帝,而是看见了一个谦卑的人。耶稣巡游乡间,带着一群门徒传播他的信息,身上没有任何征服和得胜气概。最重要的是,克尔凯郭尔强调,当时许多人都很反感耶稣是神子和救赎主这一观念。他们无法将这种观点与耶稣谦卑温顺的外表联系起来。因此,他们没

八 克尔凯郭尔的苏格拉底使命与著作的第二阶段:1846—1855 213

图 8.1 圣母教堂内部

有信,反倒因这观念感到受冒犯,以致跌倒。此处很紧要的一点是,这正是基督教信仰的一个重要和本质的部分,如果我们希望把握基督信仰的真实画面,就不能忘记这一点。反克利马科斯坚持基督信仰必须包含"冒犯的可能性"(the possibility of offense)。[178]把耶稣描绘成一个强有力的得胜人物,是对历史中的耶稣的歪曲。耶稣同时代人看到的耶稣不是这样的,但是无论如何,他们选择了相信。换言之,如果可以直接看到耶稣是一个大能的超人式人物,许多人大概马上就会信了,然而,这样的描绘排除了人受到冒犯的可能性,因为没有人会讨厌把一个强有力的得胜人物视为救赎主或神子。但若果真如此,将是[179]对信仰本质的误解和歪曲。克尔凯郭尔认为,我们必须像耶稣同时代的人那样,抛开他谦卑的外表去相信,不管别人是否因此感到被冒犯。若没有冒犯人的可能,也就没有信仰。

克尔凯郭尔在讨论中将基督称为"一个矛盾的标志"(a sign of contradiction),① 因为基督既是人又是上帝,或者说,他是"神人"(God-man)。换言之,我们的常识告诉我们,事物总是非此即彼,我们能很好地理解上帝这一观念,也能理解人这一观念,但是两者合在一起就是一个矛盾。因此,基督信仰的基本观念与我们的理解能力相悖。但克尔凯郭尔宣称,必须维持这个矛盾,因为这正是信仰所需要的东西。他在这里脱离了基督教护教家们的悠久传统,后者试图使基督的二性这一观念更可理解、更好懂。他们的目标就是让人更容易理解这个核心的基督教教义。但是,克尔凯郭尔固执地坚持,这是一个错误。真正的基督信仰与解释或化解这个困难无关,反而是要深化并强调这个困难。

我们在这里再次看见苏格拉底对克尔凯郭尔写作计划的影响。克尔凯郭尔用"冒犯"和"矛盾的标志"这样的概念来强调信仰之艰难,而非让信仰更容易。这些概念绝非能够解释事物的肯定学说,而是否定的,仅仅向我们展示了人类理解和解释的限度。因此,正如苏格拉底向人们提问,通过揭示对话者的错误使认知变得更为困难,克尔凯郭尔也通过揭示同时代人对基督教信仰的错误观念,

---

① 克尔凯郭尔,《基督教中的实践》(*Practice in Christianity*), Howard V. Hong、Edna H. Hong 译, Princeton: Princeton University Press 1991,页124。

使基督信仰变得更加困难。克尔凯郭尔眼中的苏格拉底说自己无知,并且不会提出问题的解决方法;同样,通过他的假名作者,克尔凯郭尔也不给出自己关于耶稣道成肉身或耶稣本质的说法,作为问题的解决。相反,他只是说,这是一个无法由理解力来把握的矛盾,就让它留在那里好了。

6 攻击教会

[180]1854年到1855年是克尔凯郭尔人生的最后时光,他毫不留情地向丹麦国教及几个突出的代表人物发起了攻击。他写了一系列辩论文章展开批判,发表在《祖国》杂志和他自己的出版物《瞬间》上。他猛烈批判神职人员和主教们的腐败、虚伪以及对基督信息的扭曲。这场攻击对丹麦社会而言是一大丑闻,甚至在克尔凯郭尔死后多年,人们还认为提起此事是不礼貌的。

发起这场攻击的直接契机是老对手马滕森的一场布道,他刚刚被委任为西兰岛的主教和丹麦国教的总主教。马滕森在布道中提到他的前辈,新近因病去世的明斯特(Jakob Peter Mynster,见插图8.2),说他是"一个真理的见证者"(a witness to the truth)。克尔凯郭尔针对这样的描述,写了一篇文章,《明斯特主教是真理的见证者吗?》("Was Bishop Mynster a 'Truth-Witness?'"),发表在1854年12月18日的《祖国》杂志上。克尔凯郭尔借此机会发展了他所谓"新约基督信仰"(New Testament Christianity)的观念,证明这种信仰如何与明斯特和马滕森的生活格格不入。

克尔凯郭尔的所谓"新约基督信仰",似乎指新约中记录的初代基督徒所践行的基督信仰的形式。他指出,那时的基督教对信徒提出了很高的要求。初代基督徒生活贫穷,他们经常为信仰殉道,且被罗马主流社会嘲笑和厌恶。在那时的古代罗马世界,标榜自己的基督徒身份会带来生命的危险。基督徒必须秘密聚会以举行教会礼拜。在这种情况下,信仰是一件非常困难的事情。那时,基督教是一个小众的边缘宗教,信徒的信仰随时会遭到社会的公然排斥。因此,在克尔凯郭尔看来,做一名基督教真理的见证人需要付出巨大的牺牲。

图8.2 雅各·彼得·明斯特主教(1775—1854)

在此语境中,克尔凯郭尔再次看到基督徒与苏格拉底的相似之处。真正的基督徒是一个必须随时准备殉道的人:他必须时刻准备为信仰受苦,甚至被杀害。苏格拉底在某种意义上就是哲学的殉道者,他不屈不挠地寻求真理,即使因此招来敌对者。人们开始厌恨他,因为他暴露了他们的傲慢和无知。甚至到最后,他也从未否定或者[181]后悔自己的行为,反倒对他的信念坚定不移。归回新约基督信仰也需要这种决心。像克尔凯郭尔这样揭示当时教士阶层的虚伪和腐败的人,将会像苏格拉底一样,遭人嘲笑、记恨。从与《海盗报》的冲突中,克尔凯郭尔明白了经历这些是怎么回事,他将自己视为一名殉道者。

随后,他比较了他关于新约基督信仰的观念与丹麦国教的光景。他看见,国教高层人士绝对谈不上为信仰牺牲。他们没有遭受迫害的风险。他们从来不需要为信仰冒生命的危险。相反,他们属于最受尊重的社会成员,并且从国家领取固定薪俸。克尔凯郭尔认为,这与新约中所发现的基督信仰的真正本质完全不相协调。成为基督徒没有使神职人员饥寒交迫,相反,他们靠这来养活自己。成为基督徒没有使神职人员变成社会所厌恶的放逐者,相反,他们是社会的栋梁。克尔凯郭尔相信,这从根本上扭曲了基督信仰的[182]真实本质。他要求神职人员要么归回正路,以更加符合新约基督信仰的严格要求,要么就不要称自己是基督徒。

克尔凯郭尔也批判平信徒,他们仅仅因为出生在基督教国家,就称自己是基督徒,他们在这个国家一出生就自动成了国教的成员。克尔凯郭尔认为,这也不符合基督教义的真实本质,因为基督信仰要求个体这一方面付出自觉的信仰行动。如果没有自觉的选择,一个人就不能称自己是基督徒。

克尔凯郭尔以这些观点向同时代人提出严峻挑战,警戒他们宗教上的自满。成为基督徒需要人每一天、每一小时都去努力,① 需要人在许多方面牺牲正常的中产阶级生活。克尔凯郭尔对未来的警

---

① [译注]参《圣经·马太福音》11:12:"从施洗约翰的时候到如今,天国是努力进入的,努力的人就得着了。"

告,显然就是要人们留心这一点,始终关注新约基督信仰的高要求,而不要误入歧途,陷入某种不冷不热的信仰中。在他眼中,那是对真信仰的一种怪诞的扭曲。

7　最后一期《瞬间》

克尔凯郭尔为《祖国》和《瞬间》写作时,住在圣母教堂和主教宅邸街对面的一幢房子里,与主教马滕森的府邸相隔咫尺。住在这里的期间,他出版了九期《瞬间》,在刚好完成第十期也就是最后一期时,他患了致命的疾病,病倒了。

《瞬间》第十期是一部有趣的作品,克尔凯郭尔在书中反思了他攻击国教的策略,我们可以再次看到,这里出现了一些苏格拉底形象的有趣暗示。在题为"我的任务"(My Task)的一节,克尔凯郭尔提醒他的读者,他从来没有称自己是一名基督徒,还说他们记住这一点至关重要。也许有些人听到这里会感到惊奇,因为任何一篇关于克尔凯郭尔的文字介绍,或者百科全书里关于他的条目,开篇都说他是一位[183]基督教作家。可他却说他从未将自己称作基督徒,这是什么意思呢?

教会历史充斥着不同的教派和派系,每一派都宣称自己知道基督教真理,同时批评别人不知道。他们把自己视为真正的基督徒,认为其他人都不够格,以此占据某种道德高地。克尔凯郭尔不想让人以为他把自己高举为道德权威。假如他宣告自己是真正的基督徒,就会把自己暴露在对手面前,引来他们的批判,他们会说他是一个伪君子。为了避免这种情况发生,他干脆说他不是基督徒。在《作为一个作者对我著作的观点》中,他如此解释:

八　克尔凯郭尔的苏格拉底使命与著作的第二阶段:1846—1855

如果所有人是基督徒只是个幻觉,如果要为此做些什么,那么,就得间接地做。而且,这个人不能大声宣称自己是非凡的基督徒,他甚至要宣称自己不是基督徒——因为他更有见识。①

因此,克尔凯郭尔没有如此宣称,而是采取不同的策略。他描绘了一幅新约基督信仰的图景,这样的信仰极难活出来,以至于它最终只是一种不可达到的理想。他不是基于自身的权威来确立他批判的正当性,而是基于这种理想的信仰,这种让19世纪丹麦国教望尘莫及的理想。高举这个理想,他就可以批判他眼里同时代人腐败而虚假的基督信仰,而不必冒天下之大不韪地宣称只有他个人体现了这个理想。简言之,是这个理想在为他做批判的工作,他需要做的,仅仅是将这理想指给人看。

这也是一种苏格拉底式的策略。像苏格拉底一样,克尔凯郭尔口上宣称自己一无所知。苏格拉底四处游走,问别人知道什么;克尔凯郭尔也努力探究别人关于基督信仰的观念。苏格拉底发现,尽管那些人宣称知道某些事情,但他们事实上是无知的;克尔凯郭尔也看见,尽管他的同时代人宣称他们是虔诚的基督徒,但他们却对基督信仰有错误的理解。苏格拉底始终以真理为目标,不断地问人们知道什么,希望有一天能发现真理。就好像苏格拉底有一个关于真理的[184]概念或理想,是他永远没法达到的,克尔凯郭尔也有一个关于基督信仰的理想,却说他并不称自己为基督徒。苏格拉底或克尔凯郭尔都没有宣称自己达到了理想,他们的任务是表明其他人没有达到这理想,尽管这些人也许宣称他们已经达到了。因此,

---

① 见克尔凯郭尔,《观点》,前揭,页43。亦见《基督教中的实践》,前揭,页54。

克尔凯郭尔写道:

> 我面前唯一的同类就是苏格拉底;我的任务是一个苏格拉底式的任务,即审查一个定义:什么叫作成为一名基督徒——我不把自己称为基督徒(我使理想保持自由),但我能证明其他人更不是。①

这段话清楚表明,克尔凯郭尔是利用苏格拉底这位异教哲人,去批判他心目中那个时代有关基督信仰的错误观念。苏格拉底面对没有人比他更智慧这一神谕,他解释说,这话的意思不过是说,其他人都宣称自己知道一些事,实际上是无知的,他却至少知道自己无知,正是在这唯一的一点上,他比其他人智慧。类似地,克尔凯郭尔也可以指出,其他人效法的基督信仰的版本是错误的,尽管每个人都自认是虔诚的基督徒;克尔凯郭尔与他们的不同,仅仅在于他认识到自己不是基督徒,而其他人则仍然相信自己是基督徒。因此,他像苏格拉底一样,避免作出关于自己身份的肯定宣称,他的计划是否定的,是揭示其他人观点存在的问题。

苏格拉底与智术师作斗争。智术师为金钱而教人,他们毫不犹豫地宣告某某是真理。克尔凯郭尔看到,他自己时代的教士和神学教授也与智术师相似,他们从国家得到优厚的工钱。他们也是为金钱而教人,甚至得到国家财政的支持。他们宣称在传授基督信仰的真理,但是,按照克尔凯郭尔的说法,他们表达的关于基督信仰的概念从深层而言大有问题。因此,在克尔凯郭尔眼里,这些人就是现代的智术师,而他则是现代的苏格拉底。

---

① 克尔凯郭尔,《〈瞬间〉与晚期作品》,前揭,页341,亦见《克尔凯郭尔的日记与论文》,前揭,卷1,页46,编号109:"我从苏格拉底的……开始。"

8　克尔凯郭尔的病与死

[185]毫无疑问,克尔凯郭尔与丹麦国教的公开冲突使他付上了代价。克尔凯郭尔甚至在健康情况最好的时候也不曾拥有强壮的体魄,也许是因为压力和繁重的工作,他病得越来越厉害,后来终于支撑不住,于1855年10月2日入腓德里克医院(Frederik's Hospital)救治。一些亲戚定期来探望,例如他的外甥,但是,当他的哥哥彼得来探望他的时候,他拒绝见面。克尔凯郭尔很生他哥哥的气,因为后者于1855年7月5日在罗斯基勒教会会议(Roskilde Ecclesiastical Convention)上作了一场演讲,言下对克尔凯郭尔攻击教会不无批评之意。① 无论如何,病中的克尔凯郭尔有他的朋友博杰森定期前来拜访,后者为后世留下了克尔凯郭尔生命中最后时日的记载(同上,页121-122)。

随着病情继续恶化,康复的希望越来越渺茫。博杰森问克尔凯郭尔要不要领圣餐,他拒绝了。他宣称,他只愿从门外汉那里领受圣餐,而不愿从牧师那里领受。这在当时的丹麦当然不合法,因为只有按立牧师才可以举行这种仪式(同上,页125-126)。克尔凯郭尔宣称他死前不领受圣餐,并向博杰森解释说:"牧师不过是皇权之下的公务员,他们与基督信仰没有任何关系。"(同上,页126)

克尔凯郭尔患有中风,这导致他的腿部和下半身逐渐动弹不了。后来,情况逐渐恶化,他不能抬头,甚至完全不能动。他一天一天地衰弱下去,最后陷入昏迷状态,不再认得任何人,也不能说话。1855年11月11日晚,克尔凯郭尔与世长辞。克尔凯郭尔去世之前已经耗尽

---

① 《遇见克尔凯郭尔》,Bruce H. Kirmmse编译,前揭,页259-260、304。

了他的钱财,他整个一生都靠父亲留下的遗产生活,其中绝大部分花在了1855年这场病上。他死后留下的,只有他的大量藏书。

9 克尔凯郭尔的葬礼与出殡

1855年11月18日,克尔凯郭尔的葬礼在圣母教堂举行。鉴于克尔凯郭尔对国教的极端攻击,[186]此情此景不无尴尬。也是出于这个原因,很少教士敢于来此露面,因为他们害怕被人认为同情克尔凯郭尔的事业。唯一的例外是克尔凯郭尔的哥哥彼得,他是克尔凯郭尔唯一活着的直系亲属,其次,是副主教特莱德(Archdeacon Eggert Christopher Tryde),他是主礼牧师(见插图8.3)。对于特莱德而言,这是一个困难的差事,一方面,他绝对不能批判克尔凯郭尔对国教的攻击,恐怕显得他在说逝者的坏话,但是另一方面,他又绝对不

图8.3 埃盖特·克里斯托弗·特莱德(1781—1860)

能完全忽略不提,因为这个新近发生的论战已经吸引了公共领域的大量关注。

彼得称赞了克尔凯郭尔一番,讲述他父亲的生平和他弟兄姊妹的早逝(同上,页132)。他无法完全回避围绕克尔凯郭尔攻击国教带来的争议性话题,尽管他说葬礼不是讨论这些话题的适当场合。虽然如此,彼得还是强调,他认为自己的弟弟对国教批判得太过分,他无法接受索伦在《祖国》和《瞬间》上那些文章字里行间所说的东西。

[187]有很多人来到克尔凯郭尔的葬礼;事实上,教堂里挤得水泄不通。但据说其中只有少数社会名流,人群中的大多数来自较低的社会阶层。这可能暗示克尔凯郭尔的著作在普通人中间更受欢迎,这些人不是受过训练的学者或大学生。或者这个现象也可以用一个事实来解释,即克尔凯郭尔是一个著名的公共人物,人们每天看到他定时在哥本哈根散步。这里无疑还有凑热闹的成分,因为人们热衷于观看官方国教如何应对这种尴尬和敏感的场合。

教堂的追思礼拜结束之后,人们列队走向阿塞斯腾公墓(Assistens Cemetery)举行葬礼。克尔凯郭尔将被埋葬在他的家族墓地,就是他的母亲、父亲和弟兄姐妹埋葬的地方。特莱德牧师主持了简单的告别仪式,之后,突然,克尔凯郭尔的外甥,一个名叫隆德(Henrik Lund)的年轻人开始发言。隆德是学医的学生,他那时在腓德克医院做实习生,因此,他亲自见证了克尔凯郭尔最后的日子。

绝对让每个人始料未及的是,隆德以一种论战和激动的语气向墓地旁的群众演讲。特莱德牧师试图阻止,因为隆德不是按立牧师,无权在仪式上发言。但是,在场人群的情绪支持了隆德,他们大声鼓励他,特莱德几乎没有办法阻止他发言。隆德首先介绍他跟克尔凯郭尔的关系,他是克尔凯郭尔已故的姐姐尼古莱妮(Nicoline Christine Kierkegaard)的儿子,尼古莱妮死于1832年。但是隆德声明,他不仅是克尔凯郭尔的亲戚,也是他的朋友。此外,他也同意克尔凯郭尔的观点。隆德指出,追思礼拜上的每个人发言时似乎都在绕弯子,顾左右而言他,小心翼翼地避免提到克尔凯郭尔实际的写作事业和看法。因此,他觉得有责任谈谈克尔凯郭尔前不久在《祖国》和《瞬间》上发表的那些批判国教的文章。

隆德的主要观点是,国教为克尔凯郭尔举行正式的葬礼并予以安葬,不过证明了克尔凯郭尔对国教的批判完全正确。在对他贬义地称之为"官方国教"的攻击里,克尔凯郭尔曾批评说,[188]做一名基督徒在丹麦已经成了理所当然的事,以至于对效法者提出极高要求的基督信仰的实质内容遭到扭曲甚至破坏。在他人生的最后几年里,克尔凯郭尔不遗余力地批判官方国教的这种观念,并且使自己与这种观念保持距离,但是尽管如此,国教仍然毫无疑问地似乎视他为忠心的一员,现在又为他举行正式的葬礼。隆德认为,这样的事绝不会在其他任何宗教内发生,比如犹太教和伊斯兰教。如果有人像克尔凯郭尔攻击丹麦国教那样,攻击这些宗教的宗教机构,那么根本不可能为他举行正常人的葬礼。丹麦国教仍然明确地将克尔凯郭尔视为其中一员,给予他这样的葬礼,这在隆德看来就是一个明证,证明事实上丹麦国教对于基督信仰真的没有什么具有实质含义的概念,就像克尔凯郭尔所认为的那样(同上,页134)。

在他的连珠妙语快结束时,隆德向国教发起猛烈抨击。他问:如果丹麦的官方教会不代表真正的基督教会,那么它代表什么呢?他的回答让特莱德大惊失色,他说,丹麦国教是一个腐败的机构,完全受它与世俗权力的关系所制。隆德直接命围观的人们离开官方国教,并且抗议这样一个葬礼,认为它有违克尔凯郭尔的信仰和意愿。既然克尔凯郭尔死了,不能为自己辩护,隆德作为他的朋友,就感到有责任替他这样做。他说完后,一些人喝彩,喊道"好啊!",甚至有人高呼"打倒教士！"（同上，页133）。

这是当时的一大丑闻，那些曾经在墓地旁的亲历者一次次地向未到场的人叙述。一些人能共鸣促使隆德发表抗议时的情绪，但是认为他表达的方式过激。其他忠于国教的人则大为震怒。报上有文章评论这次爆炸性事件，隆德本人也于三天后即1855年11月22日在《祖国》发表了他的演讲全文。不用说，国教官方对此很不高兴。马滕森主教在这件事上行使他的权威起诉了隆德，隆德最终不得不为他的行为付出了高昂的罚金。

[189]隆德事件激化了克尔凯郭尔的文章引起的争议。结果是，在克尔凯郭尔死后的岁月，他的名字至少在丹麦总是与丑闻和不愉快有关。毫无疑问，这对他的思想最初被人接受造成了负面影响，因为这拦阻了人们以学术方式探讨他的著作，人们害怕与他导致的丑闻扯在一起。过了好些时间，丑闻才平息下去，新的一代已经长大成人，他们不再像上一代人那样受它影响。因此，人们对克尔凯郭尔思想的接受是慢慢开始的，然而一旦开始，就随着岁月的流逝与日俱增。

10 克尔凯郭尔留下的遗产

关于克尔凯郭尔留下的遗产，或者他的思想被后来的哲学家、神学家和作家接受的情形，我们能说些什么呢？观念史家试图给我们讲述哲学史的故事时，并不真正花时间详细处理任何一位个体思想家，相反，他们倾向于粗线条的描绘，他们往往只看连续性，而这种连续性使他们得以把思想家分组处理。因此，他们讲述不同思想流派的故事：理性主义、唯心主义、经验主义、唯物主义、现实主义等等。简言之，他们讲的是关于各种"主义"的历史。但当涉及个体思想家的精微思想时，这种处理方法不可避免地导致了种种扭曲。因为，他们难免将克尔凯郭尔视为某个思想流派或某种主义的一员。

存在主义者很快将克尔凯郭尔奉为他们流派的重要鼻祖。[①]他们在克尔凯郭尔的作品中看到一些重要概念的分析，比如"自由""疏离""真实性""无意义""绝望和焦虑"。这些要点都极大地激发了与存在主义传统相连的作家的写作，比如波伏娃、加缪、海德格尔、雅斯贝尔斯、马塞尔(Gabriel Marcel)、萨特等等。

[190]与解构运动和后现代主义这条线相连的哲学家和文学理论家，也将克尔凯郭尔视为他们一些核心观点的重要先驱。[②]他们尤其被克尔凯郭尔对反讽的兴趣吸引。在他们看来，克尔凯郭尔使用假名写作，正好支持了他们关于作者已死的观点。他们也赞扬克尔凯郭尔在写作中运用了不同视角和不同作者的声音，认为他是后来所谓的让意义无限延异(indefinite deferral of meaning)这种做法的先行者。波德里亚(Jean Baudrillard)、德勒兹(Gilles Deleuze)、德里达(Jacques Derrida)、拉康(Jacques Lacan)以及保罗·德曼(Paul de Man)等重要人物，都是从这个维度接受克尔凯郭尔思想的。

神学家和宗教作家当然也热衷于利用克尔凯郭尔的著作。[③]

---

① 见《克尔凯郭尔与存在主义》(Kierkegaard and Existentialism), Jon Stewart编, Aldershot: Ashgate 2011(Kierkegaard Research: Sources, Reception and Resources, 卷9)。

② 见《克尔凯郭尔与后/现代》(Kierkegaard and Post/Modernity), Martin J. Matuštík、Merold Westphal编, Bloomington, Indianapolis: Indiana University Press, 1995。

③ 见《克尔凯郭尔对神学的影响》(Kierkegaard's Influence on Theology), 三卷本, Jon Stewart编, Aldershot: Ashgate 2012(Kierkegaard Research: Sources, Reception and Resources, 卷10)。

八 克尔凯郭尔的苏格拉底使命与著作的第二阶段：1846—1855　227

克尔凯郭尔最初的国际性影响来自德国，在那里他被视作著名的"辩证神学"运动的一个重要影响源，巴特（Karl Barth）、布鲁纳尔（Emil Brunner）、布尔特曼（Rudolf Bultmann）和蒂利希（Paul Tillich）都参与了这场神学运动。尽管克尔凯郭尔本人属路德宗，但他也是其他信仰和其他宗派的思想家们的灵感，包括改革宗、天主教和犹太教的思想家们。

文学家，包括小说家、剧作家和文学评论家，也在克尔凯郭尔那里找到了重要的灵感来源。① 世界各国的作家都试图创造克尔凯郭尔式的角色，或者以文学方式探索克尔凯郭尔作品中讨论过的焦虑、绝望等情绪。类似地，还有人尝试模仿并进一步推进克尔凯郭尔本人用过的、经常是先锋性的文学技巧。著名的作家如易卜生、乔伊斯、卡夫卡、托马斯·曼、里尔克、斯特林堡等，都踊跃地借鉴克尔凯郭尔，并且受惠于他。

在追溯思想史时，当然应该看到后来这些思想家[191]如何化用克尔凯郭尔的著作，这是有益的。但我们也必须小心，不要自动将克尔凯郭尔与后来的学派和思潮关联起来。克尔凯郭尔是个独一无二的人物，他的著作拒绝接受通常的标签。将他视为某个特殊流派中的一员，可能导致他的思想遭到扭曲。后来的思想家往往会挑出克尔凯郭尔思想中某些与自己的思想议题相关的特殊方面，但不管这些方面有多重要，这种方法无一例外地都导致了一种选择性阐释。因此我们可能应该谨慎些，不要给克尔凯郭尔贴任何标签来限定他。不过，可以肯定的是，将克尔凯郭尔称为存在主义者或者

---

① 见《克尔凯郭尔对文学和批评的影响》(*Kierkegaard's Influence on Literature and Criticism*)，五卷本，Jon Stewart 编，Aldershot: Ashgate, 2013 (*Kierkegaard Research: Sources, Reception and Resources*, 卷 12)。

后现代主义者,从而把他与后来的思想者关联起来,的确创造了某种新的思想语境,探讨这一新的思想语境可能会富有成效,也很有用。但是,这种新语境中的思想,当然已经不同于原初语境中克尔凯郭尔本人的思想。

可以稳妥地说,克尔凯郭尔的思想不能简化成一个单一的要素,或一个单一的思想倾向。我们需要从不同的视角、用不同的解释去观看,才能充分理解他的作品。提到后世对克尔凯郭尔思想的接受,有人也许想说,这与后世对苏格拉底思想的接受一样。苏格拉底是一个否定的思想家,因为这个希腊哲人总是宣称自己无知,绝不以自己的名义给出任何肯定的观点,这就为后人对他的解释留下了一片有待填补的真空。结果,后世许多互相抵触的哲学流派都宣称自己起源于苏格拉底。克尔凯郭尔也是如此,他自己的苏格拉底式任务,使他在很多方面也是一位否定的思想者,从而使他有可能被许多不同的思想流派所"化用",其中有些流派的思想甚至互相冲突。克尔凯郭尔思想的这种否定或开放的维度,也许能解释他何以能持续吸引那么多不同的读者,满足他们不同的兴趣。

11 基督徒对苏格拉底的化用

我们在第二章看到,年轻的学生克尔凯郭尔在1835年夏天来到古勒莱厄,试图弄清楚他一生要做什么。正是在这个地方,他表达了自己深切的渴望,那就是,他要找到一个对他个人而言具有深刻意义的真理,他称之为[192]"一个[他]愿意为之生、为之死的真理"。[①] 似乎可以肯定,克尔凯郭尔在吉勒莱厄的体验,以及他讨论

---

① 《克尔凯郭尔的日记与笔记》,前揭,卷1,页19,AA:12。

八 克尔凯郭尔的苏格拉底使命与著作的第二阶段:1846—1855 **229**

苏格拉底和反讽的硕士论文,深刻地影响了他后来思想的发展。

克尔凯郭尔死后仅一个月左右,有一位名不见经传的丹麦神学家,海尔维格(Hans Frederik Helveg),发表了一篇名为"丹麦的黑格尔主义"(Hegelianism in Denmark)的文章。这个标题有些误导人,因为海尔维格只在开头简要提到丹麦黑格尔主义运动中的一些主要著作和人物,文章的大部分篇幅其实都在评论克尔凯郭尔的《论反讽概念》。作者把克尔凯郭尔与黑格尔相连,这事本身并不值得惊讶,因为我们已经看到,克尔凯郭尔从黑格尔那里获得了大量灵感,尤其是这位德国哲人对希腊世界和对苏格拉底这个人物的解释。因此,海尔维格将《论反讽概念》作为丹麦黑格尔接受史中的一个重要组成部分,并不是空穴来风。

现代学者有点倾向于忽略《论反讽概念》,贬低它的重要性,海尔维格却看到,这部著作对克尔凯郭尔的作品总体上非常重要。他这样写道:

> 那些被安排来评审论文的哲学系教授们几乎不怀疑,在这位年轻作者的论文中,他们与其说看到了取得硕士学位的资格,不如说看到了一个人生计划;他们几乎不怀疑,这篇论文跟解决学术问题无关,而是关乎人生使命(task of life)的事情。①

海尔维格强调,克尔凯郭尔并不关注抽象的学术知识,而是强调对他个人真实的、与他的生命相关的知识。为了支持这个判断,海尔维格引用了《论反讽概念》结尾的句子,克尔凯郭尔在那里宣称:

---

① 海尔维格,《黑格尔主义在丹麦》("Hegelianismen i Danmark"),载于 *Dansk Kirketidende*,卷10,第51号,1855年12月16日,页830。

> 如果说我们这代人有什么任务的话,那么,这任务必定是把科学成就转化为个人生活,个人性地去化用这种成就。①

表面上看,克尔凯郭尔是在抗议人们为了学术而学术。上大学、学习新事物的要旨,不仅仅是理解[193]世界运行的方式,这种知识还应该改造或转变为某种个人化的东西。如克尔凯郭尔所言,每个人都必须在自己的境遇和生活背景下"化用"知识。因此"化用"绝对是克尔凯郭尔理解如何恰当获取并利用知识的核心理念。

克尔凯郭尔对苏格拉底的借鉴进一步支持了海尔维格的说法。但现在,在即将结束我们的考察之时,我们可以看出,上面这句话中包含的深刻含义,比克尔凯郭尔当时所能够认识到的更多。我们已经看到,克尔凯郭尔早年已经有了他的学术兴趣,那时他关注的是苏格拉底以及他与希腊世界的冲突,克尔凯郭尔也让这一学术兴趣成了他硕士论文的课题。但是,在完成论文以后,他又向前迈进了一步,他在这句话中宣称这一步极其重要:他"化用"了那种知识,以应对他自身所处的现代处境。他被苏格拉底思想的许多方面所吸引,并决定将苏格拉底作为典范。但是,苏格拉底生活的古希腊世界,自然迥异于克尔凯郭尔所处的丹麦黄金时代,因此,克尔凯郭尔需要"化用"苏格拉底思想的主要元素,将其转渡到自己所处的时代。因此,苏格拉底思想中的核心术语,诸如"反讽""无知""否定""回答之困境""助产术"以及"牛虻"等等,都在克尔凯郭尔本人的生活及时代语境中披戴上了新的意义。海尔维格完全正确:对克尔凯郭尔而言,苏格拉底不仅仅是一个学术研究的对象,更是他要在个人生命中效法的榜样。

---

① 克尔凯郭尔,《论反讽概念》前揭,页328。

八 克尔凯郭尔的苏格拉底使命与著作的第二阶段：1846—1855

克尔凯郭尔很熟悉神学学术领域，他在哥本哈根大学的时候就了解过这个领域。但再一次，就如我们在他日记的"吉勒莱厄"条目中看到的，克尔凯郭尔只是在某种程度上对作为一个学科的神学感兴趣。他相信，基督信仰不是能够借助书本或者在课堂上传授的一种教义，或者一个客观真理，基督信仰必须由每个个体个人性地化入他的内在和激情之中。基督信仰之端的，就在于每个个体的主体性。这里没有简单的答案，因为每个人都有责任在自己的生活和语境里化用基督所传的信息。没有人能告诉另一个人，应当如何去完成此事。

因此，克尔凯郭尔相信，苏格拉底能帮助现代世界的我们。苏格拉底的反讽和否定，能够帮助我们摧毁那些令今人深受其苦的错误观念和现代幻觉。[194]苏格拉底的助产术理念，能够帮助我们理解，每个人都在自己里面个人性地拥有真理，每个人都拥有无限的价值，这个价值应当受到尊重。对生活在21世纪的我们而言，这些都是很重要的信息，不管我们认为自己有没有信仰。我们想要弄明白，在周围快速变化而又单调无趣的世界里，我们究竟扮演何种角色。我的重要性何在？我人生的意义和价值何在？我作为一个人真的有任何价值吗？还是说，我只是一个数字，一份数据？克尔凯郭尔绝不是仅仅局限于他自己时代的人物，他不会随着时间的流逝变得越来越无关紧要，也不会最终沦为思想史专家才会感兴趣的对象。相反，我相信，只要社会还在持续发展，只要新的技术创新还在改变我们的生活方式、互动方式以及看待自我的方式，克尔凯郭尔就会变得一天比一天重要。他或许已在1855年离世，但是，对于任何能够读懂他的书并欣赏他的观念的人而言，他如今仍然在与我们促膝长谈。

参考文献

I. Introductions to Kierkegaard

Allen, E. L., *Kierkegaard: His Life and Thought*, London: Nott 1935; New York: Harper 1936.

Arbaugh, George E. and George Bartholomew Arbaugh, *Kierkegaard's Authorship: A Guide to the Writings of Kierkegaard*, Rock Island, Illinois: Augustana College Library 1967; London: Allen & Unwin 1968.

Billeskov Jansen, F. J., *Søren Kierkegaard: Life and Work*, Copenhagen: Royal Danish Ministry of Foreign Affairs, Ministry of Culture and Ministry of Education 1994.

Brandt, Frithiof, *Søren Kierkegaard, 1813–1855: His Life, His Works*, trans. by Ann R. Born, Copenhagen: Det Danske Selskab in cooperation with The Press and Information Department of the Danish Foreign Office 1963.

Caputo, John D., *How to Read Kierkegaard*, London: Granta Books 2007; New York: W. W. Norton & Company 2008.

Carlisle, Clare, *Kierkegaard: A Guide to the Perplexed*, London: Continuum 2006.

Collins, James, *The Mind of Kierkegaard*, Chicago: Regnery 1953; 2nd revised edition, Princeton: Princeton University Press 1983.

Diem, Hermann, *Kierkegaard: An Introduction*, trans. by David Green, Richmond, Virginia: John Knox Press 1966.

Evans, C. Stephen, *Kierkegaard: An Introduction*, Cambridge: Cambridge University Press 2009.

Ferreira, M. Jamie, *Kierkegaard*, Malden, Massachusetts: Wiley-Blackwell 2009.

Gardiner, Patrick, *Kierkegaard*, Oxford: Oxford University Press 1988.

Hampson, Margaret Daphne, *Kierkegaard: Exposition and Critique*, Oxford: Oxford University Press 2013.

Hohlenberg, Johannes, *Søren Kierkegaard*, trans. by T. H. Croxall, New York: Pantheon 1954; London: Routledge 1954; New York: Farrar, Straus and Giroux 1978.

Jolivet, Régis, *Introduction to Kierkegaard*, trans. by W. H. Barber, London: Muller 1950.

Kirmmse, Bruce H., *Kierkegaard in Golden Age Denmark*, Bloomington and Indianapolis: Indiana University Press 1990.

Malantschuk, Gregor, *Kierkegaard's Way to the Truth: An Introduction to the Authorship of Søren Kierkegaard*, trans. by Mary Michelsen, Minneapolis: Augsburg Publishing House 1963.

Pattison, George, *Kierkegaard and the Crisis of Faith: An Introduction to His Thought*, London: SPCK 1997.
Purkarthofer, Richard, *Kierkegaard*, Leipzig: Reclam 2005.
Rocca, Ettore, *Kierkegaard*, Rome: Carocci editore 2012.
Rohde, H. P., *Søren Kierkegaard: An Introduction to His Life and Philosophy*, trans. by A. M. Williams, London: Allen & Unwin 1963.
Shell, Patrick, *Starting with Kierkegaard*, London: Continuum 2011.
Vardy, Peter, *Kierkegaard*, London: Harper Collins 1996.

II. Biographies of Kierkegaard

Brandt, Frithiof, *Den unge Søren Kierkegaard*, Copenhagen: Levin & Munksgaard 1929.
Cain, David, *An Evocation of Kierkegaard*, Copenhagen: C. A. Reitzel 1997.
Garff, Joakim, *Søren Kierkegaard: A Biography*, trans. by Bruce H. Kirmmse, Princeton: Princeton University Press 2005.
Grimsley, Ronald, *Søren Kierkegaard: A Biographical Introduction*, London: Studio Vista 1973.
Hannay, Alastair, *Kierkegaard: A Biography*, Cambridge: Cambridge University Press 2001.
Lowrie, Walter, *Kierkegaard*, London, New York, and Toronto: Oxford University Press 1938.
Lowrie, Walter, *A Short Life of Kierkegaard*, Princeton: Princeton University Press 1942.
Mendelssohn, Harald von, *Kierkegaard. Ein Genie in einer Kleinstadt*, Stuttgart: Klett-Cotta 1995.

III. Works on Kierkegaard's Relation to Plato and Socrates

Anz, Wilhelm, "Die platonische Idee des Guten und das sokratische Paradox bei Kierkegaard," in *Die antike Philosophie in ihrer Bedeutung für die Gegenwart. Kolloquium zu Ehren des 80. Geburtstages von Hans-Georg Gadamer*, ed. by Reiner Wiehl, Heidelberg: Winther 1981, pp. 23-36.
Arnarsson, Kristian, "Erindring og gentagelse. Kierkegaard og Grækerne," in *Filosofi og samfunn*, ed. by Finn Jor, Kristiansand: Høyskoleforlaget 1998, pp. 197-203.
Ashbaugh, A. Freire, "Platonism: An Essay on Repetition and Recollection," in *Kierkegaard and Great Traditions*, ed. by Niels Thulstrup and Marie Mikulová Thulstrup, Copenhagen: C. A. Reitzel 1981 (*Bibliotheca Kierkegaardiana*, vol. 6), pp. 9-26.
Bejerholm, Lars, "Sokratisk metod hos Søren Kierkegaard och hanns samtid," *Kierkegaardiana*, vol. 4, 1962, pp. 28-44.

Bergman, Shmuel Hugo, "The Concept of Irony in Kierkegaard's Thought," in his *Dialogical Philosophy from Kierkegaard to Buber*, Albany, New York: State University of New York Press 1991, pp. 25–45.

Borgvin, Rune, "En sammenligning av bestemmelsen av sokratisk og romantisk ironi i 'Om Begrebet Ironi,'" in *Kierkegaard 1993—digtning, filosofi, teologi*, ed. by Finn Hauberg Mortensen, Odense: Institut for Litteratur, Kultur og Medier, Odense Universitet 1993, pp. 153–60.

Carlsson, Ulrika, "Love among the Post-Socratics," *Kierkegaard Studies Yearbook*, 2013, pp. 243–66.

Come, Arnold, "Kierkegaard's Ontology of Love," in *Works of Love*, ed. by Robert L. Perkins, Macon, Georgia: Mercer University Press 1999 (*International Kierkegaard Commentary*, vol. 16), pp. 79–119.

Cooper, Robert M., "Plato and Kierkegaard in Dialogue," *Theology Today*, vol. 31, 1974–5, pp. 187–98.

Cooper, Robert M., "Plato on Authority, Irony, and True Riches," in *Kierkegaard's Classical Inspiration*, ed. by Niels Thulstrup and Marie Mikulová Thulstrup, Copenhagen: C. A. Reitzel 1985 (*Bibliotheca Kierkegaardiana*, vol. 14), pp. 25–62.

D'Agostino, Francesco, "La fenomenologia dell'uomo giusto: Un parallelo tra Kierkegaard e Platones," *Rivista Internazionale di Filosofia del Diritto*, vol. 49, 1972, pp. 153–72.

Daise, Benjamin, *Kierkegaard's Socratic Art*, Macon, Georgia: Mercer University Press 1999.

Deuser, Hermann, "Kierkegaards Sokrates—Modell und Umkehrung antiker Philosophie," in his *Kierkegaard. Die Philosophie des religiösen Schriftstellers*, Darmstadt: Wissenschaftliche Buchgesellschaft 1985 (*Erträge der Forschung*, vol. 232), pp. 31–57.

Ferreira, M. Jamie, "The 'Socratic Secret': The *Postscript to the Philosophical Crumbs*," in *Kierkegaard's Concluding Unscientific Postscript: A Critical Guide*, ed. by Rick Anthony Furtak, Cambridge: Cambridge University Press 2010, pp. 6–24.

Friis Johansen, Karsten, "Kierkegaard und die griechische Dialektik," in *Kierkegaard and Dialectics*, ed. by Hermann Deuser and Jørgen K. Bukdahl, Aarhus: University of Aarhus 1979, pp. 51–124.

Gallino, Guglielmo, "Kierkegaard e l'ironia socratica," *Filosofia*, vol. 45, 1994, pp. 143–61.

Greve, Wilfried, *Kierkegaards maieutische Ethik*, Frankfurt am Main: Suhrkamp 1990.

Grunnet, Sanne Elisa, *Ironi og subjektivitet. En studie over S. Kierkegaards disputats Om Begrebet Ironi*, Copenhagen: C. A. Reitzel 1987.

Heerden, Adriaan van, "Does Love Cure the Tragic? Kierkegaardian Variations on a Platonic Theme," in *Stages on Life's Way*, ed. by Robert L. Perkins, Macon, Georgia: Mercer University Press 2000 (*International Kierkegaard Commentary*, vol. 11), pp. 69–90.

Henningsen, Bernd, "Søren Kierkegaard: Sokrates i København," in his *Politik eller Kaos?*, Copenhagen: Berlingske Forlag 1980, pp. 134-233.

Himmelstrup, Jens, *Søren Kierkegaards Opfattelse af Sokrates. En Studie i dansk Filosofis Historie*, Copenhagen: Arnold Busck 1924.

Holm, Isak Winkel, "Myte: Platon," in his *Tanken i billedet. Søren Kierkegaards poetik*, Copenhagen: Gyldendal 1998, pp. 117-56.

Holm, Søren, *Græciteten*, Copenhagen: Munksgaard 1964 (*Søren Kierkegaard Selskabets Populære Skrifter*, vol. 11).

Howland, Jacob, *Kierkegaard and Socrates: A Study in Philosophy and Faith*, New York: Cambridge University Press 2006.

Howland, Jacob, "Lessing and Socrates in Kierkegaard's *Postscript*," in *Kierkegaard's Concluding Unscientific Postscript: A Critical Guide*, ed. by Rick Anthony Furtak, Cambridge: Cambridge University Press 2010, pp. 111-31.

Humbert, David, "Kierkegaard's Use of Plato in His Analysis of the Moment in Time," *Dionysius*, vol. 7, 1983, pp. 149-83.

Jensen, Povl Johannes, "Kierkegaard og Platon," in *Studier i antik og middelalderlig filosofi og idéhistorie*, ed. by Bo Alkjær, Ivan Boserup, Mogens Herman Hansen, and Peter Zeeberg, Copenhagen: Museum Tusculanum 1980, pp. 699-710.

Jensen, Povl Johannes, "Sokrates i Kierkegaards disputats," in his *Cum grano salis. Udvalgte foredrag og artikler 1945-1980*, Odense: Odense Universitetsforlag 1981, pp. 37-51.

Kangas, David, "Conception and Concept: The Two Logics of *The Concept of Irony* and the Place of Socrates," in *Kierkegaard and the Word(s): Essays on Hermeneutics and Communication*, ed. by Poul Houe and Gordon D. Marino, Copenhagen: C. A. Reitzel 2003, pp. 180-91.

Kirmmse, Bruce H., "Socrates in the Fast Lane: Kierkegaard's *The Concept of Irony* on the University's Velocifère (Documents, Context, Commentary, and Interpretation)," in *The Concept of Irony*, ed. by Robert L. Perkins, Macon, Georgia: Mercer University Press 2001 (*International Kierkegaard Commentary*, vol. 2), pp. 17-99.

Klint-Jensen, Henrik, "Platon—Kierkegaard. Tidsånden hos Platon og Søren Kierkegaard," *Fønix*, vol. 19, no. 4, 1995, pp. 24-38.

Klint-Jensen, Henrik, "Idé og dobbeltbevægelse—frigørelse hos Platon og Søren Kierkegaard," *Philosophia*, vol. 24, nos. 1-2, 1995, pp. 155-89.

Kloeden, Wolfdietrich von, "Sokrates," in *Kierkegaard's Classical Inspiration*, ed. by Niels Thulstrup and Marie Mikulová Thulstrup, Copenhagen: C. A. Reitzel 1985 (*Bibliotheca Kierkegaardiana*, vol. 14), pp. 104-81.

Kloeden, Wolfdietrich von, "Sokratische Ironie bei Plato und S. Kierkegaard," in *Irony and Humor in Søren Kierkegaard*, ed. by Niels Thulstrup and Marie Mikulová Thulstrup, Copenhagen: C. A. Reitzel 1988 (*Liber Academiae Kierkegaardiensis*, vol. 7), pp. 51-60.

Kloeden, Wolfdietrich von, *Kierkegaard und Sokrates. Sören Kierkegaards Sokratesrezeption*, Rheinland-Westfalen-Lippe: Evangelische Fachhochschule 1991 (*Schriftenreihe der Evangelischen Fachhochschule Rheinland-Westafalen-Lippe*, vol. 16).

Krentz, Arthur A., "The Socratic-Dialectical Anthropology of Søren Kierkegaard's 'Postscript,'" in *Anthropology and Authority: Essays on Søren Kierkegaard*, ed. by Poul Houe, Gordon D. Marino, and Sven Hakon Rossel, Amsterdam and Atlanta: Rodopi 2000, pp. 17-26.

Kuypers, Etienne, "Kierkegaards opmerkingen over de noodzaak van een Socratisch nihilisme," *Filosofie*, vol. 3, no. 4, 1993, pp. 22-8.

Kylliäinen, Janne, "*Phaedo* and *Parmenides*: Eternity, Time, and the Moment, or From the Abstract Philosophical to the Concrete Christian," in *Kierkegaard and the Greek World*, Tome I, *Socrates and Plato*, ed. by Jon Stewart and Katalin Nun, Aldershot: Ashgate 2010 (*Kierkegaard Research: Sources, Reception, and Resources*, vol. 2), pp. 45-71.

Leverkühn, André, "Engagement und Passion des dänischen Sokrates," in his *Das ethische und das Ästhetische als Kategorien des Handelns. Selbstwerdung bei Søren Kierkegaard*, Frankfurt am Main, Berlin, Bern, Brussels, New York, and Vienna: Peter Lang 2000, pp. 31-40.

Manheimer, Ronald J., "Educating Subjectivity: Kierkegaard's Three Socratic Postures," in his *Kierkegaard as Educator*, Berkeley and Los Angeles: University of California Press 1977, pp. 1-58.

Marini, Sergio, "Socrate 'quel Singolo.' A proposito di alcune annotazioni del 'Diario' kierkegaardiano," in *Nuovi Studi Kierkegaardiani*, Potenza: Ermes 1993 (*Bollettino del Centro Italiano di Studi Kierkegaardiani. Supplemento semestrale di "Velia. Rivista di Filosofia Teoretica,"* vol. 1), pp. 75-85.

Martinez, Roy, "Socrates and Judge Wilhelm: A Case of Kierkegaardian Ethics," *Philosophy Today*, vol. 34, 1990, pp. 39-47.

Martinez, Roy, *Kierkegaard and the Art of Irony*, New York: Prometheus Books 2001 (*Philosophy and Literary Theory*).

McDonald, William, "Indirection and *Parrhesia*: The Roles of Socrates' *Daimonion* and Kierkegaard's *Styrelse* in Communication," in *Kierkegaard and the Word(s): Essays on Hermeneutics and Communication*, ed. by Poul Houe and Gordon D. Marino, Copenhagen: C. A. Reitzel 2003, pp. 127-38.

McKinnon, Alastair, "Three Conceptions of Socrates in Kierkegaard's Writings," in *Kierkegaard oggi. Atti del covegno dell' 11 Novembre 1982*, ed. by Alessandro Cortese, Milan: Vita e Pensiero 1986, pp. 21-43.

Merrill, Reed, "'Infinite Absolute Negativity': Irony in Socrates, Kierkegaard and Kafka," *Comparative Literature Studies*, vol. 16, 1979, pp. 222-36.

Mjaaland, Marius G., "Death and Aporia," *Kierkegaard Studies Yearbook*, 2003, pp. 395-418.

Mjaaland, Marius G., "The Autopsy of One Still Living," in *Prefaces and Writing Sampler and Three Discourses on Imagined Occasions*, ed. by

Robert L. Perkins, Macon, Georgia: Mercer University Press 2006 (*International Kierkegaard Commentary*, vols. 9-10), pp. 359-86.

Mjaaland, Marius G., "*Theaetetus*: Giving Birth, or Kierkegaard's Socratic Maieutics," in *Kierkegaard and the Greek World*, Tome I, *Socrates and Plato*, ed. by Jon Stewart and Katalin Nun, Aldershot: Ashgate 2010 (*Kierkegaard Research: Sources, Reception, and Resources*, vol. 2), pp. 115-46.

Morris, T. F., "Kierkegaard's Understanding of Socrates," *International Journal for Philosophy of Religion*, vol. 19, 1986, pp. 105-11.

Muench, Paul, "The Socratic Method of Kierkegaard's Pseudonym Johannes Climacus: Indirect Communication and the Art of 'Taking Away,'" in *Kierkegaard and the Word(s): Essays on Hermeneutics and Communication*, ed. by Poul Houe and Gordon D. Marino, Copenhagen: C. A. Reitzel 2003, pp. 139-50.

Muench, Paul, "*Apology*: Kierkegaard's Socratic Point of View," in *Kierkegaard and the Greek World*, Tome I, *Socrates and Plato*, ed. by Jon Stewart and Katalin Nun, Aldershot: Ashgate 2010 (*Kierkegaard Research: Sources, Reception, and Resources*, vol. 2), pp. 3-25.

Muench, Paul, "Kierkegaard's Socratic Pseudonym: A Profile of Johannes Climacus," in *Kierkegaard's Concluding Unscientific Postscript: A Critical Guide*, ed. by Rick Anthony Furtak, Cambridge: Cambridge University Press 2010, pp. 25-44.

Müller, Paul, *Kristendom, etik og majeutik i Søren Kierkegaard's "Kjerlighedens Gjerninger,"* Copenhagen: C. A. Reitzel 1983.

Nagley, Winfield E., "Kierkegaard's Early and Later View of Socratic Irony," *Thought: A Review of Culture and Idea*, vol. 55, 1980, pp. 271-82.

Neumann, Harry, "Kierkegaard and Socrates on the Dignity of Man," *The Personalist*, vol. 48, 1967, pp. 453-60.

Olesen, Tonny Aagaard, "Kierkegaard's Socratic Hermeneutic," in *The Concept of Irony*, ed. by Robert L. Perkins, Macon, Georgia: Mercer University Press 2001 (*International Kierkegaard Commentary*, vol. 2), pp. 101-22.

Pattison, George, "A Simple Wise Man of Ancient Times: Kierkegaard on Socrates," in *Socrates in the Nineteenth and Twentieth Centuries*, ed. by Michael Trapp, Aldershot: Ashgate 2007, pp. 19-35.

Paula, Marcio Gimenes de, *Socratismo e cristianismo em Kierkegaard: o escândalo e a loucura*, São Paulo: Annablume editora 2001.

Pentzopoulou-Valalas, Thérèse, "Kierkegaard et Socrate ou Socrate vu par Kierkegaard," *Les Études Philosophiques*, vol. 2, 1979, pp. 151-62.

Pepper, Thomas, "Male Midwifery: Maieutics in *The Concept of Irony* and *Repetition*," in *Kierkegaard Revisited*, ed. by Niels Jørgen Cappelørn and Jon Stewart, Berlin and New York: Walter de Gruyter 1997 (*Kierkegaard Studies Monograph Series*, vol. 1), pp. 460-80.

Pivčević, Edo, "Sokrates, Climacus and Anticlimacus," in his *Ironie als Daseinform bei Søren Kierkegaard*, Gütersloh: Gütersloher Verlagshaus Gerd Mohn 1960, pp. 45-71.

Politis, Hélène, "Socrate, fondateur de la morale, ou Kierkegaard commentateur de Hegel et historien de la philosophie," in *Autour de Hegel. Hommage à Bernard Bourgeois*, ed. by François Dagognet and Pierre Osmo, Paris: Vrin 2000, pp. 365-78.

Pop, Mihaela, "L'influence platonicienne sur le concept kierkegaardien de moment," *Revue Roumaine de Philosophie*, vol. 45, nos. 1-2, 2001, pp. 165-75.

Porsing, Ole, "Græciteten, Sokrates og ironi," in his *Sprækker til det uendelige? Søren Kierkegaard i 1990'erne—en bog om bøgerne*, Århus: Slagmark 1996, pp. 17-22.

Possen, David D., "*Meno*: Kierkegaard and the Doctrine of Recollection," in *Kierkegaard and the Greek World*, Tome I, *Socrates and Plato*, ed. by Jon Stewart and Katalin Nun, Aldershot: Ashgate 2010 (*Kierkegaard Research: Sources, Reception, and Resources*, vol. 2), pp. 27-44.

Possen, David D., "*Phaedrus*: Kierkegaard on Socrates' Self-Knowledge—and Sin," in *Kierkegaard and the Greek World*, Tome I, *Socrates and Plato*, ed. by Jon Stewart and Katalin Nun, Aldershot: Ashgate 2010 (*Kierkegaard Research: Sources, Reception, and Resources*, vol. 2), pp. 73-86.

Possen, David D., "*Protagoras* and *Republic*: Kierkegaard on Socratic Irony," in *Kierkegaard and the Greek World*, Tome I, *Socrates and Plato*, ed. by Jon Stewart and Katalin Nun, Aldershot: Ashgate 2010 (*Kierkegaard Research: Sources, Reception, and Resources*, vol. 2), pp. 87-104.

Reece, Gregory L., *Irony and Religious Belief*, Tübingen: J. C. B. Mohr (Paul Siebeck) 2002 (*Religion in Philosophy and Theology*, vol. 5), pp. 5-29.

Richter, Liselotte, "Die Sünde: Auseinandersetzung mit Sokrates," in her *Der Begriff der Subjektivität bei Kierkegaard. Ein Beitrag zur christlichem Existenzdarstellung*, Würzburg: Verlag Konrad Triltsch 1934, pp. 13-28.

Rilliet, Jean, "Kierkegaard et Socrate," *Revue de Théologie et de Philosophie*, vol. 31, 1943, pp. 114-20.

Rubenstein, Mary-Jane, "Kierkegaard's Socrates: A Venture in Evolutionary Theory," *Modern Theology*, vol. 17, 2001, pp. 442-73.

Rubenstein, Mary-Jane, "Ecstatic Subjectivity: Kierkegaard's Critiques and Appropriations of the Socratic," *Literature and Theology*, vol. 16, 2002, pp. 349-62.

Rudd, Anthony, "The Moment and the Teacher: Problems in Kierkegaard's *Philosophical Fragments*," *Kierkegaardiana*, vol. 21, 2000, pp. 92-115.

Sarf, Harold, "Reflections on Kierkegaard's Socrates," *Journal of the History of Ideas*, vol. 44, no. 2, 1983, pp. 255-76.

Schär, Hans Rudolf, *Christliche Sokratik. Kierkegaard über den Gebrauch der Reflexion in der Christenheit*, Frankfurt am Main: Peter Lang Verlag 1977.

Scheier, Claus-Artur, "Klassische und existentielle Ironie: Platon und Kierkegaard," *Philosophisches Jahrbuch*, vol. 97, 1990, pp. 238-50.

Scholtens, W. R., "Kierkegaard en Sokrates, de plaats van de ironie in het geestelijk leven," *Tijdschrift voor geestelijk leven*, vol. 30, 1974, pp. 203-7.

Scopetea, Sophia, "A Flaw in the Movement," *Kierkegaardiana*, vol. 13, 1984, pp. 97-104.

Scopetea, Sophia, *Kierkegaard og græciteten. En kamp med ironi*, Copenhagen: C. A. Reitzel 1995.

Scopetea, Sophia, "Becoming the Flute: Socrates and the Reversal of Values in Kierkegaard's Later Works," *Kierkegaardiana*, vol. 18, 1996, pp. 28-43.

Sløk, Johannes, *Die Anthropologie Kierkegaards*, Copenhagen: Rosenkilde and Bagger 1954, pp. 52-77.

Sløk, Johannes, "Die griechische Philosophie als Bezugsrahmen für Constantin Constantinus und Johannes de silentio," *Classica et Mediaevalia. Francisco Blatt septuagenario dedicata*, ed. by Otto Steen Due, Holger Friis Johansen, and Bengt Dalsgaard Larsen, Copenhagen: Gyldendal 1973, pp. 636-58 (reprinted in *Materialien zur Philosophie Søren Kierkegaards*, ed. by Michael Theunissen and Wilfried Greve, Frankfurt am Main: Suhrkamp 1979, pp. 280-301).

Söderquist, K. Brian, "Kierkegaard's Nihilistic Socrates in *The Concept of Irony*," in *Tänkarnes mångfald. Nutida perspektiv på Søren Kierkegaard*, ed. by Lone Koldtoft, Jon Stewart, and Jan Holmgaard, Stockholm: Makadam Förlag 2005, pp. 213-43.

Söderquist, K. Brian, *The Isolated Self: Irony as Truth and Untruth in Søren Kierkegaard's On the Concept of Irony*, Copenhagen: C. A. Reitzel 2007 (*Danish Golden Age Studies*, vol. 1).

Stewart, Jon and Katalin Nun (eds), *Kierkegaard and the Greek World*, Tome I, *Socrates and Plato*, Aldershot: Ashgate 2010 (*Kierkegaard Research: Sources, Reception, and Resources*, vol. 2).

Stock, Timothy, "Love's Hidden Laugh: On Jest, Earnestness, and Socratic Indirection in Kierkegaard's 'Praising Love,'" *Kierkegaard Studies Yearbook*, 2013, pp. 307-29.

Strawser, Michael J., "How Did Socrates Become a Christian? Irony and a Postmodern Christian (Non)-Ethic," *Philosophy Today*, vol. 36, 1992, pp. 256-65.

Taylor, Mark C., "Socratic Midwifery: Method and Intention of the Authorship," in *Kierkegaard's Pseudonymous Authorship: A Study of Time and the Self*, Princeton: Princeton University Press 1975, pp. 51-62.

Thomas, J. Heywood, "Kierkegaard's View of Time," *Journal of the British Society for Phenomenology*, vol. 4, 1973, pp. 33-40.

Thomte, Reidar, "Socratic Midwifery: The Communication of the Truth," in his *Kierkegaard's Philosophy of Religion*, Princeton: Princeton University Press 1948, pp. 190-203.

Thulstrup, Marie Mikulová, *Kierkegaard, Platons skuen og kristendommen*, Copenhagen: Munksgaard 1970.

Thulstrup, Marie Mikulová, "Plato's Vision and its Interpretation," in *Kierkegaard's Classical Inspiration*, ed. by Niels Thulstrup and Marie Mikulová Thulstrup, Copenhagen: C. A. Reitzel 1985 (*Bibliotheca Kierkegaardiana*, vol. 14), pp. 63–103.

Thulstrup, Niels, "Kierkegaard's Socratic Role for Twentieth-Century Philosophy and Theology," *Kierkegaardiana*, vol. 11, 1980, pp. 197–211.

Torralba Roselló, Francesc, "Kierkegaard el heredero moderno de la mayéutica socrática," *Espiritu*, vol. 47, 1998, pp. 55–69.

Vergote, Henri-Bernard, *Sens et répétition. Essai sur l'ironie kierkegaardienne*, vols. 1–2, Paris: Cerf/Orante 1982.

Weiss, Raymond L., "Kierkegaard's 'Return' to Socrates," *The New Scholasticism*, vol. 45, 1971, pp. 573–83.

Widenmann, Robert J., "Plato and Kierkegaard's *Moment*," in *Faith, Knowledge, and Action: Essays Presented to Niels Thulstrup on His Sixtieth Birthday*, ed. by George L. Stengren, Copenhagen: C. A. Reitzel 1984, pp. 251–6.

Wild, John, "Kierkegaard and Classical Philosophy," *Philosophical Review*, vol. 49, no. 5, 1940, pp. 536–51.

Wisdo, David M., "Kierkegaard and Euthyphro," *Philosophy*, vol. 62, 1987, pp. 221–6.

Wood, Robert E., "Recollection and Two Banquets: Plato's and Kierkegaard's," in *Stages on Life's Way*, ed. by Robert L. Perkins, Macon, Georgia: Mercer University Press 2000 (*International Kierkegaard Commentary*, vol. 11), pp. 49–68.

Wyller, Egil A., "Platons øyeblikks-filosofi eller dialogen Parmenides' 3. hypothese," in *Tradisjon og fornyelse. Festskrift til A. H. Winsnes*, ed. by Asbjørn Aarnes, Oslo: Aschehoug 1959, pp. 7–26.

Wyller, Egil A., "Sokrates og Kristus hos Søren Kierkegaard. En henologisk interpretasjon av forfatterskapet," *Norsk filosofisk tidsskrift*, vol. 28, 1993, pp. 207–19.

Ziolkowski, Eric, "From *Clouds* to *Corsair*: Kierkegaard, Aristophanes, and the Problem of Socrates," in *The Concept of Irony*, ed. by Robert L. Perkins, Macon, Georgia: Mercer University Press 2001 (*International Kierkegaard Commentary*, vol. 2), pp. 193–234.

索　引

此处所列页码为原书页码, 译文中以 [ ] 标出

Abraham 124–31
absurd, the 128, 154, 163, 164
actuality 77, 78, 83, 91, 93, 94
Adam and Eve 64
aesthetics v, 2, 75, 158, 159, 160, 161
Agamemnon 131
Alcibiades 121
alienation 4, 45, 51, 52, 64–6, 77, 111, 121, 189
Anaxagoras 51
Andersen, Hans Christian (1805–75), Danish poet, novelist, and writer of fairy tales 8
Anti-Climacus 175, 177
Antigone 30, 31
anxiety 135, 189, 190
aporia 6, 14, 21, 35, 36, 50, 84, 115, 116, 193
appropriation 104, 124, 137, 192, 193
Aristophanes 10, 11, 22, 28, 63, 82, 83
The Clouds 11
Aristotle 65, 115, 116
Ast, Friedrich (1778–1841), German philosopher and philologist 79
attack on the church 180–2, 186
authenticity 109, 118, 189
autonomy 22–4, 49

Barth, Karl (1886–1968), Swiss Protestant theologian 190
Baudrillard, Jean (1929–2007), French sociologist 190
Bauer, Bruno (1809–82), German theologian 63, 112
Baur, Ferdinand Christian (1792–1860), German theologian 61
Beauvoir, Simone de (1908–86), French philosopher 189
Beck, Andreas Frederik (1816–61), Danish theologian 46, 61–4
being and nothingness 36, 37, 115
Bible 62, 170
　Genesis 64, 66, 126
　Ecclesiastes 73

Matthew 177
John 103
Boesen, Emil (1812–81), Danish pastor 20, 185
Bojesen, Ernst Frederik Christian (1803–64), Danish philologist and educator 105
Brøchner, Hans (1820–75), Danish philosopher 155
Brøndsted, Peter Oluf (1780–1842), Danish classical philologist 104
Brunner, Emil (1889–1966), Swiss Protestant theologian 190

Camus, Albert (1903–60), French author 189
Catholicism 91
Christ 60–2, 101, 103, 115, 116, 133–5, 137, 143, 153, 177–9
Christendom 172, 176
Christian VIII of Denmark (1786–1848; King of Denmark, 1839–48) 168, 169
Christianity 9, 16, 20, 23, 32, 33, 49, 61, 63, 103, 104, 116, 128, 133, 137, 151–4, 159, 163, 164, 171, 172, 175–7, 179, 182–5, 188, 193
　New Testament 180–3
Church of Our Lady 177, 182, 185
conformity 86
conscience 45, 111
Constantin Constantinus 123, 143
Copenhagen's Flying Post 75
Corsair 144, 146–8, 168, 181
Creon 30, 31
crisis 75–8
crowd, the 159, 169, 173, 174

daimon 7, 18, 19, 21, 40–2, 46–8, 173
Danish Golden Age 8, 74, 99, 122, 157
Danish State Church 166, 180, 181, 185, 193
De Man, Paul (1919–83), Belgian-born American literary critic 190
De omnibus dubitandum est 53, 59, 102

death of author 190
deconstruction 190
Deleuze, Gilles (1925-95), French philosopher 190
democracy 167, 173, 174
Derrida, Jacques (1930-2004), French philosopher 190
Descartes, René (1596-1650), French philosopher 53, 59, 89
despair 50, 57, 58, 175, 189, 190
dialectical theology 190
doubt 50, 53-5, 57, 58, 64, 102

Ehler's College 71
either/or 115-17, 135, 136
Engels, Friedrich (1820-95), German social scientist 112
Enlightenment 65, 70, 71, 76, 91, 129, 131
ethics
  bourgeois 97, 98, 122
  Christian 21
  Sittlichkeit (customary ethics) 29, 30, 38, 47, 51, 111
Euthyphro 12, 13, 14, 17, 33, 123
excluded middle, the law of 115, 116
existence-communication 153, 154
existentialism 2, 4, 189

faith 2, 125, 127-9, 132, 179
  knight of 127
family 88
Fatherland 62, 122, 146, 147, 180, 182, 187, 188
Faust 48-50, 53, 65, 66
feeling/emotion 38, 70, 91, 118, 165
Feuerbach, Ludwig (1804-72), German philosopher 63
Fichte, Johann Gottlieb (1762-1814), German philosopher 71, 79, 89-94, 96, 100, 112
finite and infinite 134, 154
forgiveness 132, 143
Frederik VII of Denmark (1808-63; King of Denmark, 1848-63) 175
Frederiksberg Garden 150, 151
freedom 98, 131, 189
  subjective 40, 45, 72, 78, 79, 84, 174
French Revolution (1789) 29

gadfly 7, 16-18, 21, 152, 170, 193
Gæa 146

German idealism 27, 112
Gilleleje 31, 33, 191, 192
Giødwad, Jens Finsteen (1811-91), Danish jurist and journalist 157
Goethe, Johann Wolfgang von (1749-1832), German poet, author, scientist, and diplomat 48, 71, 77, 102
  Faust (1808, 1832) 48
going beyond 176
Goldschmidt, Meïr Aaron (1819-87), Danish author 144, 147
Good, the 37, 84
governance 19
Gyllembourg-Ehrensvärd, Thomasine Christine (1773-1856), Danish author 75, 166

Hamann, Johann Georg (1730-88), German philosopher 136
Hauch, Carsten (1790-1872), Danish author 146, 147
Hegel, Georg Wilhelm Friedrich (1770-1831), German philosopher 11, 22-5, 27-30, 33-45, 46-8, 51, 52, 58, 60, 61, 69, 72, 73, 75, 77-81, 83, 84, 89-96, 100, 111, 112, 115-17, 125, 126, 135-8, 140, 142, 150, 151, 168, 174
  Phenomenology of Spirit (1807) 27
  Science of Logic (1812-16) 27
  Encyclopedia of the Philosophical Sciences (1817) 27, 115
  Philosophy of Right (1821) 27, 125
  Lectures on the Philosophy of Religion (1832) 28
  Lectures on the History of Philosophy (1833-36) 28, 35-40, 42, 43, 79, 80, 90, 91
  Lectures on Aesthetics (1835-38) 28
  Lectures on the Philosophy of History (1837) 28
Hegelianism 100, 112, 134, 168
Heiberg, Johan Ludvig (1791-1860), Danish poet, playwright, and philosopher 74-8, 102, 122, 123, 138-42, 150, 151, 157, 166
  On the Significance of Philosophy for the Present Age (1833) 75, 78, 140
  Perseus (1837) 140
  "The Astronomical Year" (1844) 138

索引 243

Heiberg, Johanne Luise, born Pätges (1812–90), Danish actress 75
Heiberg, Peter Andreas (1758–1841), Danish author 74
Heidegger, Martin (1889–1976), German philosopher 189
Helveg, Hans Frederik (1816–1901), Danish pastor and theologian 192, 193
Herodotus 9
Hilarius Bookbinder 142
history 63, 84, 95
Homer 9
humor 101

Ibsen, Henrik (1828–1906), Norwegian playwright 190
identity, law of 90
immortality 101
incarnation 115, 116, 132–5
inclosed reserve 137, 138
Industrial Revolution 85
inwardness 38, 41, 63, 130, 138, 153, 154, 159, 164, 172, 193
Iphigenia 131
irony 2, 4, 6, 11, 24, 27, 28, 32, 35, 52, 53, 60, 68, 69, 71, 73, 77–9, 81–3, 85, 91, 95, 100–4, 137, 138, 170, 176, 190, 192, 193
 controlled 12, 101–4
 modern 72, 85
 Romantic 12, 88, 96, 98, 100, 101, 108, 110, 117, 119
 Socratic 12, 13, 21, 34, 47, 48, 59, 72, 79–81, 84, 94, 99, 101, 136, 193

Jaspers, Karl (1883–1969), German philosopher 189
Jesus, see "Christ"
Johannes Climacus 56, 57, 65, 66, 133, 134, 150–4
Johannes the seducer 122, 143
Johannes de Silentio 123, 129
Joyce, James (1882–1941), Irish author 190
Judaism 127
Judge William 99, 116, 118, 142

Kafka, Franz (1883–1924), Czech-Austrian novelist 190
Kant, Immanuel (1724–1804), German philosopher 24, 89, 92–4

Kierkegaard, Michael Pedersen (1756–1838), Søren Kierkegaard's father 8, 100
Kierkegaard, Peter Christian (1805–88), Danish theologian (the brother of Søren Kierkegaard) 9, 10, 158, 185, 186
Kierkegaard, Søren Aabye (1813–55)
 The Conflict between the Old and the New Soap-Cellars (c. 1837) 46, 53–5
 From the Papers of One Still Living (1838) 8
 The Concept of Irony (1841) vi, vii, 2, 4, 5, 6, 10–12, 14, 22, 28, 41, 46, 50, 58–63, 68, 69, 71–3, 77, 78, 80, 81, 83, 84, 92–5, 97–105, 114, 117, 118, 121, 126, 136, 144, 192
 Either/Or (1843) 5, 99, 114–16, 118–21, 123, 138, 139, 142, 145, 157, 159
 "Public Confession" (1842) 63, 157
 Johannes Climacus, or De omnibus dubitandum est (c. 1842–43) 46, 56
 "A Word of Thanks to Professor Heiberg" (1843) 122, 138, 140
 Two Upbuilding Discourses (1843) 159
 Three Upbuilding Discourses (1843) 123, 124, 159
 Repetition (1843) 123, 124, 139, 140, 157, 159
 Fear and Trembling (1843) 5, 114, 123–5, 127–9, 157–9
 Philosophical Fragments (1844) 21, 132, 133, 135, 138, 150–3, 155, 158
 The Concept of Anxiety (1844) 99, 132, 135–7, 158
 Prefaces (1844) 21, 132, 135, 138–42
 Eighteen Upbuilding Discourses (1845) 124
 Stages on Life's Way (1845) 21, 107, 132, 142, 143, 145, 146
 "The Activity of a Traveling Esthetician and How He Still Happened to Pay for the Dinner" (1845) 146
 Concluding Unscientific Postscript (1846) 21, 33, 56, 100, 114, 132, 149–52, 155–60, 162, 166, 169
 A Literary Review of Two Ages (1846) 75, 166, 167, 169, 170

Kierkegaard, Søren Aabye (*cont.*)
  "The Dialectical Result of a Literary Police Action" (1846) 147
  Upbuilding Discourses in Various Spirits (1847) 166, 169
  Works of Love (1847) 21, 170, 172
  Christian Discourses (1848) 177
  "The Crisis and a Crisis in the Life of an Actress" (1848) 75
  The Point of View for My Work as an Author (c. 1848) 19, 114, 158-60, 172, 173, 183
  The Sickness unto Death (1849) 21, 166, 175-7
  Practice in Christianity (1850) 166, 177, 179
  On My Work as an Author (1850) 158
  Sixteen Upbuilding Discourses (1852) 124
  The Moment (1855) 21, 146, 166, 180, 182, 184, 187
  Journals, Notebooks, *Nachlass* 14, 27, 31, 48, 50, 54, 100, 113, 161-3, 168
Know thyself 42, 51

Lacan, Jacques (1901-81), French psychiatrist 190
Lenau, Nicolaus, *see* Strehlenau, Niembsch von
leveling 168
living poetically 95, 98, 102, 108, 109
Locke, John (1632-1704), English philosopher 167
logic 15, 90, 115-17, 135
love 170
  Christian 170
  Romantic 96-9
Lund, Ane Sørensdatter (1768-1834), Søren Kierkegaard's mother 8
Lund, Henrik (1825-89), nephew of Søren Kierkegaard 187-9

Macbeth 68
Madvig, Johan Nicolai (1804-86), Danish philologist 104, 105
maieutics 7, 19-21, 35, 133, 134, 158, 159, 171, 172, 193, 194
Mann, Thomas (1875-1955), German author 190
Marcel, Gabriel (1889-1973), French philosopher 189

Marheineke, Philipp (1780-1846), German theologian 113
marriage 44, 70, 87, 98, 99, 106, 118
Martensen, Hans Lassen (1808-84), Danish theologian 23-7, 46, 49, 50, 53-7, 59, 102, 104, 115, 116, 134, 180, 188
  On the Autonomy of Human Self-Consciousness (1837) 23, 49
martyr 147
martyrdom 180
Marx, Karl (1818-83), German philosopher and economist 112, 167
masses, the 174
meaninglessness 2, 4, 67, 68, 120, 189
mediation 116, 117, 134, 135
melancholy 10, 107
Michelet, Karl Ludwig (1801-93), German philosopher 28
midwifery, *see* maieutics
Mill, John Stuart (1806-73), English philosopher 167
modernity 1, 4, 44, 86-8
Møller, Peter Ludvig (1814-65), Danish critic 144-7
Møller, Poul Martin (1794-1838), Danish poet and philosopher 99, 100, 136
morality, reflective (*Moralität*) 38
Mynster, Jakob Peter (1775-1854), Danish theologian and bishop 115, 157, 180, 181
mythology 63

Napoleon, I, i.e., Napoleon Bonaparte (1769-1821), French emperor 8, 166
Napoleonic Wars 29, 89
natural law 30
negation 37, 84, 138, 193
negativity 14, 59, 93, 98, 137, 177
  infinite 60
nihilism 4, 11, 68, 73, 76, 79, 81, 100, 101, 119-21
Novalis, i.e., Baron Friedrich von Hardenberg (1772-1801), German lyric poet 71
Nytorv 7

offense 177, 179
Olsen, Regine (1822-1904) 99, 105-8

索引 245

Oracle at Delphi 16, 17, 40–2, 47, 94, 176, 184
Ørsted, Hans Christian (1777–1851), Danish natural scientist 8, 104

paradox 128, 153, 163, 164, 176
 absolute 134, 135, 151
passion 163, 164, 172, 193
Perseus 49
Petersen, Frederik Christian (1786–1859), Danish philologist 104
Pharisees, the 6
pseudonyms/pseudonymity 56, 122, 124, 132, 150, 156–9, 190
Plato v, 6, 7, 9, 10, 12, 14, 16, 17, 21, 22, 28, 36, 41, 47, 63, 82, 83, 115, 121, 134, 142, 143, 154
 Apology 9, 12, 16–18, 41, 52
 Crito 9
 Euthyphro 6, 9, 12, 33, 35
 Greater Hippias 154
 Meno 19
 Phaedo 12
 Phaedrus 134
 Symposium 121, 143
Polyneices 30
post-modernism 4, 190
post-structuralism 4
preaching 137
Protagoras 38, 59
providence 19
public opinion 167, 174

Rahbek, Knud Lyne (1760–1830), Danish literary scholar 74
Regensen College 24
relativism 2, 11, 25, 38, 45, 58, 60, 76, 79, 84, 91, 121, 140, 164
repetition 124, 139
Restoration 166
revelation 126, 128, 130, 132, 133, 135
Revolutions (of 1848) 166–9, 174, 175
Rilke, Rainer Maria (1875–1926), German poet 190
Roman Empire 76
Romanticism 2, 11, 85, 86, 91, 94, 95, 102, 109, 166
 German 4, 69–71, 73, 79, 80, 90, 101, 117
Royal Theater in Copenhagen 75

Sartre, Jean-Paul (1905–80), French philosopher 189
Schelling, Friedrich Wilhelm Joseph von (1775–1854), German philosopher 112, 113, 161, 168
Schlegel, August Wilhelm von (1767–1845), German critic 71
Schlegel, Friedrich von (1772–1829), German Romantic writer 11, 69, 70, 79, 80, 93–8, 108, 110, 118
 Lucinde (1799) 70, 91, 96–8, 118
Schleiermacher, Friedrich (1768–1834), German theologian 24
School of Civic Virtue 9, 10, 105
self-deception 110
self-positing ego 91, 93, 94
sermon 137
Shakespeare, William (1564–1616), English dramatist 102
Sibbern, Frederik Christian (1785–1872), Danish philosopher 104
sign of contradiction 179
silence 127
sin 132, 143
 hereditary 135
single individual 174
Sittlichkeit, see ethics
skepticism 32, 50, 59
social-political thought 167
Socrates v, vi, vii, 4, 6, 7, 9–18, 20, 21, 22, 28–44, 46–66, 69, 79–84, 93, 94, 100, 101, 103, 105, 111, 112, 114–16, 121–4, 128, 132–4, 136–8, 140–4, 152, 154, 158, 159, 163–6, 169–77, 179–84, 191–3
 going beyond 37, 115, 176
 ignorance 12, 13, 21, 34, 51, 128, 133, 134, 141, 142, 176, 177, 179, 184, 191, 193
 irony *see* irony, Socratic
 method 33–5
Solger, Karl Wilhelm Ferdinand (1780–1819), German philosopher and aesthetic theorist 11, 69
Sophists, the 6, 15, 16, 21, 38, 46, 58–61, 81, 84, 141, 184
Sophocles 30
 Antigone 30
Sorø Academy 105, 146, 168
stages of existence v
Steffens, Henrik (1773–1845), Norwegian-Danish philosopher 71

Strauss, David Friedrich (1808-74), German theologian, historian and philosopher 61, 63 112
The Life of Jesus Critically Examined (1835-36) 61-3
Strehlenau, Niembsch von, i.e., Nicolaus Lenau (1802-50), Austro-Hungarian poet 49
Strindberg, August (1849-1912), Swedish author 190
subjectivism 2, 4, 76, 140
subjectivity 25, 48, 52, 58, 69, 89, 91, 93, 138, 164, 172

teleological suspension of the ethical 125-7, 130
temporal and eternal 134, 154
Tennemann, Wilhelm Gottlieb (1761-1819), German historian of philosophy 42
thing in itself 92, 93
Thorvaldsen, Bertel (1770-1844), Danish sculptor 8, 177
Tieck, Johann Ludwig (1773-1853), German poet 11, 69, 71, 93, 94

Tillich, Paul (1886-1965), German-American Protestant theologian 190
Trinity 115
truth, subjective 31, 32
Tryde, Eggert Christopher (1781-1860), Danish theologian and pastor 186-8
Typhon 134

University of Copenhagen 10, 25

vaudeville 75
Victor Eremita 116, 122, 123, 142, 143, 157
Vigilius Haufniensis 135, 137

Warhol, Andy (1928-87), American artist 86
Werder, Karl Friedrich (1806-93), German philosopher and literary critic 114
witness to the truth 180

Xenophon 9, 10, 22, 28, 47, 63, 82, 83

附录

江思图教授访谈记录

采访者:艾莲娜·卡斯特罗(Eliana de Castro)
受访者:江思图
时间:2017年11月27日

> "克尔凯郭尔拥有一项独特的恩赐,
> 即谈论亘古不变的人类重大问题。"

《克尔凯郭尔——丹麦黄金时代的苏格拉底》最近在巴西出版了。它为所有喜欢这位丹麦哲学家的人而来。它可让人深深沉浸在这位伟大作家的生活与朋友圈里,引领读者透过他生活其中的特定历史背景,更好地理解他的思想。作者江思图是哥本哈根大学索伦·克尔凯郭尔研究中心的副教授,同时也是一位研究19世纪哲学和宗教的专家。在这个圣诞季,本书必然能够成为书虫们的良伴。在《浮士德》(*Fausto*)杂志的专访中,江思图讲述了这位作家的重要性和各种魅力。拿起来读吧!

《浮士德》：你写的这本克尔凯郭尔传记发布后，在巴西这儿引起了很大反响……

　　江思图：我欣闻本书葡语版的发布在巴西引起了反响。巴西有许多杰出的研究克尔凯郭尔的学者，比如沃尔斯（Álvaro Valls）和戈维亚（Ricardo Quadros Gouvêa）。他们的教学与写作数年来已经推动克尔凯郭尔研究取得了巨大成就。他们应该得到赞扬，因为他们为我这本书在巴西受到欢迎打下了根基。尤其需要感谢译者德苏扎（Humberto A. Quaglio de Souza），他亦是出色的学者。他协助我开展关于克尔凯郭尔的在线公开课，那门课呈现在"课程时代"（Coursera）平台上（www.Coursera.org/learn/kierkegaard）。这门课现在仍在运作，已经有8万多名在线学生看过视频，课程讲稿就是这本书的雏形。翁贝托不辞辛劳地翻译葡语字幕，还带领了葡语论坛的讨论。同时他也付出了很多其他的努力，为巴西乃至葡语世界的克尔凯郭尔研究赢得了更多关注的目光。

你认为这本传记可以让克尔凯郭尔更接地气吗？

　　关于更接地气的问题，人们如今经常条件反射般地忽视过去的思想家，认为他们与现时的各种问题没有一毛钱关系。我们往往认为，我们的21世纪面对的是一系列独特的、不寻常的重要问题，过去的思想家们对此全然无知，继续研究他们似乎是浪费时间。没错，克尔凯郭尔从来没有听说过全球化、个人电脑或者互联网，然而，他的许多概念和论析仍然与我们自己所处的时代息息相关。在这本书中，我试图强调他有哪些必须对如今的我们说的话，并以此追溯克尔凯郭尔生平与思想的发展。克尔凯郭尔拥有一项独特的恩赐，即谈论亘古不变的人类重大问题，他不仅向不同国籍的人们说话，也向学识背景不同的人们说话。

你还记得你第一次发现自己迷恋上克尔凯郭尔是在哪一刻？当时你多少岁？

当我19岁的时候，我在大学修了一门关于宗教哲学的课程，我们在其中品读克尔凯郭尔的《最后的非科学性的附言》。这本书深刻地影响了我。我们还品读了其他一些经典文本，就是在这类课程中通常会读的那些，但是，克尔凯郭尔的腔调和风格中有某种东西萦绕我心。其他书籍看起来有一点无聊或者拖沓，但是克尔凯郭尔的标新立异击中了我。他似乎很严肃地针对启蒙运动所孕育的宗教发出了种种巨大的挑战。他专注于个体自由与人类自由，这一点非常吸引那时的我，因为在我自己的生命处境中，我也很想为这些理念奋斗。

为什么你决定跨出他的著述，考察克尔凯郭尔的人生？

我在阅读关于克尔凯郭尔的书籍时，常常有点恼火，因为那些作者变着花样想要克尔凯郭尔说些什么，其实他们事先已经决定了克尔凯郭尔要说的话。某种程度上，他们经常想要役使克尔凯郭尔为他们自义的概念或者他们自己特有的哲学、政治立场服务。经过一段时间反思这一点之后，我意识到，这种事情之所以屡见不鲜，是因为人们习惯于抽取克尔凯郭尔的理念，却忽视了产生这些理念的语境，也就是克尔凯郭尔自己的生活和他所处的时代。一个人如果拘于这种方法去研究克尔凯郭尔，断章取义也就是稀松平常的事了。他会让克尔凯郭尔说他自己想要说的话。但是，我认为这种做法忽视了文本的完整性。克尔凯郭尔并不是一个抽象的哲学家，他不是为了概念而分析概念，相反，他的理念脱胎于语境，也就是他自己的阅历，以及他与当时丹麦和德意志联邦知识界的主要潮流及代表人物的互动。因此，当我去研究克尔凯郭尔时，我认为，考虑到这种历史的和生平方面的语境非常重要,只有这样,才能全然理解从中一步步生发出来的这些哲学理念。

比如说?

比如说,如果一个人完全不了解当时的主要思潮与丹麦国教间的争议,或者不了解克尔凯郭尔与其中一些领军人物的个人交情,那么,他根本不可能从细微处领会克尔凯郭尔对丹麦国教的论战式批判。对我而言,拥有这样的背景信息,可以让我如履平地般地理解他的文本,而在了解这些事情之前我则举步维艰。

你学习丹麦语这么多年,目前来说,克尔凯郭尔思想中哪一点对你而言更具有吸引力?

这与上一个问题是相关的。掌握丹麦语为我开启了一个新的世界,这个世界既包含克尔凯郭尔本人的文本,也包含他与之持续对话的那些同时代人的文本。在他自己的文本这一方面,通过阅读丹麦语原文,我第一次能够领会修辞和创作技巧的诸般元素,而想要通过英译本把握这些则是不可能的。我也第一次可以游刃有余地阅读他同时代人的文本了,其中绝大部分文本甚至还没有英译本。阅读这些文本使我能看到,事实上克尔凯郭尔一直在含沙射影地批判他的丹麦同胞们。这一点促使我开始着手自己的丛书翻译("丹麦黄金时代文本译丛"),由塔斯库兰努姆博物馆(Museum Tusculanum)出版社发行,因为我想要让全球的读者接触到这一时期的某些关键文本。我想要让他们亲自看到,其他这些人物对于克尔凯郭尔思想的发展有着怎样的重要性。

克尔凯郭尔人生中的哪一瞬间深深地影响了你?

就是克尔凯郭尔为1841年的硕士论文《论反讽概念》答辩以

后，为了更多地了解德国哲学，他决定去普鲁士的首府柏林作短期旅行。那时柏林的大学刚刚返聘谢林，他与黑格尔派论战正酣，这一点创造了欣欣向荣、激发人心的学术氛围。克尔凯郭尔来到柏林并旁听了谢林的讲座。这是他思想道路上的一个重要的分岔口，那时他刚刚取得学位不久，还不确定自己一生到底想要从事什么行当。最后他的决定是，他要成为一名作家。在柏林时他开始撰写《或此或彼》。克尔凯郭尔的这段人生经历对我意义非凡，因为我还是年轻学生的时候也想去德国学习。与克尔凯郭尔一样，我想要追随顶级专家，去研究那些伟大的德国哲人。最终，我如愿以偿，在写作博士论文期间我赴德国留学两年。这两年也是我人生的重要关口，我决定成为一名研究者，在完成博士论文答辩后，我重返欧洲，继续我在欧陆哲学方面的研究。

克尔凯郭尔对于浪漫主义有何重要性？

我认为，可以将克尔凯郭尔视为德国浪漫派运动的一位举足轻重的批评者和注释者。但这是一个复杂的问题，因为总有人将他作为浪漫派的一分子。克尔凯郭尔研究中有一个分支的研究，就是将他与各种运动联系起来，比如后现代主义和解构主义。他们在克尔凯郭尔身上看出他倡导的一些特定概念来源于浪漫主义，比如混沌、抗拒权威、使用假名。然而，克尔凯郭尔在一些著作，比如《论反讽概念》中，明确批判了德国早期浪漫派，并明确提出，对于德国早期浪漫派运动的那些领军人物的理论而言，他自己的反讽理论才是其批判性的替代方案。

克尔凯郭尔如今有什么重要性呢？深入理解他的思想可以使我们学到什么？

我认为，克尔凯郭尔如今可以给我们上很多课。我们生活在一个这样的时代里:社群分崩离析,人们感到孤立和疏离。克尔凯郭尔对这类概念做出了一些有洞见的分析,包括"焦虑"和"绝望"。他也有一些重要的话对我们说,比如人们如何在群体中思考和行动,个体性如何被摧毁。克尔凯郭尔对自己时代的批判式分析,很大程度上也能运用于我们自己的时代。他口诛笔伐过的各种倾向和思潮,如今仍然存在,如果说有什么发展的话,那就是它们已然走得更远。

你的文本如何看待诗的重要性?

克尔凯郭尔明白一个事实:读者来自三教九流,有些人受过教育,有的没有。他在头脑中专门为不同种类的读者打造他的著作。我认为这解释了一件事情,即至少在某种程度上,他的文本取得了巨大的成功,这些文本可以向每个人说话。要做到这一点,有时不得不塑造文本的修辞的或诗意的品质。在这方面,我想他也可以教我们一些东西。如今的哲学论文千篇一律,拘泥于固定的形式。可以说,你必须遵循固定的规范,才能发表哲学论文或者出版哲学著作。任何违背既定学术规范的东西,如今学术期刊和出版社都是不会接纳的。我已经在另一本书中论述过这一点(The Unity of Content and Form in Philosophical Writing: The Perils of Conformity, London, New Delhi, New York and Sydney: Bloomsbury, 2013)。这种拘泥于形式的教条主义对哲学毫无贡献,因为有一些哲学立场和论点也许更适合用不同的形式来表达,比如对话、小说、诗歌、戏剧作品,等等。因此,我认为,诗可以在哲学文本中扮演一个重要角色——这种角色不仅仅是美学方面的,事实上,它包孕着一颗哲学的果核。

图书在版编目（CIP）数据

克尔凯郭尔：丹麦黄金时代的苏格拉底/(美)江思图著；田王晋健译.--增订本.--北京：华夏出版社，2019.1（2020.11重印）
（西方传统：经典与解释）
ISBN 978-7-5080-9562-2

Ⅰ. ①克… Ⅱ. ①江… ②田… Ⅲ. ①克尔凯郭尔（Kierkegaard, Søren 1813-1855）－哲学思想－研究 Ⅳ. ①B534

中国版本图书馆CIP数据核字(2018)第190426号

Copyright © Jon Stewart 2015
Søren Kierkegaard: Subjectivity, Irony, and the Crisis of Modernity was originally published in English in 2015. This translation is published by arrangement with Oxford University Press. Huaxia Publishing House is solely responsible for this translation from the original work and Oxford University Press shall have no liability for any errors, omissions or inaccuracies or ambiguities in such translation or for any losses caused by reliance thereon.

版权所有 翻印必究
北京市版权局著作权合同登记号：图字01-2016-3467号

克尔凯郭尔——丹麦黄金时代的苏格拉底

作　　者	[美]江思图
译　　者	田王晋健
责任编辑	王霄翎　李安琴
责任印制	刘　洋
出版发行	华夏出版社有限公司
经　　销	新华书店
印　　装	北京汇林印务有限公司
版　　次	2019年1月北京第1版　2020年11月北京第2次印刷
开　　本	880×1230　1/32
印　　张	8.625
字　　数	209千字
定　　价	59.00元

华夏出版社有限公司 地址：北京市东直门外香河园北里4号 邮编：100028
网址：www.hxph.com.cn 电话：(010)64663331(转)
若发现本版图书有印装质量问题，请与我社营销中心联系调换。

西方传统：经典与解释
Classici et Commentarii
HERMES
刘小枫◎主编

古今丛编

克尔凯郭尔　[美]江思图 著
货币哲学　[德]西美尔 著
孟德斯鸠的自由主义哲学　[美]潘戈 著
莫尔及其乌托邦　[德]考茨基 著
试论古今革命　[法]夏多布里昂 著
但丁：皈依的诗学　[美]弗里切罗 著
在西方的目光下　[英]康拉德 著
大学与博雅教育　董成龙 编
探究哲学与信仰　[美]郝岚 著
民主的本性　[法]马南 著
梅尔维尔的政治哲学　李小均 编/译
席勒美学的哲学背景　[美]维塞尔 著
果戈里与鬼　[俄]梅列日科夫斯基 著
自传性反思　[美]沃格林 著
黑格尔与普世秩序　[美]希克斯 等著
新的方式与制度　[美]曼斯菲尔德 著
科耶夫的新拉丁帝国　[法]科耶夫 等著
《利维坦》附录　[英]霍布斯 著
或此或彼（上、下）　[丹麦]基尔克果 著
海德格尔式的现代神学　刘小枫 选编
双重束缚　[法]基拉尔 著
古今之争中的核心问题　[德]迈尔 著
论永恒的智慧　[德]苏索 著
宗教经验种种　[美]詹姆斯 著
尼采反卢梭　[美]凯斯·安塞尔-皮尔逊 著
舍勒思想评述　[美]弗林斯 著
诗与哲学之争　[美]罗森 著
神圣与世俗　[罗]伊利亚德 著
但丁的圣约书　[美]霍金斯 著

古典学丛编

赫西俄德的宇宙　[美]珍妮·施特劳斯·克莱 著
论王政　[古罗马]金嘴狄翁 著
论希罗多德　[古罗马]卢里叶 著
探究希腊人的灵魂　[美]戴维斯 著
尤利安文选　马勇 编/译
论月面　[古罗马]普鲁塔克 著
雅典谐剧与逻各斯　[美]奥里根 著
菜园哲人伊壁鸠鲁　罗晓颖 选编
《劳作与时日》笺释　吴雅凌 撰
希腊古风时期的真理大师　[法]德蒂安 著
古罗马的教育　[英]葛怀恩 著
古典学与现代性　刘小枫 编
表演文化与雅典民主政制
[英]戈尔德希尔、奥斯本 编
西方古典文献学发凡　刘小枫 编
古典语文学常谈　[德]克拉夫特 著
古希腊文学常谈　[英]多佛 等著
撒路斯特与政治史学　刘小枫 编
希罗多德的王霸之辨　吴小锋 编/译
第二代智术师　[英]安德森 著
英雄诗系笺释　[古希腊]荷马 著
统治的热望　[美]福特 著
论埃及神学与哲学　[古希腊]普鲁塔克 著
凯撒的剑与笔　李世祥 编/译
伊壁鸠鲁主义的政治哲学
[意]詹姆斯·尼古拉斯 著
修昔底德笔下的人性　[美]欧文 著
修昔底德笔下的演说　[美]斯塔特 著
古希腊政治理论　[美]格雷纳 著
神谱笺释　吴雅凌 撰
赫西俄德：神话之艺
[法]居代·德·拉孔波 等著
赫拉克勒斯之盾笺释　罗逍然 译笺
《埃涅阿斯纪》章义　王承教 选编
维吉尔的帝国　[美]阿德勒 著
塔西佗的政治史学　曾维术 编

古希腊诗歌丛编
古希腊早期诉歌诗人 [英]鲍勒 著
诗歌与城邦 [美]费拉格、纳吉 主编
阿尔戈英雄纪（上、下）
[古希腊]阿波罗尼俄斯 著
俄耳甫斯教祷歌 吴雅凌 编译
俄耳甫斯教辑语 吴雅凌 编译

古希腊肃剧注疏集
希腊肃剧与政治哲学 [美]阿伦斯多夫 著

古希腊礼法研究
宙斯的正义 [英]劳埃德-琼斯 著
希腊人的正义观 [英]哈夫洛克 著

廊下派集
廊下派的苏格拉底 程志敏 徐健 选编
廊下派的神和宇宙 [墨]里卡多·萨勒斯 编
廊下派的城邦观 [英]斯科菲尔德 著

希伯莱圣经历代注疏
希腊化世界中的犹太人 [英]威廉逊 著
第一亚当和第二亚当 [德]朋霍费尔 著

新约历代经解
属灵的寓意 [古罗马]俄里根 著

基督教与古典传统
保罗与马克安 [德]文森 著
加尔文与现代政治的基础 [美]汉考克 著
无执之道 [德]文森 著
恐惧与战栗 [丹麦]基尔克果 著
托尔斯泰与陀思妥耶夫斯基
[俄]梅列日科夫斯基 著
论宗教大法官的传说 [俄]罗赞诺夫 著
海德格尔与有限性思想（重订版）
刘小枫 选编
上帝国的信息 [德]拉加茨 著
基督教理论与现代 [德]特洛尔奇 著
亚历山大的克雷芒 [意]塞尔瓦托·利拉 著
中世纪的心灵之旅 [美]圣·波纳文图拉 著

德意志古典传统丛编
论荷尔德林 [德]沃尔夫冈·宾德尔 著
彭忒西勒亚 [德]克莱斯特 著
穆佐书简 [奥]里尔克 著
纪念苏格拉底——哈曼文选 刘新利 选编
夜颂中的革命和宗教 [德]诺瓦利斯 著
大革命与诗化小说 [德]诺瓦利斯 著
黑格尔的观念论 [美]皮平 著
浪漫派风格——施勒格尔批评文集 [德]施勒格尔 著

美国宪政与古典传统
美国1787年宪法讲疏 [美]阿纳斯塔普罗 著

启蒙研究丛编
浪漫的律令 [美]拜泽尔 著
现实与理性 [法]科维纲 著
论古人的智慧 [英]培根 著
托兰德与激进启蒙 刘小枫 编
图书馆里的古今之战 [英]斯威夫特 著

政治史学丛编
伊丽莎白时代的世界图景 [英]蒂利亚德 著
西方古代的天下观 刘小枫 编
从普遍历史到历史主义 刘小枫 编
自然科学史与玫瑰 [法]雷比瑟 著

地缘政治学丛编
克劳塞维茨之谜 [英]赫伯格-罗特 著
太平洋地缘政治学 [德]卡尔·豪斯霍弗 著

荷马注疏集
不为人知的奥德修斯 [美]诺特维克 著
模仿荷马 [美]丹尼斯·麦克唐纳 著

品达注疏集
幽暗的诱惑 [美]汉密尔顿 著

欧里庇得斯集
自由与僭越 罗峰 编译

阿里斯托芬集
《阿卡奈人》笺释 [古希腊]阿里斯托芬 著

色诺芬注疏集
居鲁士的教育　[古希腊]色诺芬 著
色诺芬的《会饮》　[古希腊]色诺芬 著

柏拉图注疏集
挑战戈尔戈　李致远 选编
论柏拉图《高尔吉亚》的统一性　[美]斯托弗 著
立法与德性——柏拉图《法义》发微　林志猛 编
柏拉图的灵魂学　[加]罗宾逊 著
柏拉图书简　彭磊 译注
克力同章句　程志敏 郑兴凤 撰
哲学的奥德赛——《王制》引论　[美]郝兰 著
爱欲与启蒙的迷醉　[美]贝尔格 著
为哲学的写作技艺一辩　[美]伯格 著
柏拉图式的迷宫——《斐多》义疏　[美]伯格 著
哲学如何成为苏格拉底式的　[美]朗佩特 著
苏格拉底与希琵阿斯　王江涛 编译
理想国　[古希腊]柏拉图 著
谁来教育老师　刘小枫 编
立法者的神学　林志猛 编
柏拉图对话中的神　[法]薇依 著
厄庇诺米斯　[古希腊]柏拉图 著
智慧与幸福　程志敏 选编
论柏拉图对话　[德]施莱尔马赫 著
柏拉图《美诺》疏证　[美]克莱因 著
政治哲学的悖论　[美]郝岚 著
神话诗人柏拉图　张文涛 选编
阿尔喀比亚德　[古希腊]柏拉图 著
叙拉古的雅典异乡人　彭磊 选编
阿威罗伊论《王制》　[阿拉伯]阿威罗伊 著
《王制》要义　刘小枫 选编
柏拉图的《会饮》　[古希腊]柏拉图 等著
苏格拉底的申辩（修订版）　[古希腊]柏拉图 著
苏格拉底与政治共同体　[美]尼柯尔斯 著
政制与美德——柏拉图《法义》疏解　[美]潘戈 著
《法义》导读　[法]卡斯代尔·布舒奇 著

论真理的本质　[德]海德格尔 著
哲人的无知　[德]费勒 著
米诺斯　[古希腊]柏拉图 著
情敌　[古希腊]柏拉图 著

亚里士多德注疏集
《诗术》译笺与通绎　陈明珠 撰
亚里士多德《政治学》中的教诲　[美]潘戈 著
品格的技艺　[美]加佛 著
亚里士多德哲学的基本概念　[德]海德格尔 著
《政治学》疏证　[意]托马斯·阿奎那 著
尼各马可伦理学义疏　[美]伯格 著
哲学之诗　[美]戴维斯 著
对亚里士多德的现象学解释　[德]海德格尔 著
城邦与自然——亚里士多德与现代性　刘小枫 编
论诗术中篇义疏　[阿拉伯]阿威罗伊 著
哲学的政治　[美]戴维斯 著

普鲁塔克集
普鲁塔克的《对比列传》　[英]达夫 著
普鲁塔克的实践伦理学　[比利时]胡芙 著

阿尔法拉比集
政治制度与政治箴言　阿尔法拉比 著

马基雅维利集
君主及其战争技艺　娄林 选编

莎士比亚绎读
脱节的时代　[匈]阿格尼斯·赫勒 著
莎士比亚的历史剧　[英]蒂利亚德 著
莎士比亚戏剧与政治哲学　彭磊 选编
莎士比亚的政治盛典　[美]阿鲁里斯/苏利文 编
丹麦王子与马基雅维利　罗峰 选编

洛克集
上帝、洛克与平等　[美]沃尔德伦 著

卢梭集
论哲学生活的幸福　[德]迈尔 著
致博蒙书　[法]卢梭 著
政治制度论　[法]卢梭 著

哲学的自传 [美]戴维斯 著
文学与道德杂篇 [法]卢梭 著
设计论证 [美]吉尔丁 著
卢梭的自然状态 [美]普拉特纳 等著
卢梭的榜样人生 [美]凯利 著

莱辛注疏集
汉堡剧评 [德]莱辛 著
关于悲剧的通信 [德]莱辛 著
《智者纳坦》（研究版） [德]莱辛 等著
启蒙运动的内在问题 [美]维塞尔 著
莱辛剧作七种 [德]莱辛 著
历史与启示——莱辛神学文选 [德]莱辛 著
论人类的教育 [德]莱辛 著

尼采注疏集
何为尼采的扎拉图斯特拉 [德]迈尔 著
尼采引论 [德]施特格迈尔 著
尼采与基督教 刘小枫 编
尼采眼中的苏格拉底 [美]丹豪瑟 著
尼采的使命 [美]朗佩特 著
尼采与现时代 [美]朗佩特 著
动物与超人之间的绳索 [德]A.彼珀 著

施特劳斯集
论僭政（重订本） [美]施特劳斯 [法]科耶夫 著
苏格拉底问题与现代性（增订本）
犹太哲人与启蒙（增订本）
霍布斯的宗教批判
斯宾诺莎的宗教批判
门德尔松与莱辛
哲学与律法——论迈蒙尼德及其先驱
迫害与写作艺术
柏拉图式政治哲学研究
论柏拉图的《会饮》
柏拉图《法义》的论辩与情节
什么是政治哲学
古典政治理性主义的重生（重订本）

回归古典政治哲学——施特劳斯通信集
苏格拉底与阿里斯托芬

***

施特劳斯的持久重要性 [美]朗佩特 著
论源初遗忘 [美]维克利 著
政治哲学与启示宗教的挑战 [德]迈尔 著
阅读施特劳斯 [美]斯密什 著
施特劳斯与流亡政治学 [美]谢帕德 著
隐匿的对话 [德]迈尔 著
驯服欲望 [法]科耶夫 等著

施米特集
宪法专政 [美]罗斯托 著
施米特对自由主义的批判 [美]约翰·麦考米克 著

伯纳德特集
古典诗学之路（第二版） [美]伯格 编
弓与琴（重订本） [美]伯纳德特 著
神圣的罪业 [美]伯纳德特 著

布鲁姆集
巨人与侏儒（1960-1990）
人应该如何生活——柏拉图《王制》释义
爱的设计——卢梭与浪漫派
爱的戏剧——莎士比亚与自然
爱的阶梯——柏拉图的《会饮》
伊索克拉底的政治哲学

沃格林集
自传体反思录 [美]沃格林 著

大学素质教育读本
古典诗文绎读 西学卷·古代编（上、下）
古典诗文绎读 西学卷·现代编（上、下）

柏拉图读本（刘小枫 主编）
吕西斯 贺方婴 译
苏格拉底的申辩 程志敏 译

中国传统：经典与解释
Classici et Commentarii
华夏岀版社
刘小枫 陈少明◎主编

《孔丛子》训读及研究 /雷欣翰 撰
论语说义 / [清]宋翔凤 撰
周易古经注解考辨 / 李炳海 著
浮山文集 / [明]方以智 著
药地炮庄 / [明]方以智 著
药地炮庄笺释·总论篇 / [明]方以智 著
青原志略 / [明]方以智 编
冬灰录 / [明]方以智 著
冬炼三时传旧火 / 邢益海 编
《毛诗》郑王比义发微 / 史应勇 著
宋人经筵诗讲义四种 / [宋]张纲 等撰
道德真经藏室纂微篇 / [宋]陈景元 撰
道德真经四子古道集解 / [金]寇才质 撰
皇清经解提要 / [清]沈豫 撰
经学通论 / [清]皮锡瑞 著
松阳讲义 / [清]陆陇其 著
起凤书院答问 / [清]姚永朴 撰
周礼疑义辨证 / 陈衍 撰
《铎书》校注 / 孙尚扬 肖清和 等校注
韩愈志 / 钱基博 著
论语辑释 / 陈大齐 著
《庄子·天下篇》注疏四种 / 张丰乾 编
荀子的辩说 / 陈文洁 著
古学经子 / 王锦民 著
经学以自治 / 刘少虎 著
从公羊学论《春秋》的性质 / 阮芝生 撰

刘小枫集
民主与政治德性
昭告幽微
以美为鉴
古典学与古今之争 [增订本]
这一代人的怕和爱 [第三版]
沉重的肉身 [珍藏版]
圣灵降临的叙事 [增订本]
罪与欠
儒教与民族国家
拣尽寒枝
施特劳斯的路标
重启古典诗学
设计共和
现代人及其敌人
海德格尔与中国
共和与经纶
现代性与现代中国
现代性社会理论绪论
诗化哲学 [重订本]
拯救与逍遥 [修订本]
走向十字架上的真
西学断章

编修 [博雅读本]
凯若斯：古希腊语文读本 [全二册]
古希腊语文学述要
雅努斯：古典拉丁语文读本
古典拉丁语文学述要
危微精一：政治法学原理九讲
琴瑟友之：钢琴与古典乐色十讲

译著
普罗塔戈拉（详注本）
柏拉图四书

经典与解释辑刊

1 柏拉图的哲学戏剧
2 经典与解释的张力
3 康德与启蒙
4 荷尔德林的新神话
5 古典传统与自由教育
6 卢梭的苏格拉底主义
7 赫尔墨斯的计谋
8 苏格拉底问题
9 美德可教吗
10 马基雅维利的喜剧
11 回想托克维尔
12 阅读的德性
13 色诺芬的品味
14 政治哲学中的摩西
15 诗学解诂
16 柏拉图的真伪
17 修昔底德的春秋笔法
18 血气与政治
19 索福克勒斯与雅典启蒙
20 犹太教中的柏拉图门徒
21 莎士比亚笔下的王者
22 政治哲学中的莎士比亚
23 政治生活的限度与满足
24 雅典民主的谐剧
25 维柯与古今之争
26 霍布斯的修辞
27 埃斯库罗斯的神义论
28 施莱尔马赫的柏拉图
29 奥林匹亚的荣耀
30 笛卡尔的精灵
31 柏拉图与天人政治
32 海德格尔的政治时刻
33 荷马笔下的伦理
34 格劳秀斯与国际正义
35 西塞罗的苏格拉底

36 基尔克果的苏格拉底
37 《理想国》的内与外
38 诗艺与政治
39 律法与政治哲学
40 古今之间的但丁
41 拉伯雷与赫尔墨斯秘学
42 柏拉图与古典乐教
43 孟德斯鸠论政制衰败
44 博丹论主权
45 道伯与比较古典学
46 伊索寓言中的伦理
47 斯威夫特与启蒙
48 赫西俄德的世界
49 洛克的自然法辩难
50 斯宾格勒与西方的没落
51 地缘政治学的历史片段
52 施米特论战争与政治
53 普鲁塔克与罗马政治
54 罗马的建国叙述
55 亚历山大与西方的大一统
56 马西利乌斯的帝国
57 日本的近代化与朝鲜战争